Pferdegestütztes Coaching – psychologisch basiert
und wissenschaftlich fundiert

Springer Nature More Media App

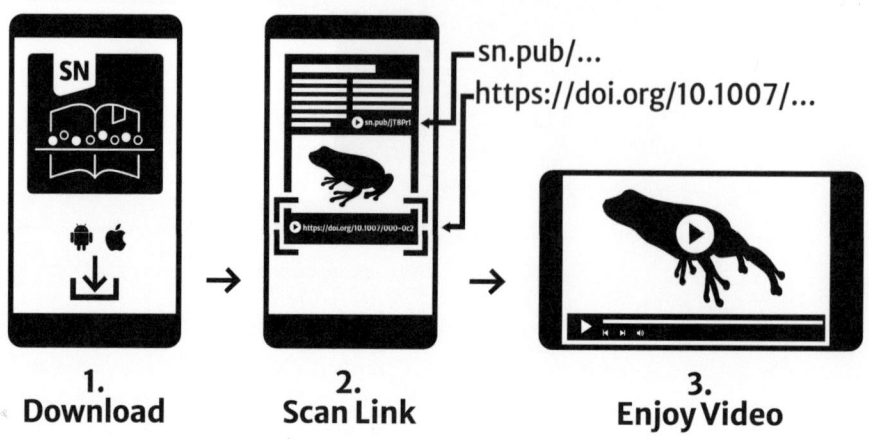

sn.pub/...
https://doi.org/10.1007/...

1.
Download

2.
Scan Link

3.
Enjoy Video

Support: customerservice@springernature.com

Kathrin Schütz

Pferdegestütztes Coaching – psychologisch basiert und wissenschaftlich fundiert

 Springer

Kathrin Schütz
Kempen, Deutschland

Die Online-Version des Buches enthält digitales Zusatzmaterial, das durch ein Play-Symbol gekennzeichnet ist. Die Dateien können von Lesern des gedruckten Buches mittels der kostenlosen Springer Nature „More Media" App angesehen werden. Die App ist in den relevanten App-Stores erhältlich und ermöglicht es, das entsprechend gekennzeichnete Zusatzmaterial mit einem mobilen Endgerät zu öffnen.

ISBN 978-3-662-64509-3   ISBN 978-3-662-64510-9   (eBook)
https://doi.org/10.1007/978-3-662-64510-9

Die Deutsche Nationalbibliothek verzeichnet diese Publikation in der DeutschenNationalbibliografie; detaillierte bibliografische Daten sind im Internet über http://dnb.d-nb.de abrufbar.

Umschlagabbildung: Daniel Kuhl

Illustrationen: Stephan Meyer
Fotos: Claudia Prinz
Hartmut Nörenberg und Daniel Kuhl
Videos: Hartmut Nörenberg
Verantwortlich im Verlag: Marion Krämer

Springer ist ein Imprint der eingetragenen Gesellschaft Springer-Verlag GmbH, DE und ist ein Teil von Springer Nature.
Die Anschrift der Gesellschaft ist: Heidelberger Platz 3, 14197 Berlin, Germany

Vorwort

Pferde begleiten mich seit meinem neunten Lebensjahr und seit über zehn Jahren im pferdegestützten Coaching. In den vielen Jahren, in denen ich mit Pferden zu tun hatte, sind mir – auch außerhalb des Coaching-Kontextes – einige besondere Dinge im Pferdebereich passiert. Damit werde ich nicht alleine sein, sondern jeder Pferdemensch kann sicherlich einige Geschichten erzählen, in denen Pferde „besonders" auf ihr Gegenüber reagiert haben oder sich in einer bestimmten Art und Weise „speziell" verhalten haben. Als Reiter können wir durch die Tiere einiges über uns lernen und uns weiterentwickeln – auch außerhalb des Coaching-Kontextes.

Dabei gilt der Dank den ganzen Pferden, denen ich begegnet bin, und den Menschen, die Pferde nicht als Sportgeräte, sondern als Individuen und Partner mit einer eigenen Persönlichkeit sehen. Von meinen eigenen Pferden, Kamira, Pasadena Miro, Lavali und Belara, durfte ich viel lernen und einige gemeinsame Hürden überwinden, was mich persönlich weitergebracht hat.

Mir ist es wichtig, das feine Gespür der Pferde untereinander und im Zusammenhang mit Reitern sowie im Coaching zu betrachten und in die Psychologie und Wissenschaft einzubetten. Als Ausbilderin und Coach für pferdegestützte Persönlichkeitsentwicklung und Professorin für Wirtschaftspsychologie habe ich versucht, in diesem Buch den Einsatz der Pferde im Coaching mit einer fundierten wissenschaftlichen und psychologischen Basis zu beschreiben und trotzdem die Praxis nicht aus den Augen zu verlieren. Dabei gebe ich sowohl in die Coachings, in die pferdegestützten Ausbildungen als auch in dieses Buch viel Herzblut, um Klienten, angehenden pferdegestützten Coaches und natürlich den Lesern dieses Buches möglichst viel mitzugeben. Die theoretischen Hintergründe und Praxisbeispiele basieren auf meiner über zehnjährigen Berufserfahrung mit meinem psychologischen und wissenschaftlichen Hintergrund sowie der Arbeitsweise meiner Kollegen, mit denen ich zusammenarbeite.

Pferdegestütztes Coaching sollte kein Ponys-im-Kreis-Führen und auch keine Spaßveranstaltung sein, sondern eine besondere Methode, aus der Klienten und professionell arbeitende Coaches viele Erkenntnisse ziehen, um mit diesen im Prozess des Coachings ressourcenorientiert weiterzuarbeiten und Klienten zu stärken. Dabei ist es mir wichtig, dass es den Pferden, die uns Coaches und den Klienten so viele wertvolle Rückmeldungen geben, gutgeht und sie artgerecht gehalten werden. Auch beim Umgang und Reiten außerhalb des Coaching-Bereichs ist es mir wichtig, mit den Pferden ein Team zu sein und sie möglichst gut zu verstehen.

Aus Gründen der besseren Lesbarkeit verwende ich in diesem Buch überwiegend das generische Maskulinum. Dies impliziert immer beide Formen, schließt also die weibliche Form mit ein.

Vielen Dank an Claudia Prinz, Hartmut Nörenberg und Daniel Kuhl für die Erstellung der Fotos und besonders an Hartmut Nörenberg für die Videos.

Inhaltsverzeichnis

Einleitung

Inhaltsverzeichnis

© Der/die Autor(en), exklusiv lizenziert durch Springer-Verlag GmbH, DE, ein Teil von Springer Nature 2022
K. Schütz, *Pferdegestütztes Coaching – psychologisch basiert und wissenschaftlich fundiert*,
https://doi.org/10.1007/978-3-662-64510-9_1

1

Pferden hat man lange nicht wirklich viel zugetraut.

„Pferde spiegeln Menschen". Das ist die Aussage vieler Reiter und eines der grundlegenden Elemente im pferdegestützten Coaching. Pferde merken, ob wir gestresst, gut gelaunt, unsicher oder sicher sind und reagieren unmittelbar darauf. Seit jeher sind sie als Flucht- und Beutetiere darauf angewiesen, sensibel und schnell auf ihre Umwelt zu achten. Ihre feine Art, wie sie ihr Umfeld in einer Herde wahrnehmen, macht das Coaching mit Pferden aus – sofern die Rückmeldungen der Tiere von qualifizierten Coaches sinnvoll in den Prozess eingebunden werden.

Pferde können sogar nachweislich unsere Mimik, Gestik und Tonlage interpretieren (Nakamura et al., 2018). Das hatte man ihnen lange nicht zugetraut, obwohl bereits im 20. Jahrhundert von einem Pferd, das als „kluger Hans" betitelt wurde, gesprochen wurde. Seinen Spitznamen erhielt er, weil er angeblich rechnen konnte. Dabei handelte es sich um Rechenaufgaben, die ihm sein Besitzer stellte, und das Pferd reagierte mit Hufklopfen, um die korrekte Summe als Antwort zu geben. Die Empörung war allerdings sehr groß, als herauskam, dass der vermeintlich kluge Hans gar nicht rechnen konnte, sondern die Lösungen vielmehr an der Gestik und Mimik der Menschen erkannte (Pfungst, 1911). Viele dachten ab diesem Zeitpunkt, Pferde seien überhaupt nicht intelligent, und so rückten sie bei der Forschung in den Hintergrund. Es dauerte viele Jahre, bis man sich den Fähigkeiten der Pferde wieder zuwandte und sie untersuchte.

Forschung rund um Pferde auf der einen Seite und populäres, pferdegestütztes Coaching auf der anderen Seite – wie passt das zusammen? Seit einigen Jahren wird das pferdegestützte Coaching als eine von mehreren Interventionsformen mit Pferden immer beliebter. Die Zahl derer, die Coachings – mit oder ohne Pferdebezug – anbieten, steigt stetig an. Dabei kann der Coach aus den Mensch-Pferd-Interaktionen weitere Impulse für den Coaching-Prozess ableiten. Ebenso können neben der Videoanalyse, in der die Übungen mit den Pferden in der Außenperspektive besprochen werden, noch weitere Methodenbausteine oder Themenschwerpunkte ergänzt werden. Während vor über zehn Jahren, als ich mit dem Pferdecoaching begann, noch viele Außenstehende dachten, es handele sich um „so was wie Delfinschwimmen, aber halt mit Pferden" oder um das „Dressieren wilder Pferde, die nicht in einen Anhänger gehen wollen", ist die pferdegestützte Arbeit im Coaching mittlerweile wesentlich bekannter. Dennoch ist einigen Personen nicht klar, was ein Coaching mit Pferden genau ist und was es bringen soll.

Das pferdegestützte Coaching richtet sich an Einzelpersonen sowie Gruppen und zugehörige Teams, um ein zuvor festgelegtes Thema zu bearbeiten oder die Methode in einer

Art Schnuppercoaching einfach einmal auszuprobieren. Je nach Thema und Umfang des Coachings sind unterschiedliche Elemente enthalten, die auch von dem beruflichen Hintergrund des Coaches abhängen. Dabei werden verschiedene Übungen mit einem oder mehreren Pferden bewältigt, wobei es sich beispielsweise um das Überqueren von auf dem Boden liegenden Stangen, einer Plastikplane oder das Umrunden von Pylonen handeln kann. Die Interaktion zwischen Coachee und Pferd wird von geschulten Coaches beobachtet und gemeinsam mit den Klienten (und ggf. weiteren anwesenden Personen) reflektiert. Sind weitere Klienten oder Assistenten anwesend, geben diese der jeweiligen Person zudem ein ressourcenorientiertes Feedback.

Mit der Hilfe von Videoaufnahmen der Übungen können weitere Reflexionsrunden im Hinblick auf das Thema der Coachees sowie das zugehörige Erleben und Verhalten erfolgen. Bei den Übungen wird nicht geritten und es ist auch keine Pferdeerfahrung notwendig, da die Klienten kein Training erhalten, wie ein Pferd zu führen ist oder wie man ein Pferdeflüsterer wird. Die Interaktion zwischen Mensch und Pferd sowie die Videoanalyse dienen als Bausteine, die als eine Basis für weitere Gespräche zwischen Coach und Coachee dienen.

> Die Reflexion und der Übertrag auf den Alltag sind im pferdegestützten Coaching elementar.

Die Methode des pferdegestützten Coachings wird von einigen Personen – teilweise zu Recht – kritisiert und belächelt. So handele es sich um reine Spaß-Veranstaltungen, die von ungeschulten Coaches durchgeführt werden und man dort genauso viel mitnehmen würde wie im Kletterpark. Doch beim Coaching mit Pferden nimmt man – wissenschaftlich nachgewiesen bei professioneller Durchführung – mehr mit als nur Sand unter den Schuhen. In diesem Buch soll es genau darum gehen – pferdegestütztes Coaching als psychologisch basierte und wissenschaftlich fundierte Methode.

> Im Pferdecoaching bleibt bei den Coachees mehr als nur Sand unter den Schuhen hängen.

Literatur

Nakamura, K., Takimoto-Inose, A., & Hasegawa, T. (2018). Cross-modal perception of human emotion in domestic horses (Equus caballus). *Scientific Reports, 8*, 8660. https://doi.org/10.1038/s41598-018-26892-6

Pfungst, O. (1911). *Clever Hans (The horse of Mr. von Osten): a contribution to experimental animal and human psychology*. Henry Holt.

Pferdegestütztes Coaching als Interventionsmöglichkeit

Inhaltsverzeichnis

2

Das Coaching mit Pferden zählt zu den tiergestützten Coachings. Es kann als Interaktion zwischen Mensch, Pferd und der eigenen Persönlichkeit betrachtet werden. Pferde spiegeln das menschliche Verhalten und die Emotionen, wodurch der Coach verschiedene Themen mit dem Klienten analysieren kann. Konir (2012) spricht von „einer persönlichen Weiterentwicklung und Selbsterkenntnis mit dem Pferd als Partner" (S. 16). Dabei führen die Klienten, die keine Erfahrung im Umgang mit Pferden benötigen, ein oder zwei Pferde beispielsweise durch einen Parcours oder arbeiten frei in der Arena mit den Tieren, ohne zu reiten.

Die Coaches müssen einen professionellen Hintergrund haben, um ein fundiertes Coaching durchzuführen.

Die Interaktion mit dem Pferd sowie zugehörige Verhaltensweisen und Beobachtungen werden im Anschluss mit einem (oder mehreren) fachlich fundierten Coach(es) reflektiert und auf den Alltag bzw. das Anliegen des Coachees übertragen. Die weitere Reflexion ist dabei wichtig. Mit der Hilfe der Pferde lassen sich verschiedene Themen bearbeiten, wodurch die Persönlichkeit der Coachees weiterentwickelt werden kann. Die Anliegen der Klienten können – wie auch im Coaching-Kontext ohne Pferde – ganz unterschiedlich sein und sich auf berufliche und private Bereiche beziehen. Dabei kann es beispielsweise um die Selbst- und Fremdwahrnehmung, das Setzen von Grenzen, das Kommunikations- oder Führungsverhalten sowie das Fokussieren von Emotionen gehen (Schütz, 2020; Tometten & Schütz, 2021). Vernooij und Schneider (2018) sehen in der pferdegestützten Arbeit vor allem die Möglichkeit, berufliche Situationen weiterzuentwickeln und zu verändern.

Die Pferde unterstützten die Arbeit der Coaches dabei als Spiegel und Katalysator für Verhalten der Coachees (Meyer, 2009). Infolgedessen kann die Wirkung der Pferde als ein sozialer Katalysator, als Verhaltensspiegel und auch als Übungspartner die Wirksamkeit des pferdegestützten Coachings positiv beeinflussen (Mc Nicholas & Collis, 2000; Meyer, 2009; Schütz, 2019; Serad, 2010).

Konir (2012) sieht die Wahrnehmungsschulung als eine wichtige Funktion an. Indem die Coaches die Mensch-Pferd-Interaktion beobachten, können sie Potenziale und Defizite analysieren. Dabei dienen neben dem Feedback des Coaches und möglicherweise weiterer anwesender Personen auch zusätzliche Fragen der Vertiefung der Themen. So erhalten die Coaches als Beobachter eine Außenperspektive und es kann ein Abgleich zum Coachee, der seine eigene Wahrnehmung schildert, erfolgen. Eine Teilnehmerin sagte nach einem Coaching, der Mehrwert des Pferdecoachings liege darin, die Themen ganz anders als im Coaching ohne Pferde zu beleuchten, da die Pferde diese Themen ganz anders „auf den Tisch" brächten.

> Pferde sind nicht nur im Coaching ein Spiegel des menschlichen Verhaltens.

Die Aufgabe, einen Parcours mit einem (unbekannten) Pferd zu absolvieren und dabei von außen durch den Coach und mögliche weitere Personen beobachtet zu werden, ist dabei für die meisten Coachees völlig neu. Man hat also nur wenig Zeit, eine neue Persönlichkeit – in diesem Fall ein Pferd, das fast ausschließlich nonverbal kommuniziert – kennenzulernen und mit diesem Lebewesen eine neue Aufgabe zu bewältigen. Die Interaktionen zwischen Mensch und Pferd können dabei auch mittels einer Videokamera für die spätere Analyse aufgenommen werden. Aufgrund der für die meisten Klienten ungewohnten Situation hat man keine Möglichkeit, ein bestimmtes Verhalten einzuüben. Außerdem sollen die Coachees die Pferde nicht mit Futter bestechen, das helfen könnte, die Tiere zusätzlich zu motivieren, um bestimmte Übungen zu absolvieren.

Fallbeispiel
Eine Teilnehmerin eines pferdegestützten Führungskräftecoachings hatte sich im Vorfeld überlegt, wie sie die Leitstute auf ihre Seite bringen könnte. Sie hatte beobachtet, dass die Stute bei den vorherigen Teilnehmern häufiger stehen geblieben war und dann nur schwer wieder zum Weitergehen bewegt werden konnte. Sie hatte die Sorge, dass es ihr auch so „ergehen" könnte und war bereits zu Beginn der Aufgabe mit dem Pferd sehr aufgeregt. Von ihren Gedanken geleitet, war sie zunächst unsicher und hatte die Sorgen im Fokus, dass es vielleicht nicht klappen würde. Und so blieb Pasadena auch

2

entspannt stehen, schloss die Augen und entlastete ruhig eines ihrer Hinterbeine. Die Teilnehmerin versuchte flexibel, mit verschiedenen Strategien loszukommen. Nach knapp zwei Minuten gelang ihr dies auch. In der nachfolgenden Übung wurde mit der rangniederen Stute Bella gearbeitet, die als „wesentlich einfacher zu führen und hoch motiviert" beschrieben wurde. Die Teilnehmerin stellte danach fest, dass Pferde ja – genau wie Menschen – ihre eigene Persönlichkeit hätten und man sich individuell auf diese einlassen müsste, um gemeinsam zum Ziel zu kommen.

2.1 Abgrenzung zu anderen Coaching-Formaten

Coaching ist ein Sammelbegriff, der sich auf verschiedene Formen der Beratung bezieht. Unterschiedliche Methoden werden hierbei eingesetzt, um Personen(gruppen) zu einem Ziel zu bringen (Greif & Rauen, 2017). Ob mit oder ohne Pferd, handelt es sich um einen Begleitungsprozess mit einer individuellen Beratung auf Prozessebene (Rauen, 2005). Coaching richtet sich an gesunde Personen mit beruflichen oder privaten Themen und findet Anwendung, wenn ein Betroffener spürt, dass eine Verhaltensänderung notwendig wird, er sich aber alleine nicht die dazu notwendigen Fragen stellen kann, und er auch die dafür notwendige Energie für das Coaching aktivieren kann.

In Outdoorcoachings geht es um Abenteuer und Unterhaltung mit einem Praxistransfer.

Zu den Coaching-Formaten zählen auch Outdoor- und tiergestützte Coachings. Outdoor-Coachings finden vor allem im Gruppenkontext statt und beziehen sich somit auf Themen einer ganzen Gruppe. So können Teams gemeinsam verschiedene Aufgaben bzw. Herausforderungen meistern. Dabei lassen sich anschließend Stärken und Schwächen besprechen und auf den Alltag transferieren. Lerneffekte sollen durch das Erleben eines Abenteuers und durch den Unterhaltungsfaktor erzielt werden. Zusätzlich sollen Kommunikation und Kooperation gefördert sowie das Vertrauen und die Übernahme von Verantwortung fokussiert werden. Konkret handelt es sich beispielsweise um das Floßbauen, um Feuerläufe, Pfahlsprünge oder das Erklimmen einer Kletterwand sowie Spiele mit Tauen und darüber hinaus andere Campingaktivitäten. Wanderungen, Mountainbike-Touren, Floßfahrten sowie Hochseil- bzw. Abseilakte mit Aufbau- und Sicherungsarbeiten zählen ebenfalls hierzu, wie auch das Überqueren eines Flusses auf einer selbsterrichteten Brücke (Buchner, 2013; von Ameln & Kramer, 2016).

Bei tiergestützten Interventionen werden verschiedene Tiere eingesetzt, um die seit Jahren aus der Psychotherapie bekannte positive Wirkung der Mensch-Tier-Beziehung zu nutzen (Julius et al., 2014; McCormick & McCormick, 1997; Otterstedt, 2001, 2003; Schultz et al., 2007). Tiergestützte Interventionen, zu der auch die tiergestützte Therapie zählt, werden von der European Society for Animal Assisted Therapy als „sozialintegrative Angebote mit Tieren für Kinder, Jugendliche, Erwachsene wie ältere Menschen mit kognitiven, sozial-emotionalen und motorischen Einschränkungen, Verhaltensstörungen und Förderschwerpunkten" beschrieben (European Society for Animal Assisted Therapy, ESAAT, 2012, S. 2). Das tiergestützte Coaching lässt sich von der tiergestützten Therapie insofern abgrenzen, als dass berufsbezogene Probleme von gesunden Menschen bearbeitet werden. Neben Pferden werden in tiergestützten Interventionen auch Hunde, Katzen, Hasen oder Delfine eingesetzt (Nimer & Lundahl, 2007). Neben berufsbezogenen Themen werden im Coaching-Kontext mit Pferden auch private Themen bearbeitet.

> Im tiergestützten Coaching und weiteren zugehörigen Interventionen werden unterschiedliche Tiere eingesetzt.

Fallbeispiel

Berufliche Themen können sich auf das Führungsverhalten, auf das Delegieren oder die Vorbereitung auf Vorstellungsgespräche beziehen. Ein Teilnehmer beschrieb im telefonischen Vorgespräch, dass er nicht wüsste, wie er führe. Einerseits meldeten ihm die Mitarbeiter zurück, er sei wie ein „liebes Bärchen, das man nicht ernst nehme" und andererseits hatte er mehrfach die Rückmeldung erhalten, er führe autoritär und würde keine andere Meinung gelten lassen. Daraufhin wurden passende Übungen mit den Pferden für das Coaching konzipiert, um das Thema genauer zu reflektieren.

Im privaten Kontext kann es um die klare Kommunikation in der Familie oder Freunden gegenüber gehen oder um das Setzen von Grenzen. So erklärte eine Teilnehmerin, ihre 16-jährige Tochter tanze ihr auf der Nase herum und akzeptiere keine Grenzen. Auch hier wurden, basierend auf dem Vorgespräch, konkrete Übungen konzipiert und am Coaching-Tag reflektiert.

2

2.2 Abgrenzung zu weiteren pferdegestützten Interventionen

Pferdegestütztes Coaching ist keine Psychotherapie und kein Ersatz hierfür.

Das pferdegestützte Coaching unterscheidet sich in einigen Bereichen von anderen pferdegestützten Interventionen. Es stehen keine therapeutischen Themen im Vordergrund und es wird auch nicht geritten. Im Coaching werden – anders als beispielsweise in der psychologischen Psychotherapie oder im Therapeutischen Reiten – keine klinischen Themen aufgegriffen, sondern es handelt sich um nicht beeinträchtigte Personen als Klienten. Pferde werden im physiotherapeutischen, (heil)pädagogischen oder auch ergotherapeutischen Bereich eingesetzt, genauer gesagt im Therapeutischen Reiten, in der Hippotherapie und darüber hinaus in der Psychotherapie und damit einhergehend der Traumatherapie, der (systemischen) Pädagogik und natürlich im Coaching. Im heilpädagogischen Bereich unterstützen die Tiere die Klienten in der sozialen und geistigen Entwicklung. In der ergotherapeutischen Behandlung mit dem Pferd liegen die

Schwerpunkte auf der Wahrnehmung, Motorik und Sensorik, in der Hippotherapie geht es um die Körperbeweglichkeit von Personen mit Hilfe der Muskelaktivierung durch das Pferd. In der tier- bzw. pferdegestützten Psychotherapie liegt der Fokus auf emotionalen, sensomotorischen, kognitiven und auch perzeptiven Aspekten. Nachfolgend wird genauer auf die Bereiche eingegangen.

2.2.1 Therapeutisches Reiten

Pferde werden seit rund vier Jahrzehnten in Deutschland in Bereichen mit therapeutischem Hintergrund eingesetzt. So findet man sie in der Physiotherapie, im (heil)pädagogischen Bereich oder in der Ergotherapie (Gomolla, 2014). Beim Therapeutischen Reiten, das bereits seit vielen Jahrzehnten eingesetzt wird, handelt es sich um einen Oberbegriff, der sich auf Behandlungen bzw. Therapien, an denen sowohl Ärzte als auch anderes Fachpersonal beteiligt sind, bezieht. Hierbei sind sowohl medizinische als auch psychologische, psychotherapeutische oder pädagogische Anteile enthalten (Pülschen, 2018).

> Das Therapeutische Reiten ist als Oberbegriff für verschiedene Interventionsformen mit Pferden zu verstehen.

Das Therapeutische Reiten lässt sich in weitere Teilbereiche untergliedern. Anders als im Coaching, wo mit dem Pferd vom Boden aus gearbeitet wird, reiten die Klienten bzw. Patienten bei anderen Interventionsformen. Das Pferd wird ergänzend zur Physiotherapie eingesetzt. Im Heilpädagogischen Reiten und Voltigieren steht die Körpertherapie im Sinne der Motorik und Sensorik im Vordergrund.

Im Alltagssprachgebrauch wird das Therapeutische Reiten teilweise mit der Hippotherapie gleichgesetzt, genauer betrachtet gibt es hier jedoch Unterschiede. Aus dem Griechischen stammend gehören die beiden Worte *hippos* (Pferd) und *therapeuein* (behandeln) hierzu. In verschiedenen Ländern bezieht sich die Therapie auf Menschen mit Behinderungen im weiteren Sinne, in Deutschland geht es um einen Teilbereich des Therapeutischen Reitens (Debuse, 2015). In der Hippotherapie, die von Physiotherapeuten und Ärzten mit einer Spezialausbildung durchgeführt wird, geht es um die krankengymnastische Arbeit auf Pferden (Bachi, 2012; Gomolla, 2007) im Sinne einer medizinischen Maßnahme als Einzelbehandlung auf / mit dem Pferd (Debuse, 2015; Deutsches Kuratorium für Therapeutisches Reiten, 2016). Positive Effekte zeigen sich hier in Bezug auf die Haltungskontrolle (Körperhaltung) bei Menschen mit neuromotorischen Dysfunktionen (Haehl et al., 1999). Darüber hinaus gibt es noch die Reitpädagogik, die Reittherapie und das Heilpädagogische Reiten sowie das Heilpädagogische Voltigieren. Dabei geht es mehr

> Hippotherapie ist krankengymnastische Arbeit auf dem Pferd.

2

In der heilpädagogischen
Förderung mit Pferden
kann das Vertrauen gestärkt
werden.

um pädagogische oder therapeutische Methoden und um die
Förderung von sozialen und geistigen Entwicklungsmöglich-
keiten (individuell und heilpädagogisch; Kläschen, 2018).

Balance und Koordination können in diesem Kontext trainiert werden (Janura et al., 2009), wozu auch die Stärke,
Muskelspannung, Entspannung, Flexibilität, motorische Koordination oder auch das Körperbewusstsein zählen (Benda
et al., 2003; Copetti et al., 2007). Für den grobmotorischen Bereich können Pferde ebenfalls eingesetzt werden (Breitenbach
et al., 2015). Neben der Körperwahrnehmung und Balance
lassen sich mit Hilfe der Tiere auch die Bewegungskoordination
und das räumliche Orientierungsvermögen sowie die Konzen-
trations- und Lernfähigkeit verbessern (Hediger & Zink,
2019). Bei der heilpädagogischen Förderung mit dem Pferd
geht es um die soziale und emotionale Entwicklung (Schmitz,
2015). Bei Personen, die Sehbehinderungen haben oder blind
sind, werden die pferdegestützte Therapie und Pädagogik eingesetzt, um über das selbstständige Handeln und über leib-
liche Erfahrungen zu lernen (Stahlberg, 2013).

Kinder psychisch kranker Elternteile, die als Hochrisiko-
gruppe für psychische Erkrankungen gelten, können in der
heilpädagogischen Förderung mit dem Pferd positive
Bindungserfahrungen erleben. Zugehörige Eltern können gemeinsam mit dem Kind aktiv werden, wodurch sich neue Perspektiven ergeben und die Kinder sich selbst und anderen
mehr vertrauen. So kann die Interaktion zwischen den Eltern
und dem Kind bzw. den Kindern gestärkt werden (Schnorbach, 2009).

Ergotherapeutische und
logopädische Übungen
können mit Pferden als
Medium kombiniert
werden.

In der Ergotherapie und Logopädie dienen Pferde als Medium und es werden logopädische und ergotherapeutische
Übungen eingebaut. Hierbei sitzen die Patienten nicht nur auf
dem Pferd, sondern sind auch bei den weiteren Vor- und Nach-
bereitungen rund um das Reiten und die Pferdepflege dabei.
So kann individuell geschaut werden, welche Defizite, Förder-
ziele sowie Fähigkeiten diejenigen mitbringen, um die Therapie individuell anzupassen. Indem die Personen Erfolge erleben, kann das Selbstvertrauen gestärkt werden. In der
Ergotherapie geht es darum, in der Zusammenarbeit mit den
Pferden sowohl den Körper und den Geist als auch die Seele
auf unterschiedlichen Ebenen anzusprechen. Das Pferd wird
beispielsweise beobachtet, um die Aufmerksamkeit zu fokussieren. Emotionen werden auf der Gefühlsebene thematisiert.
Außerdem geht es um die Reaktionsfähigkeit, Konzentration,
Selbsteinschätzung und Flexibilität. Ein weiteres Ziel ist das
Steigern der sozialen Kompetenz und des Verantwortungs-
bewusstseins, des Selbstbewusstseins und des Einfühlungsver-
mögens. Über den Pferderücken werden dreidimensionale
Schwingungen auf den Patienten übertragen, wodurch die Be-

wegungsebene integriert ist und Haltung, Gleichgewicht sowie Koordination trainiert werden. Dies kann sich auch auf die Geschicklichkeit und die Grob- und Feinmotorik auswirken (Wössner & Mori, 2013).

Bei herzkranken Kindern kann sich das Therapeutische Reiten positiv auf Fehlentwicklungen auswirken. Hierzu zählen beispielsweise Defizite in der motorischen Entwicklung, der Körperwahrnehmung oder auch Angst in Bewegungssituationen. Muskelfunktionen und die Körperkoordination können dabei gestärkt werden (Schickendantz et al., 2009). Auch bei Kindern mit Übergewicht können Bewegungsprogramme auf und neben dem Pferd eingesetzt werden. Das kann sie motivieren, aktiver zu sein (Riedel et al., 2017).

Bei der Auswahl der Pferde im Therapeutischen Reiten müssen die Tiere – wie auch im Coaching-Kontext und in weiteren Bereichen – besonders in den Fokus gerückt werden. Deren körperliche und mentale Eigenschaften müssen berücksichtigt werden (Nervenstärke, stabiler Körperbau etc.). Da hier auch – anders als im Coaching üblich – geritten wird, müssen die Pferde ebenfalls in diesem Bereich gut ausgebildet und mental sowie physisch stark sein. Sie müssen über einen längeren Zeitraum hinweg geduldig still stehen bleiben, wenn die Personen aufsteigen (beispielsweise über eine Aufstiegrampe), und geräuschunempfindlich sein. Einige Anbieter des Therapeutischen Reitens setzen die Therapiepferde beispielsweise nur drei Jahre ein und dann werden sie als Reitpferde verkauft, um sie nicht zu lange in diesem Bereich zu beanspruchen. Bei der Reitanlage gilt es zu berücksichtigen, inwiefern diese barrierefrei ist, sodass beispielsweise Rollstuhlfahrer problemlos zu den Pferden oder in die Reithalle bzw. auf den Reitplatz fahren oder gefahren werden können.

> Körperliche und mentale Eigenschaften der Pferde müssen besonders berücksichtigt werden.

2.2.2 Pferdegestützte Psychotherapie

In der (pferdegestützten) Psychotherapie stehen andere Zielgruppen und Themen im Vordergrund als im Coaching. Im therapeutischen Kontext werden psychische Erkrankungen entsprechend der internationalen Klassifikationssysteme ICD-10 (World Health Organization, 2015) und DSM-5 (American Psychiatric Association, 2013) durch approbierte psychologische oder ärztliche Psychotherapeuten und Psychiater behandelt. Im Coaching geht es um gesunde Personen mit berufsbezogenen und privaten Themen. In der pferdegestützten Psychotherapie geht es nicht nur um eine andere Personengruppe als im Coaching, sondern das Pferd hat noch weitere Funktionen. Es dient als Eisbrecher (man spricht auch von der Eisbrecherfunktion), um ein Gespräch zum Therapeu-

2

ten aufbauen zu können. Im Coaching berichten die Coachees meist schneller und umfangreicher von sich aus, was sie bewegt. Dennoch helfen die Pferde auch hier, dass die Klienten ihr Erleben und Verhalten anders und teilweise schneller mit Hilfe der Pferde erläutern. Über das Tier werden eigene Gefühle und Gedanken kommuniziert. Die Dauer der Einheiten bzw. Sitzungen kann im psychotherapeutischen Kontext je nach Schweregrad der psychischen Erkrankung variieren. Die Spiegelfunktion der Pferde, die wir auch im Coaching schätzen, findet hier ebenfalls Anwendung.

In der Psychotherapie werden die Pferde je nach Ausbildungshintergrund des Therapeuten unterschiedlich eingesetzt.

Die genaue Vorgehensweise, die Inhalte und die bearbeiteten Themen variieren dabei je nach Ausbildungshintergrund des Therapeuten. Das bedeutet, dass es keine allgemeingültigen Manuale gibt, wie die Tiere genau eingesetzt werden. Somit ist bei der Vorgehensweise ein gewisses Maß an Kreativität und Flexibilität gefragt, wie die Pferde in die vorhandenen Konzepte mit einbezogen werden. Ebenso werden auch weitere Methoden (wie beispielsweise das EMDR = Eye Movement Desensitization Reprocessing) integriert. Heintz (2021) betont, dass es sich beim Einsatz von Pferden in der Psychotherapie nicht um eine neue Therapiemethode handelt, sondern dass das Setting geöffnet und erweitert wird mit einem Pferd als Mittler. Pferde können so in der tiefenpsychologisch fundierten Psychotherapie, in der Verhaltenstherapie oder in der systemischen Familientherapie eingesetzt werden. Neben den Therapiesitzungen in der Praxis kommen die Einheiten mit den Pferden ergänzend hinzu (stunden- oder phasenweise).

Nach Hediger und Zink (2017, 2019) kann es je nach Situation angemessen sein, mit dem Pferd zu reden, zu schweigen oder auch zu weinen. Wie der Prozess genau gestaltet wird, liegt in den Händen des Therapeuten, der natürlich auch auf die Sicherheit zu achten hat. Den Autoren zufolge bringt der Einsatz von Pferden in der Traumatherapie viele Vorteile mit sich, wobei jedoch auch die erhöhte Komplexität zu berücksichtigen ist. Die Autoren sehen den Einsatz von Pferden als eine gute Möglichkeit an, um eine Beziehung aufzubauen und Klienten einen sicheren Ort zu geben, an dem sie Entspannung erleben, Affekte regulieren sowie ihre Selbstwirksamkeit erkennen können. Vor allem traumatisierte Personen können auf eine andere, kreative Weise erreicht werden. Durch die Beobachtungen von außen (durch den Therapeuten) lassen sich Rückschlüsse auf die Verhaltensweisen der jeweiligen Person ziehen, welche als Grundlage für weitere Gespräche dienen können.

Pferden können im psychotherapeutischen Kontext bei ganz unterschiedlichen Problemen und Störungen eingesetzt werden.

In der Psychotherapie können Pferde bei diversen Problemen und Störungen eingesetzt werden. Nach Gomolla (2014) zählen zu den Themen beispielsweise das Zulassen von Nähe oder das Aufbauen von Distanz sowie das Übernehmen von Verantwortung oder Führung. Laut weiteren Forschern können die Pferde ebenfalls bei ADHS, Autismus, Angst, Depressionen, aggressivem Verhalten, häuslicher Gewalt, Zurückweisung, Missbrauch, Verlusten, Todesfällen oder Verhaltensstörungen und emotionalen Störungen eingesetzt werden (Hemingway, 2019; Shultz, 2005; Tetreault, 2006). Bei depressiven Klienten liegt ein Ziel der pferdegestützten Therapie in der Steigerung des Selbstwertgefühls und des Selbstvertrauens. So können die Personen ihre Grenzen spüren und auch setzen. Hier soll beispielsweise ein für die Klienten großes und beeindruckendes Pferd mit Hilfe mentaler Fokussierung, Visualisierung und klarer Intentionen ohne Strick und Halfter bewegt werden. Ebenso werden die Bereiche der Achtsamkeit und der Körperwahrnehmung sowie das Erkennen und Deuten der eigenen Emotionen integriert. Es geht außerdem um das Spüren und Setzen von Grenzen und um den Kontakt sowie Verbindungsaufbau zum Pferd (Balzer, 2011).

Auch nach Dettling und Kollegen (2018) lohnt sich der Einsatz von Pferden bei unterschiedlichen psychischen Störungen. Nach Aussage der Autoren kommt es bei schizophrenen Patienten auf die Symptomatik der Betroffenen an, damit sich positive Effekte erzielen lassen. Bei Personen, die im Zusammenhang mit Halluzinationen, Wahn oder Denkstörungen medikamentös nicht korrekt eingestellt sind und bestimmte Einschränkungen aufweisen, sollte man mit pferdegestützten Interventionen zurückhaltend sein. Die Klienten sollten stabil genug sein, damit die Pferde in den Behandlungskontext integriert werden können. Auch bei Angst- und Zwangsstörungen sollte je nach Fall individuell entschieden werden, da es sich bei Personen mit Phobien und auch bei Panikstörungen um eine gefürchtete Situation handeln kann, die vermieden wird. Bei Zwangsstörungen können Pferde eingesetzt werden, um den körperlichen Kontakt herzustellen, das Tier zu pflegen oder um Übungen mit ihm durchzuführen. Handelt es sich um Menschen mit Persönlichkeitsstörungen, sollten diese ausreichend emotional stabilisiert sein, um mit dem Pferd eine Beziehung aufnehmen und gestalten zu können. Hier kommt es auf den Einzelfall an, ob dies möglich ist, und es muss berücksichtigt werden, welche Form von Emotionalität von Seiten der Klienten zum Tier möglich ist. Bei Personen mit einer antisozialen Persönlichkeitsstörung sollte dies besondere Beachtung finden, da es den Autoren zufolge zu tierquälerischen Aktivitäten in der Vergangenheit der Person gekommen sein kann.

Eine weitere Unterscheidung zwischen Psychotherapie und Coaching unter Einbezug des Mediums Pferd kann darin gesehen werden, dass es einerseits darum geht, die psychischen Probleme und Themen der Klienten bzw. Patienten zu bearbeiten und andererseits die Ressourcen der Coachees zu fokussieren (Konir, 2012).

Unterschiede zwischen Psychotherapie vs. Coaching mit Pferden liegen auch im Fokus auf Problemen vs. Ressourcen.

2

Vergleicht man die pferdegestützte Arbeit im Zusammenhang mit der Psychotherapie mit den USA, zeigt sich, dass es in beiden Ländern Konzepte für Kriegsveteranen mit Posttraumatischen Belastungsstörungen (PTBS) gibt. Die in Deutschland vorhandenen pferdegestützten, psychotherapeutischen Konzepte für Soldaten basieren dabei auf der Arbeit mit amerikanischen Soldaten (Hediger & Zink, 2019). So kann die Resilienz der Personen insgesamt oder nach einem Auslandseinsatz im Sinne der Reintegration gefördert werden. Erste Erfolge können sich dabei bereits nach einer kurzen Behandlungszeit, d. h. nach wenigen Wochen, zeigen (Parent, 2016; Romanczuk-Seiferth & Schwitzer, 2019).

Insgesamt berichten Klienten häufig von einer besonderen Verbindung zu dem jeweiligen Therapiepferd. Hier geht es auch um das Gefühl, wortlos verstanden zu werden und sich einlassen sowie vertrauen zu können. Dabei verlangen die Pferde von ihrem Gegenüber, körperlich präsent zu sein und sich klar sowie kongruent zu verhalten. Indem das Pferd berührt wird, werden die Patienten für die eigene Körperwahrnehmung sensibilisiert. Eigene Emotionen können deutlicher empfunden und bewusst gemacht werden. Unabhängig von der direkten Interaktion mit dem Pferd wird es von den Klienten als heilsam beschrieben, in der Natur zu sein. Dabei geht es um die Gerüche rund um den Stall und die Pferde (z. B. Gras, Heu, die Pferde selbst), die visuellen Eindrücke und die Geräusche (z. B. das Kauen der Pferde oder Hufgetrappel), die wahrgenommen werden (Heintz, 2021). Das Fressen von Heu mit den zugehörigen Geräuschen empfinden viele Coachees als beruhigend und schön, da es sich um leise, gleichmäßige Geräusche handelt und man dem Pferd, das friedlich frisst, gerne zuschaut und eben zuhört.

2.3 Methodische Ansätze verschiedener Richtungen

Viele pferdegestützte Coaches haben unterschiedliche Hintergründe und Methodenansätze, die sie anwenden. Auch wenn psychologische und pädagogische Berufe die Grundlage bieten (sollten), gibt es darauf aufbauend und daneben unterschiedliche Konzepte und Ansätze. Weiterhin können die Pferde nur ein zusätzlicher Bestandteil einer Intervention sein oder immer in allen Formaten bzw. bei allen Sitzungen eingesetzt werden. Auch wenn es Coachings gibt, bei denen ausschließlich am Pferd gecoacht wird (ohne Videoanalyse), sollte bedacht werden, wie man den Transfer für den Klienten schaffen kann. Es geht nicht darum, ein Pferdetraining zu absolvieren, sondern im Sinne der Persönlichkeitsentwicklung des Menschen das durch die Pferde gespiegelte Verhalten auf

Pferde können je nach Kontext ganz unterschiedlich in das Coaching integriert werden.

2

den Alltag und das jeweilige Thema zu übertragen. Darauf aufbauend kann dann weitergearbeitet werden.

2.3.1 Fachlicher Hintergrund des Coaches

Im Coaching mit Pferden werden häufig systemische Fragetechniken eingesetzt.

Pferdegestützte Coaches kommen teilweise aus dem psychologischen oder pädagogischen Bereich, aber auch aus betriebswirtschaftlichen oder sonstigen Kontexten, im besten Fall mit fundierten Coaching-Fortbildungen. Dementsprechend gibt es unterschiedliche Methoden, die im Coaching Anwendung finden. Teilweise arbeiten die Personen ausschließlich pferdegestützt, in anderen Fällen werden die Pferde nur bei bestimmten Themen bzw. Anliegen eingesetzt. Dabei kann es sich auch um eine Methodenergänzung (z. B. neben systemischen Elementen oder Gesprächseinheiten) handeln. So kann es sein, dass Personen einerseits als Therapeuten im Therapeutischen Reiten aktiv sind und zusätzlich als pferdegestützte Coaches arbeiten. In diesem Zusammenhang kann es um die Eltern der körperlich und / geistig eingeschränkten Kinder oder deren (gesunde) Geschwisterkinder, aber auch Klienten aus ganz anderen Kontexten handeln. Die Fragetechniken innerhalb des Coachings haben häufig einen systemischen Bezug bzw. die Übungen mit den Pferden und die zugehörige Reflexion werden in einen systemischen Kontext eingebettet.

Das pferdegestützte Psychodrama ist eine Variante der Interventionen mit Pferden.

Es gibt auch Spezialformen, wie die Kombination aus der pferdegestützten Arbeit und dem Psychodrama (vgl. Weckbecker, 2020). Im Psychodrama geht es darum, die innere Realität des Klienten abzubilden. Dabei werden für verschiedene Personen, Gefühle oder Ressourcen stellvertretend Gegenstände auf einer sogenannten Bühne visualisiert. So lassen sich das Psychodrama und pferdegestützte Interventionen ergänzen, da sich beide auf das Embodiment (Zusammenspiel zwischen Körper und Geist, wie beispielsweise Emotionen) beziehen. Auch hier erleben die Coachees einerseits ein Szenario und bearbeiten dieses andererseits auf einer kognitiven Ebene. In der zugehörigen Skulpturarbeit nach Moreno handelt es sich um eine protagonistenzentrierte Arbeit. Hier wird die innere Welt des Protagonisten, also das subjektive Erleben und seine Emotionen, auf eine Bühne gebracht und für alle Beteiligten dadurch sichtbar gemacht. Anders als es der Name vermuten lässt, steht nicht die Dramatik im Vordergrund, sondern es geht um die Leichtigkeit und Freude, mit Problemen umzugehen (von Ameln et al., 2009). Die Skulpturarbeit kann mit der systemischen Aufstellungsarbeit verglichen werden. Allerdings liegt ein wesentlicher Unterschied darin, dass keine Dynamik eines Systems erforscht werden soll, sondern dass sie eher als Ausdrucksmittel für den Protagonisten zu sehen ist. Weiterhin entwickeln die sogenannten Stellvertreter bzw. Hilfs-Ichs, die zwar mit einbezogen werden, kein Eigenleben, so wie es in der systemischen Aufstellungsarbeit oft üblich ist. Diese werden von dem Protagonisten vorab beschrieben (Stadler & Kern, 2010; von Ameln et al., 2009; Weckbecker, 2020).

Im Einzelcoaching kann von einem Gesprächs-Coaching zu der pferdegestützten Variante gewechselt werden. Andererseits kann es in einem pferdegestützten Abschnitt je nach Situation Sinn machen, das Thema mit einer Methode ohne Pferdebezug weiter zu bearbeiten. Im Gruppenkontext hängen die gewählten Methoden und Inhalte ebenfalls von der Zielsetzung und dem Thema der Gruppe ab (Konir, 2012).

Die pferdegestützte Arbeit kann auch mit weiteren Methoden kombiniert werden, wie beispielsweise der Imaginations- oder Affirmationsarbeit oder dem Auflösen von Blockaden mittels schneller Blickbewegungen, ähnlich der EMDR-Methode (Eye Movement Desensitization and Reprocessing). In diese Richtung geht auch die Horse-Assisted Stress Reduction (HASR®). Dabei handelt es sich um eine Methode zur Stressreduktion und Beseitigung von Blockaden mittels Unterstützung eines Pferdes (■ Abb. 2.1). Bestandteile sind u. a. das Herausarbeiten der Stress auslösenden Blockaden und das Auflösen dieser Blockaden mittels schneller Blickbewegungen der Klienten, verschiedene Formen der Klopfakupressur und die pferdegestützte Arbeit. Die negativen Affirmationen des Klienten werden zunächst fokussiert sowie im Anschluss positive Affirmationen herausgearbeitet

> Die pferdegestützte Arbeit kann auch mit der EMDR-Methode oder der HASR®-Methode kombiniert werden.

■ **Abb. 2.1** Im Horse-Assisted Stress Reduction Coaching werden verschiedene psychologische Elemente mit der pferdegestützten Arbeit verknüpft

2

und verinnerlicht. Embodiment-Ansätze und die Imaginations-arbeit runden das Coaching ab. Es handelt sich um eine Integration verschiedener wissenschaftlich fundierter Methoden.

2.3.2 Rolle des Pferdes

Pferdegestützte Interventionen profitieren von den besonderen Fähigkeiten der Pferde. Weshalb gerade Pferde im Coaching so gut eingesetzt werden können, um Coaches bei der Bearbeitung von Themen und damit der Stärkung von Klienten zu unterstützen, wird unterschiedlich erklärt. Sie sind dazu in der Lage, feinste nonverbale Signale wahrzunehmen, sie verstehen menschliches Verhalten und können uns „lesen". Das bedeutet, sie spiegeln menschliches Verhalten wertfrei als direkte Reaktion (Schütz et al., 2018). Als Beute- und Fluchttiere mussten sie immer schon auf ihre Umwelt achten und schnellstmöglich auf Veränderungen reagieren. Außerdem gibt es in der Pferdeherde eine klare Rangordnung. Nur in diesem sozialen Gefüge mit einer klaren Hierarchie war ihnen früher ein Überleben möglich. Der Zusammenhalt und die Stärke der Gemeinschaft garantierten das Überleben der Herde.

Pferde sind als Flucht- und Beutetiere hoch sensibel.

Aufgrund ihres Fluchtinstinkts spielt die Fight-or-flight-Reaktion eine wichtige Rolle. Im Laufe der Domestizierung haben sie allerdings gelernt, dem Fluchtreflex nicht zu folgen, wenn sie jemandem vertrauen (Opgen-Rhein, 2018). Dazu passt auch die Relevanz eines starken Leittieres: Das Überleben der Herde war von einem starken Leittier abhängig. Aufmerksamkeit, Reaktionsfähigkeit Stärke und Schnelligkeit waren und sind wichtig, denn nur diesem Tier wird das notwendige Vertrauen geschenkt. Vertrauen und Respekt sind die Basis für kompetente Führung. Urmoneit (2015) verweist in diesem Zusammenhang darauf, dass Pferde einerseits Führung übernehmen und sich andererseits führen lassen.

Die Körpersprache der Pferde ist sehr gut ausgeprägt und differenziert. Sie teilen sich über die Stellung und Bewegung der Ohren, Augen, den Gesichtsausdruck, den Hals, den Schweif, die Beine und natürlich Laute mit. Sie halten ihre Ohren selten still und können weitaus besser hören als Menschen. Ihr Gehör ist sehr fein und kann sehr niedrige bis sehr hohe Frequenzen wahrnehmen (Máday, 1996; Morris, 2001). Durch Training, Sozialisierung und eine vermehrte Interaktion mit dem Menschen sind Pferde dazu in der Lage, menschliche Signale feinfühlig zu lesen (Krüger et al., 2011). Dass Pferde mit Menschen interagieren können, zeigt sich auch darin, dass sie menschliche Mimik, Gestik und Tonlage interpretieren können (Nakamura et al., 2018).

Pferde reagieren – anders als Menschen teilweise – kongruent.

Laut Opgen-Rhein (2018) könnte es sein, dass Pferde aufgrund des Domestizierungsprozesses die Wahrnehmung des nonverbalen Ausdrucks auf Menschen übertragen haben, um so ihr Überleben zu sichern. Demnach haben sie gelernt, unmittelbar auf den jeweiligen menschlichen nonverbalen Ausdruck eigenständig zu reagieren. Dabei agieren sie untereinander kongruent, anders als Menschen es im Alltag tun. Pferde merken diese Unstimmigkeiten im Innen und Außen. Sie vermitteln dabei ein angemessenes Gefühl für Nähe und Distanz und verhalten sich ehrlich und passend, also kongruent von innerer Gefühlswelt und äußerem Ausdruck dazu. Urmoneit (2015) betont, dass es für Klienten nicht immer einfach ist, die Signale des Pferdes, das kongruent reagiert, so zu deuten, dass sie einen Sinn ergeben. Dabei zeigen Pferde ein breites Spektrum an Aktionen und Reaktionen nonverbaler Art, die sich dem Kontext entsprechend sekundenschnell verändern können.

Eine Person, die auf den ersten Blick offen und souverän wirkt, ist innerlich möglicherweise ganz unsicher und das Pferd folgt nicht oder geht nicht mit über eine knisternde Plastikplane. Pferde sind sehr sensibel und nehmen minimale Veränderungen bei ihrem Gegenüber, sei es bei einem Pferd oder einem Menschen, wahr. Dabei steht die nonverbale Kommunikation im Vordergrund. Wo Menschen teilweise inkongruent auftreten, reagieren Pferde kongruent auf Emotionen und Verhaltensweisen ihres Gegenübers. Menschen erleben in ihrer Kommunikation und Interaktion aufgrund ihrer begrenzten Wahrnehmungsfähigkeit, Verhaltensgrenzen durch soziale Regeln sowie Normen und widersprüchlicher Mehrdeutigkeiten teilweise Missverständnisse. Dabei spielt die Authentizität eine wichtige Rolle. Da das Pferd über seine Körpersprache kommuniziert, haben gesprochene Worte keine bzw. nur eine geringe Bedeutung. Vielmehr geht es um unbewusst gesendete Signale der Körpersprache und Stimmlage. Pferde können kleinste Signale wahrnehmen, die mit Körperhaltung, Stimmlage, Atmung, Bewegung, Geruch und Dynamik einhergehen (◘ Abb. 2.2).

Man kann daher annehmen, dass Pferde im Hier und Jetzt leben und im aktuellen Moment agieren. Sie sind demnach nicht dazu in Lage, sich strategisch zu überlegen, wer der beste Futtergeber ist, wie sie sich möglichst wenig anstrengen müssen oder wie sie den größtmöglichen Nutzen aus einer Situation ziehen können.

Ihnen wird außerdem nachgesagt, sie könnten nicht lügen, sondern würden offen und ehrlich reagieren (Gehrke, 2009; Mamerow, 2011). Es wird zudem vermutet, dass Pferde nicht nachtragend sind (Mamerow, 2011). Dabei sind die meisten Tiere aufgeschlossen und geben jedem Interaktionspartner

2

◘ **Abb. 2.2** Beim Überqueren verschiedener auf dem Boden liegenden Gegenstände vertraut das Pferd dem führenden Menschen, der Sicherheit ausstrahlt und sich authentisch verhält

(mit dem sie keine negativen Erfahrungen gemacht haben) die gleiche Chance. Verknüpft das Pferd etwas Negatives mit einer Person, da diese das Pferd (möglicherweise mehrfach) geschlagen oder auf eine unangenehme Art und Weise physisch oder psychisch behandelt (oder misshandelt) hat, ist diese Unvoreingenommenheit beim nächsten Aufeinandertreffen wahrscheinlich geringer ausgeprägt, nicht mehr vorhanden oder dem Pferd merkt man auf den ersten Blick äußerlich keine Veränderung an (da es innerlich verletzt ist und anders hiermit umgeht). Teilweise lassen sich unangenehme Situationen nicht vermeiden, wie bei einem Tierarzt, der eine offene Fraktur behandelt und hierfür das gebrochene Beine immer wieder untersuchen und versorgen muss. Man kann jedoch nicht pauschal sagen, dass alle Pferde, die so etwas erlebt haben, Angst vor Tierärzten oder psychische Leiden aufweisen. Einige scheinen genau zu merken, dass ihnen geholfen wird und verhalten sich ruhig und kooperativ. Auch hier sollte man sich die verschiedenen Persönlichkeiten der Pferde vor Augen halten, die aufgrund ihrer Anlagefaktoren und Lernerfahrungen unterschiedlich resilient sind und individuell auf bestimmte Situationen reagieren (wie auch Menschen). Das bedeutet auch, dass die Tiere nach einem negativen Erlebnis am darauffolgenden Tag nicht einfach alles vergessen haben und der Person völlig unvoreingenommen begegnen, sondern dass das Vertrauen erst wieder hergestellt werden muss. Im Coaching-Kontext ist die Wahrscheinlichkeit sehr gering, dass man als Coach einer solchen Situation begegnet, in der ein Klient ein Pferd schlägt oder mit diesem respektlos umgeht.

Pferde lassen sich auch nicht von Statussymbolen beindrucken und interpretieren nicht. Gehrke (2009) sieht einen weiteren Vorteil in der Arbeit mit Pferden in der Neutralität der Tiere. Sie reagieren nicht unterschiedlich auf die Hautfarbe, das Geschlecht oder die sexuelle Orientierung ihres Gegenübers, sondern achten auf dessen Auftreten. Demzufolge geht es vielmehr um die Authentizität, das Führungsverhalten oder die klare Kommunikation sowie das Setzen von Grenzen des Interaktionspartners (Gehrke, 2009; Schütz et al., 2018). Pferde lassen sich einerseits Grenzen setzen oder übernehmen dies selbst. Außerdem sind Nähe und Distanz hier zu nennen, die durch die Tiere reguliert werden (Urmoneit, 2015).

Auf vertrauensvolle, ängstliche oder unsichere Verhaltensweisen des Menschen reagiert das Pferd entsprechend authentisch im Hier und Jetzt – und je nach Gegenüber auf unterschiedliche Art und Weise. Pferde sind eigene Persönlichkeiten, die bestimmte Eigenschaften und Verhaltensweisen (und auch Eigenarten bzw. Marotten) mitbringen. Sie sind so unterschiedlich wie Menschen und reagieren ebenso unterschiedlich auf ihre Interaktionspartner.

Urmoneit (2015) hebt hervor, dass Pferde neugierig sind und von ihrem Gegenüber ein Verhalten erwarten, das mit Sicherheit und Orientierung einhergeht. Ist ein Verhalten unangemessen, wird dies deutlich rückgemeldet. Angsteinflößenden Situationen versuchen sie zu entkommen. Pferde sind darüber hinaus aufgrund ihrer Eigenschaften dazu in der Lage, objektiveres Feedback als Coaches oder auch Trainer zu geben. So können Klienten die Rückmeldungen offener aufnehmen als Hinweise oder Ratschläge anderer Personen. Damit geht einher, dass Pferde keine Veränderung bei Klienten hervorrufen möchten, sondern im Hier und Jetzt agieren, um ihr eigenes Wohlbefinden sicherzustellen (Konir, 2012). Erhalten wir ein positives Feedback einer anderen Person, überlegen wir ebenso wie bei einem negativen Feedback, warum wir dieses erhalten haben, was es damit auf sich haben könnte und was der andere damit womöglich bezwecken möchte. Im Coaching mit Pferden erhält ein Coachee beispielsweise das Feedback, wie souverän er die Übung absolviert hat, wie wertschätzend er dem Pferd gegenüber war und dass das Tier gerne mitgegangen ist. Bei einigen Teilnehmern kommt die Vermutung auf, dass man ihnen nur gut zureden möchte und sie können das Feedback nicht oder nur in Teilen annehmen. Durch die Erklärungen über die Besonderheiten der Pferde, die nichts davon haben, dem Klienten einen Gefallen zu tun (einfach so mal über eine Plane oder durch einen Pylonen-Slalom zu gehen) sowie die Videoanalyse im Nachgang wird das Feedback objektiver und für die Klienten nachvollziehbar(er). So können sie das Feedback besser annehmen.

Pferde lassen sich nicht von Statussymbolen beeindrucken.

Coachees erhalten von Pferden neutrale Rückmeldungen über ihr Verhalten.

2

❏ **Abb. 2.3**   Pferde können eine positive Wirkung auf Menschen haben, indem sie beispielsweise Ruhe ausstrahlen

Im psychotherapeutischen Kontext wird das Pferd in unterschiedlichen Konstellationen betrachtet. Es kann in der Dyade zwischen Therapeut und Patient als (thematische) Ressource gesehen werden oder in der Beziehung zwischen Therapeut und Pferd als Modell für das Beziehungsverhalten, Gefühle sowie Reaktionen anderen gegenüber. Betrachtet man es als Übergangsobjekt, wird das Pferd zum Träger von Projektionen. Es kann auch eine Stellvertreterfunktion übernehmen. Weiterhin kann es um die Dyade zwischen Patient und Pferd gehen, wodurch neue und unbelastete Erfahrungen in Bezug auf Beziehungen gemacht werden können. Außerdem können Ressourcen und Kompetenzen (wieder)entdeckt und teilweise lange unterdrückte Emotionen erlebt werden. Das Pferd kann dabei viel Ruhe ausstrahlen und positiv auf die Menschen wirken (Heintz, 2021; ❏ Abb. 2.3). Im Coaching dient das Pferd als Spiegel, um menschliches Erleben und Verhalten aufzuzeigen. Konir (2012) sieht bei den Pferden im Coaching eine Vermittlerrolle, da sie als Medium dienen und exemplarisch für eine private oder berufliche Alltags- bzw. berufliche Situation stehen.

Bei allen besonderen Verhaltensweisen der Pferde liegt es an den qualifizierten Coaches, die Mensch-Pferd-Interaktionen zu entschlüsseln und für die weitere Themenbearbeitung klientengerecht zu übersetzen. Dass Pferde so fein reagieren, reicht für ein gelungenes und nachhaltiges Coaching noch nicht aus. Aus den Interaktionen lassen sich weitere Gespräche ableiten. Zudem müssen jegliche Sicherheitsaspekte berücksichtigt werden, damit das Coaching wirkungsvoll gestaltet werden kann.

Die Größe des Pferdes spielt beim Bewältigen verschiedener Aufgaben im Coaching keine Rolle.

In diesem Kontext ist es irrelevant, ob es sich um ein großes oder um ein kleines Pferd handelt, das überzeugt werden muss. Ein großes Pferd kann bei manchen Personen ein größeres Erfolgserlebnis hervorrufen, da sie ein so großes Tier bewegt haben. Kleine Pferde werden von ängstlicheren Coachees häufig bevorzugt. Als Reiter und pferdegestützte Coaches wissen wir (anders als viele Nichtreiter), dass die Größe und das Gewicht eines Pferdes nicht damit gleichgesetzt werden können, wie leicht es sich führen lässt.

Diese hohe Sensibilität, das Wahrnehmen im Augenblick und die angemessenen Reaktionen auf die führenden Personen machen Pferde zu guten „Rückmeldern" für ihr Gegenüber. Dabei sollten pferdegestützte Coaches auch immer die Bedeutung der Reaktionen (bzw. wie die Pferde reagieren) im Blick haben und im Sinne des aktuellen Forschungsstands interpretieren. Hier kann beispielsweise auf die Ohrenstellung, die Augenpartie (vor allem die Faltenbildung), die Kopfhaltung, das Abkauen, das Gähnen oder auch das Schnauben der Pferde geachtet werden.

Bei Entspannung sind neben dem Kopf bzw. Hals auch die Ohren, die Augen sowie das Maul bzw. die Nüstern und auch der Schweif von Bedeutung. Hierzu zählt beispielsweise, dass das Pferd ruhig und regelmäßig atmet und eine entspannte Körperhaltung aufweist. Hierbei ist die Muskulatur locker, was man besonders am Schulter-, Hals- und Kopfbereich sieht. Das Pferd lässt den Kopf locker herabhängen oder streckt ihn lang nach vorn. Die Maul- und Nüsternpartie ist locker und weist keine Falten auf. Manchmal lecken und kauen die Tiere sanft, schnauben zufrieden und atmen hörbar und entspannt aus, wobei der Schweif entspannt herabhängt (Neugebauer & Neugebauer, 2020).

Bei der Annäherung von Pferden an Menschen gibt es ebenfalls unterschiedliche Verhaltensmöglichkeiten. Dies kann in einer Erwartungshaltung geschehen oder um die Person aufmerksam zu machen. Selten geht dies mit negativen bzw. agonistischen Absichten einher. Pferde können sich auch ihrem menschlichen Gegenüber zuwenden, nachdem sie aufgefordert wurden, auf diesen zuzugehen, und sich dann von diesem anfassen lassen. In der Mensch-Pferd-Beziehung wird das problemlose Annähern als eine wichtige Bedingung angesehen. Beim Begrüßen beziehen Hauspferde auch Menschen in das Sozialverhalten mit ein. Teilweise riechen sie an den Haaren und Ohren des menschlichen Gegenübers oder sie reagieren auf den jeweiligen menschlichen Atem. Dieser kann einen Wiedererkennungswert für die Tiere haben. Während der Begrüßung geht es auch um das Klären und Bestätigen der Rangfolge. Pferde reagieren in diesem Zusammenhang u. a. auf die Körperhaltung, den Geruch, die Stimme sowie auch auf den Muskeltonus oder den Hautwiderstand, um den Sozialstatus wahrzunehmen (Neugebauer & Neugebauer, 2020).

Der Ausdruck und das Verhalten der Pferde werden im Coaching genau analysiert.

2

> **Fallbeispiel**
>
> Im pferdegestützten Coaching gehen Klienten ganz unterschiedlich auf die Pferde zu, um Kontakt aufzunehmen. Einige gehen zielstrebig hin, befestigen den Strick und beginnen mit dem Absolvieren des Parcours, andere warten, bis das Pferd oder die Pferde auf sie zukommt / zukommen. Wieder andere nähern sich vorsichtig an, halten dem Pferd die Hand hin, damit es diese beschnuppern kann und gehen erst dann einen Schritt weiter. Eine Klientin hatte die Aufgabe, zunächst Kontakt zu beiden Pferden in der Reithalle aufzunehmen, sich dann für eines der Pferde zu entscheiden und mit diesem eine Übung zu absolvieren. Sie ging zunächst zu dem Pferd, das sich in ihrer Nähe befand, berührte dieses, woraufhin es sich abwandte (den Kopf wegdrehte), jedoch stehenblieb. Das andere Pferd, das einige Meter hinter dem zuerst begrüßten Pferd stand, schaute interessiert mit gespitzten Ohren zu. Es näherte sich der Klientin an und zeigte deutliches Interesse. Die Teilnehmerin befestigte jedoch den Führstrick an dem Halfter des ersten Pferdes und ging los, ohne das andere Pferd zu begrüßen. Dieses Pferd folgte den beiden daraufhin, was die Klientin jedoch gar nicht gemerkt hatte. Es ging sogar mit etwas Abstand im Slalom um die Pylonen und über mehrere auf dem Boden liegende Hindernisstangen. Erst in der nachfolgenden Reflexion sowie in der späteren Videoanalyse fiel der Teilnehmerin auf, dass sie keinen Kontakt zu dem anderen Pferd aufgenommen hatte und es auch während der Übung nicht weiter wahrgenommen hatte. Ebenso hatte sie nicht bemerkt, dass das Pferd, mit dem sie die Übung absolviert hatte, zunächst kein Interesse gezeigt und sich eher zurückweisend verhalten hatte. Sie stellte fest, dass sie das Pferd wohl etwas „überrumpelt" hatte und es wahrscheinlich eine längere Kennenlernphase zur Vertrauensbildung gebraucht hätte. So war es den eigenen Angaben der Teilnehmerin nach auch im Alltag, dass sie nicht immer bemerkte, wie unterschiedlich die Personen in ihrem Umfeld auf sie reagierten, was sie bräuchten und wer lieber mit ihr zusammenarbeiten wollte und wer möglicherweise (erstmal) nicht.

Rempelt das Pferd den Menschen beispielsweise mit der Schulter, dem Kopf, der Brust oder auch der Hinterhand an, kann dies mit dem Fluchtverhalten des Tieres zusammenhängen. Es handelt sich grundsätzlich um ein unerwünschtes Verhalten, was auch darin begründet sein kann, dass der Mensch eine niedere Rangposition aufweist oder dieser seine Führungsaufgabe nicht innehat (Neugebauer & Neugebauer, 2020).

Durch diese Aspekte wird noch einmal deutlich, warum der fachliche Hintergrund der pferdegestützten Coaches, nicht nur im psychologisch-pädagogischen Bereich und im Coaching-Kontext, sondern auch, was das Pferdewissen anbelangt, so wichtig ist. Es liegt am Coach, insbesondere den pferdeunerfahrenen Menschen eine Übersetzung des Pferdeverhaltens zu geben, damit sich die weitere Reflexion anschließen kann.

Das Pferdewissen des Coaches ist im pferdegestützten Coaching elementar.

2.3.3 Einsatz der Videoanalyse

Die Videoanalyse ist ein wichtiger Bestandteil vieler pferdegestützter Coachings und zählt zu den starken Auslösern für die individuelle Selbstreflexion. Sie wird in konventionellen Coachings jedoch selten eingesetzt (Greif, 2008). Im pferdegestützten Coaching kann die Videoanalyse sinnvoll eingesetzt werden, um den Abgleich zwischen der Selbstwahrnehmung der Klienten und der Fremdwahrnehmung vorzunehmen (◨ Abb. 2.4). So werden dem Klienten neue Perspektiven ermöglicht. Neben dem Feedback der Pferde und der Coaches sowie teilweise weiterer anwesender Personen dient die Videoanalyse als zusätzliche Feedbackquelle. Hierbei werden die Übungen mit dem Pferd auf Video aufgenommen, um sie im Anschluss an die Pferd-Mensch-Interaktionen im weiteren Coaching-Prozess zu reflektieren. Der pferdegestützte Coach bespricht dabei gemeinsam mit dem Coachee die erlebten Situ-

Die Videoanalyse dient als zusätzliche Feedbackquelle.

◨ **Abb. 2.4** Die Videoanalyse zählt den wichtigen Elementen im pferdegestützten Coaching und dient u. a. dem Abgleich der Selbst- und Fremdwahrnehmung

2

ationen mit dem Pferd. So kann der Coachee angeben, wie er sich auf dem Reitplatz oder in der Reithalle während der Übung gefühlt hat, und vergleichen, wie es in der Videoaufnahme von außen aussah. Mit Hilfe der Videoanalyse lassen sich diese Aspekte verdeutlichen und aufzeigen, an welchen Stellen der Übungen die Pferde das menschliche Verhalten gespiegelt haben, sodass darauffolgend die ressourcenorientierte Erweiterung der Verhaltensmuster erfolgen kann (Schütz, 2020).

Videoanalysen sind im Coaching-Kontext nichts Neues. Finger-Hamborg (2005) sieht darin eine zentrale und wirksame Methode, die zu Verhaltensänderungen führen kann. Sie gelten als Beweis für das Verhalten des Teilnehmers und können die Selbstreflexion aktivieren (Rückle, 2005). So können die betreffenden Personen über sich selbst nachdenken und bestimmte Aspekte, wie z. B. Denkmuster oder Verhaltensweisen, hinterfragen. Die Anwesenheit von Videokameras findet man auch in Tests rund um das Thema Stress wieder (Kirschbaum et al., 1993).

Ein Vorteil der Videoanalyse liegt darin, dass die Szenen beliebig häufig wiederholt werden können. So muss man sich nicht – wie in der Übung mit dem Pferd – auf bestimmte Szenen bzw. Ausschnitte konzentrieren. Gerade im Einzelcoaching, bei dem es keine Rückmeldungen anderer Coachees gibt, ist die Videoanalyse wichtig. Ansonsten hätte der Coachee nur das menschliche Feedback des Coaches (Konir, 2012). Auf Details kann so auch besser eingegangen werden und der Coach kann dem Teilnehmer erklären, warum das Pferd in welcher Situation wie reagiert hat. Das ist natürlich nicht immer sicher zu sagen, soll dem Klienten jedoch vermitteln, wie Pferde reagieren und warum das jeweilige Pferd in einer bestimmten Situation möglicherweise stehen geblieben ist, die Richtung gewechselt hat oder beispielsweise aufgrund von Fliegen mit dem Schweif geschlagen hat. Teilweise geben Klienten während der Videoanalyse an, das Pferd habe die Ohren angelegt und sei wütend gewesen. Dabei stellt sich jedoch heraus, dass das Tier die Ohren lediglich zur Seite gedreht hat, um ein bestimmtes Geräusch wahrzunehmen. Vor allem für Menschen ohne Pferdeerfahrung erschließt sich hier, wie sich Pferde verhalten und was bestimmte Reaktionen von Seiten der Tiere bedeuten.

Auf den ersten Blick wirkt das Vorhandensein einer Videokamera und die Tatsache, dass man gefilmt wird, für viele Personen unangenehm. Die Kamera wird laut Aussage der Coachees jedoch schnell vergessen und sie konzentrieren sich komplett auf die Pferde sowie die Elemente der Übung. Auch die anschließende Videoanalyse wird (wissenschaftlich nachgewiesen) als großer Mehrwert erlebt. Der Großteil der Teilnehmer, die im Rahmen einer Studie an pferdegestützten Coachings ohne Videoanalyse teilnehmen, sagte im Nachhinein, dass sie gerne eine Videoanalyse gehabt hätten (die Studie ist allerdings noch nicht veröffentlicht). Man sollte jedoch beachten, dass alle Anwesenden die Übung(en) mit den Pferden absolvieren und die Videoanalyse in Anspruch nehmen. Sobald „Zuschauer" dabei sind, könnte es für die Teilnehmer unangenehm sein. Wir achten daher in den Coachings darauf, dass auch beispielsweise die Personalleitung (die laut eigener Aussage gerne nur zugucken würde) ebenso wie die anderen Coachees teilnimmt und ihre Übung reflektiert. So trauen sich die anderen Teilnehmer (offener) zu beschreiben, wie die Übung war, wo sie sich wiederfinden, und fühlen sich nicht oder zumindest weniger beobachtet.

Auch in verschiedenen Studien rund um das Pferdecoaching wurden Videoanalysen mit einbezogen. So konnte bereits gezeigt werden, dass sich Klienten nach einer Videoanalyse positiver selbst bewerten (Schütz & Steinhoff, 2019). Durch die Inspirationen, die sich durch die Videoanalyse ergeben, lassen sich Ansatzpunkte und Gesprächsinhalte finden, um die Themen der Klienten weiter zu besprechen. Für die Coachees kann neben der direkten Interaktion, den darauffolgenden Fragen und dem Feedback des Coaches sowie weiterer anwesender Personen auch die Videoanalyse ein ausschlaggebender Punkt sein, um die Denk-, Gefühls- und Verhaltensmuster zu reflektieren und Aha-Erlebnisse zu schaffen.

> Details der Mensch-Pferd-Interaktionen können in der Videoanalyse zum Vorschein kommen.

2.4 Zielgruppen

Die Zielgruppen können im Coaching ganz unterschiedlich sein, wobei man zwischen der Anzahl der Personen oder den Anliegen bzw. Themen unterscheiden kann. Während Pferde seit ca. 70 Jahren in der Hippotherapie und seit ca. 60 Jahren im Heilpädagogischen Reiten und Voltigieren eingesetzt werden, werden sie seit knapp drei Jahrzehnten auch im Führungskontext eingesetzt (Konir, 2012). Führungsthemen können dabei sowohl im Einzel- als auch im Gruppen- bzw. Teamcoaching analysiert werden. Nachfolgend geht es um den Einzel- und den Gruppenkontext.

Wichtig ist natürlich, dass es sich beim pferdegestützten Coaching nicht um eine Psychotherapie oder Reittherapie handelt und daher nicht alle Personen mögliche Coachees darstellen.

2.4.1 Einzelkontext

Einzelcoachings richten sich an die unterschiedlichsten Personen mit verschiedenen Themen aus dem privaten und beruflichen Kontext. Dabei können Themen tiefer als im Gruppenkontext bearbeitet werden, weil keine anderen Personen anwesend sind (◻ Abb. 2.5). Bei den gecoachten Personen kann es sich um Kinder, Jugendliche oder Erwachsene handeln. Zu jung sollten die Kinder nicht sein, damit die Erlebnisse in den pferdegestützten Übungen auf den Alltag übertragen werden können und es sich um ein „richtiges" Coaching handelt. Das Putzen und Führen von Pferden bei einem Ponyhof-Erlebnistag kann ebenso seine Berechtigung haben. Hier können Kinder lernen, ihr Gegenüber zu beobachten, mit diesem zu kommunizieren und auf dieses einzugehen oder auch Verantwortung zu übernehmen. Ein „richtiges" Coaching mit einer zugehörigen Selbstreflexion kann mit Kindern, die mindestens ungefähr acht Jahre alt sind, anvisiert werden (wenn auch da noch ohne Videoanalyse). Natürlich kommt es individuell auf das Kind an und es lassen sich entwicklungspsychologisch betrachtet keine Pauschalaussagen treffen, welches Alter genau das richtige ist. Während ein Coaching mit Pferden bei dem einen achtjährigen Kind sinnvoll sein kann, ist es bei einem anderen neun- oder zehnjährigen Kind weniger passend.

Die Themen der Kinder können (grob betrachtet) denen der Erwachsenen ähneln, wie z. B. das Selbstvertrauen, die Selbstwirksamkeitserwartung oder das Setzen von Grenzen. Bei Kindern oder Jugendlichen kann sich das auf die Schule beziehen, bei Erwachsenen kann es um berufliche Aspekte

Im Einzelcoaching kann ausführlich auf die Themen des Klienten eingegangen werden.

Im Einzelcoaching werden unterschiedliche Themen der jüngeren oder älteren Coachees fokussiert.

2

oder private Themen im familiären oder Freundes-Kontext gehen. Das Thema kann aber auch mit einer bestimmten Personengruppe bzw. deren beruflichem Hintergrund oder Position einhergehen. So kann das Führungsverhalten sowohl bei Nachwuchsführungskräften als auch bei gestandenen Führungskräften das Oberthema sein, die Ausgestaltung in Bezug auf die Arbeit mit den Pferden und die theoretischen Hintergründe können je nach Fokus und Kenntnisstand variieren. Im privaten Kontext kann es beispielsweise um eine klare Kommunikation und das Setzen von Grenzen einem pubertierenden Kind gegenüber gehen. Der Coach und eine möglicherweise anwesende Assistenz konzentrieren sich häufig auch in mehreren Sitzungen, bei denen die Themen nach und nach tiefer bearbeitet werden oder neue Themen hinzukommen, auf diesen einen Klienten. Somit richtet sich das Einzelcoaching letztlich an fast alle gesunden Personen ohne Allergien, die Pferde grundsätzlich mögen, offen für die Methode sind, etwas über sich erfahren, Themen bearbeiten und die Selbst- und Fremdwahrnehmung abgleichen möchten.

Im Einzelcoaching erhält der Coachee von dem anwesenden Coach ein mündliches Feedback. Weitere Personen sind in der Regel nicht vor Ort. Manchmal ist eine Assistenz (z. B. zum Erstellen der Videoaufnahmen und zur Betreuung der Pferde) anwesend, die ebenfalls ihre Beobachtungen schildert. Einerseits können Themen tiefer als im Gruppenkontext bearbeitet werden, da die gesamte Zeit für einen Klienten zur Verfügung steht und da sich Klienten ohne weitere anwesende Personen häufig eher trauen, mehr von sich und ihren Themen preiszugeben. Andererseits erhält der Klient „nur" von dem Coach und nicht von weiteren anderen Personen (außer der möglichen Assistenz) ein Feedback. Weitere anwesende Personen beobachten möglicherweise noch andere Details (mehr Augen sehen mehr). Diese anderen Personen könnten den Klienten im Gruppenkontext auch aus dem beruflichen oder privaten Alltag kennen und direkt Parallelen zum Alltag wiedererkennen. Dies ist im Einzelcoaching natürlich nicht möglich.

2.4.2 Gruppenkontext

Im Gruppenkontext sind nicht nur mehr Personen als im Einzelcoaching anwesend, sondern es stehen häufig auch andere oder noch zusätzliche Themen im Vordergrund. Das Thema Führungs- und Kommunikationsverhalten wird hier beispielsweise anders umgesetzt als im Einzelkontext. Dadurch, dass mehrere Personen vor Ort sind, erhalten die Teilnehmer mehr und teilweise andere Rückmeldungen als im

Einzelcoaching. Wenn sich diejenigen kennen, da sie beispielsweise in einem Team zusammenarbeiten oder privat miteinander zu tun haben, können zudem Bezüge zum Alltag hergestellt werden (In welchen Alltagssituationen verhält sich ein
Klient so ähnlich oder genauso wie in der Übung mit dem
Pferd?). Die Coachings sind jedoch nicht so tiefgreifend, wie
ein Einzelcoaching sein kann. Einerseits steht für die Coachees weniger Zeit zur Verfügung, andererseits möchten die
Klienten vor den Kollegen oder vor fremden Personen möglicherweise nicht so viel von sich preisgeben.

In vielen Fällen handelt es sich um Firmen aus den unterschiedlichsten Bereichen (z. B. Finanzen, Gesundheitswesen,
Verwaltungswesen, Telekommunikation, IT, Marketing / Vertrieb). Die Gruppengröße variiert hier zwischen zwei Personen, wie beispielsweise im Paarkontext oder Coaching für zwei
Geschäftsführer, und ca. 14 Personen im Großgruppen-
coaching (◨ Abb. 2.6). Im Vergleich zu anderen Formaten,
wie beispielsweise Teamevents im Kletterwald, geht es im
pferdegestützten Coaching um die Persönlichkeitsentwicklung
des Einzelnen, bei der jeder eingeladen ist, etwas über sich und
andere Personen zu erfahren, weiter zu reflektieren und mitzu-
nehmen. Es ist also tiefgreifender als andere Gruppenformate
und daher auch mit weniger Personen durchführbar, damit
jeder Person ausreichend Zeit für die Übungen mit den Pferden, Rückmeldungen durch andere Personen, Reflexionsein-
heiten sowie den Transfer auf den Alltag zur Verfügung steht.
Das mag einige Auftraggeber verwundern, wenn „nur so wenige" Personen teilnehmen können. Hier sollte man jedoch
auf Qualität anstatt Quantität achten, um die Methode sinnvoll und nachhaltig einzusetzen.

> Auch im pferdegestützten Gruppencoaching geht es um Qualität statt Quantität.

◨ **Abb. 2.6** Im Gruppencoaching können die Teilnehmer von dem Feedback anderer Personen profitieren

2

Zusammenfassung

Das pferdegestützte Coaching ist, wie auch das Therapeutische Reiten oder die pferdegestützte Psychotherapie, eine Intervention, in der mit Pferden gearbeitet wird. Dabei stehen ganz unterschiedliche Themen im Vordergrund, die sich beispielsweise auf die Selbst- und Fremdwahrnehmung, Kommunikationsmuster, das Führungsverhalten, das Treffen von Entscheidungen oder den Bereich der Achtsamkeit beziehen können. Die Anzahl der gleichzeitig anwesenden Coachees variiert von Einzelpersonen bis hin zu Gruppen mit mehreren Personen. Im Coaching können mit der Hilfe von Pferden neue Impulse gewonnen werden, die in die Gespräche mit den (gesunden) Klienten integriert werden. So können verschiedene Themen bearbeitet werden, wobei die Tiere mit ihren besonderen Eigenschaften (z. B. unmittelbares Agieren im Hier und Jetzt, kongruente Reaktionen, sehr gute Wahrnehmung) als Katalysator, Übungspartner oder als Spiegel des Verhaltens eingesetzt werden. Methodisch betrachtet gibt es verschiedene Ansätze. Es kommt beispielsweise auf den fachlichen Hintergrund des Coaches an, wie die Pferde zum Einsatz kommen bzw. wie die Erkenntnisse der Mensch-Pferd-Interaktionen in den weiteren Gesprächsprozess eingebettet werden. Die vom Boden aus absolvierten Übungen mit dem Pferd werden gefilmt, im Anschluss gemeinsam mit dem Coach reflektiert sowie auf den Alltag übertragen. In der Videoanalyse erklärt der Coach die Reaktionen des Pferdes im Zusammenhang mit dem Verhalten des Klienten und bespricht den Übertrag auf den Alltag.

Literatur

von Ameln, F., & Kramer, J. (2016). Was sind handlungsorientierte Trainings- und Beratungsmethoden? In F. von Ameln & J. Kramer (Hrsg.), *Organisationen in Bewegung bringen* (S. 3–14). Springer.

von Ameln, F., Gerstmann, R., & Kramer, J. (2009). *Psychodrama* (2. Aufl.). Springer.

American Psychiatric Association. (2013). *Diagnostic and statistical manual of mental disorders (DSM-5®)*. American Psychiatric Association Publishing.

Bachi, K. (2012). Equine facilitated psychotherapy: The gap between practice and knowledge. *Society & Animals, 20*(4), 364–380. https://doi.org/10.1163/15685306-12341242

Balzer, E. (2011). Der Einsatz pferdegestützter Persönlichkeitsentwicklung bei Menschen mit Depression. *Mensch und Pferd international, 4*, 177–182. https://doi.org/10.2378/mup2011.art13d

Benda, W., McGibbon, N., & Grant, K. L. (2003). Improvements in muscle symmetry in children with cerebral palsy after equine-assisted therapy (hippotherapy). *Journal of Alternative and Complementary Medicine, 9*, 817–825. https://doi.org/10.1089/107555303771952163

Breitenbach, E., Gomolla, A., Machul, D., & Rathgeber, A. (2015). Pferde-gestützte Intervention bei Kindern mit ADHS. *Mensch und Pferd international, 3*, 96–108. https://doi.org/10.2378/mup2015.art16d

Buchner, D. (2013). Outdoor: Aufbruch zur Veränderung. In D. Buchner (Hrsg.), *Outdoor-Training: Wie Manager und Teams über Grenzen gehen* (S. 13–27). Gabler.

Copetti, F., Mota, C. B., Graup, S., Menezes, K. M., & Venturini, E. B. (2007). Comportamento angular do andar de crianças com síndrome de Down após intervenção com equoterapia / Angular kinematics of the gait of children with Down's syndrome after intervention with hippotherapy. *Brazilian Journal of Physical Therapy, 11*(6), 503–507.

Debuse, D. (2015). *Hippotherapie. Grundlagen und Praxis*. Ernst Reinhardt.

Dettling, M., Opgen-Rhein, C., & Kläschen, M. (2018). Praxis Pferde-gestützter Therapie bei psychischen Störungen. In C. Opgen-Rhein, M. Kläschen, & M. Dettling (Hrsg.), *Pferdegestützte Therapie bei psychischen Erkrankungen* (2. Aufl., S. 77–146). Schattauer.

Deutsches Kuratorium für Therapeutisches Reiten. (2016). *Hippotherapie. Fachbereich Medizin*. Deutsches Kuratorium für Therapeutisches Reiten. https://www.dkthr.de/fileadmin/redaktion/down-loads/Faltblatt_Medizin-Hippotherapie_web.pdf. Zugegriffen am 25.06.2021.

European Society for Animal Assisted Therapy (2012, 1. Januar). Definition tiergestützter Therapie. *ESAAT*. http://www.esaat.org/fileadmin/medien/downloads/Die_Definition_TgT-20.2.2012.pdf. Zugegriffen am 20.07.2021.

Finger-Hamborg, A. (2005). Einzel-Coaching mit Schichtleitern – Ein Erfahrungsbericht. In C. Rauen (Hrsg.), *Handbuch Coaching* (S. 369–390). Hogrefe.

Gehrke, E. K. (2009). Developing coherent leadership in partnership with horses – A new approach to leadership training. *Journal of Research in Innovative Teaching, 2*, 222–233.

Gomolla, A. (2007). Pferd statt Couch. Über den Einsatz von Pferden in der Psychotherapie. *Report Psychologie, 32*, 406–407.

Gomolla, A. (2014). Pferde haben Spiegelfunktion. *Deutsches Ärzteblatt, 12*(8), 356–357.

Greif, S. (2008). *Coaching und erlebnisorientierte Selbstreflexion*. Hogrefe.

Greif, S., & Rauen, C. (2017). Coaching. In M. A. Wirtz (Hrsg.), *Lexikon der Psychologie* (S. 344). Hogrefe.

Haehl, V., Giuliani, C., & Lewis, C. (1999). Influence of hippotherapy on the kinematics and functional performance of two children with cerebral palsy. *Pediatric Physical Therapy, 11*(2), 89–101.

Hediger, K., & Zink, R. (2017). *Pferdegestützte Traumatherapie*. Ernst Reinhardt.

Hediger, K., & Zink, R. (2019). Pferdegestützte Traumatherapie bei Kindern und Jugendlichen. *Verhaltenstherapie mit Kindern & Jugendlichen, 2*, 91–102.

Heintz, B. (2021). *Empathie auf vier Hufen. Einblick in Erleben und Wirken pferdegestützter Psychotherapie*. Vandenhoeck & Ruprecht.

Hemingway, A. (2019). A Study Exploring the Implementation of an Equine Assisted Intervention for Young People with Mental Health and Behavioural Issues. *Multidisciplinary Scientific Journal, 2*(2), 236–246. https://doi.org/10.3390/j2020017

Janura, M., Peham, C., Dvorakova, T., & Elfmark, M. (2009). An assessment of the pressure distribution exerted by a rider on the back of a horse during hippotherapy. *Human Movement Science, 28*, 387–393.

Julius, H., Beetz, A., Kotrschal, K., Tuner, D. C., & Uvnäs-Moberg, K. (2014). *Bindung zu Tieren*. Hogrefe.

2

Kirschbaum, C., Pirke, K. M., & Hellhammer, D. H. (1993). The 'Trier Social Stress Test' – a tool for investigating psychobiological stress responses in a laboratory setting. *Neuropsychobiology, 28*(1–2), 76–81. https://doi.org/10.1159/000119004

Kläschen, M. (2018). Historie der Pferdegestützten Therapie. In I. C. Opgen-Rhein, M. Kläschen, & M. Dettling (Hrsg.), *Pferdegestützte Therapie bei psychischen Erkrankungen* (2. Aufl., S. 3–9). Schattauer.

Konir, G. (2012). *Pferdegestütztes Coaching. Menschliche Potenzialentwicklung durch tierische Hilfe.* Books on Demand.

Krüger, K., Flauger, B., Farmer, K., & Maros, K. (2011). Horses (Equus caballus) use human local enhancement cues and adjust to human attention. *Animal Cognition, 14*, 187–201.

Máday, S. (1996). *Psychologie des Pferdes und der Dressur* (3. Aufl.). Olms.

Mamerow, A. (2011). *Das Pferd ist dein Spiegel. Besser reiten mit mentalem Training.* Draksal.

Mc Nicholas, J., & Collis, G. M. (2000). Dogs as catalysts for social interactions: Robustness of the effect. *British Journal of Psychology, 91*, 61–70.

McCormick, A., & McCormick, M. (1997). *Horse sense and the human heart: What horses can teach us about trust, bonding, creativity and spirituality.* Health Communications.

Meyer, S. (2009). Pferde als Medium im Coaching: natürlich, ehrlich und nachhaltig! *Coaching-Magazin, 4*, 42.

Morris, D. (2001). *Horsewatching. Die Körpersprache des Pferdes.* Heyne.

Nakamura, K., Takimoto-Inose, A., & Hasegawa, T. (2018). Cross-modal perception of human emotion in domestic horses (Equus caballus). *Scientific Reports, 8*, 8660. https://doi.org/10.1038/s41598-018-26892-6

Neugebauer, G. M., & Neugebauer, J. K. (2020). *Lexikon der Pferdesprache: Neue Wege zur artgerechten Kommunikation* (2. Aufl.). Ulmer.

Nimer, J., & Lundahl, B. (2007). Animal-assisted therapy: A meta-analysis. *Anthrozoös, 20*(3), 225–238.

Opgen-Rhein, C. (2018). Wirkweisen pferdegestützter Therapie. In C. Opgen-Rhein, M. Kläschen, & M. Dettling (Hrsg.), *Pferdegestützte Therapie bei psychischen Erkrankungen* (2. Aufl., S. 11–22). Schattauer.

Otterstedt, C. (2001). *Tiere als therapeutische Begleiter.* Kosmos.

Otterstedt, C. (2003). Der heilende Prozess in der Interaktion zwischen Mensch und Tier. In C. Otterstedt & E. Olbrich (Hrsg.), *Menschen brauchen Tiere* (S. 58–68). Kosmos.

Parent, A. (2016). Psychodynamische Pferdeunterstützte Traumatherapie (PPTT) bei Posttraumatischer Belastungsstörung (PTBS). *Mensch und Pferd international, 3*, 120–123. https://doi.org/10.2378/mup2016.art19d

Pülschen, S. (2018). Kompetenz- und Begriffsklärung im Zusammenhang mit den unterschiedlichen Fachbereichen des sogenannten „Therapeutischen Reitens". Ein Diskussionsanstoß. *Mensch und Pferd international, 1*, 17–24. https://doi.org/10.2378/mup2018.art04d

Rauen, C. (2005). Varianten des Coachings im Personalentwicklungsbereich. In C. Rauen (Hrsg.), *Handbuch Coaching* (S. 111–136). Hogrefe.

Riedel, M., Ludwig, N., & Kukuk, J. (2017). HippoKids – ein gesundheitsorientiertes Bewegungs- und Ernährungsprogramm für Kinder mit Übergewicht. *Mensch und Pferd international, 1*, 16–23. https://doi.org/10.2378/mup2017.art03d

Romanczuk-Seiferth, N., & Schwitzer, S. (2019). Pferdegestützte Therapie in der Behandlung von Traumafolgestörungen. *Psychotherapeutenjournal, 2*, 146–155.

Rückle, H. (2005). Gruppen-Coaching. In C. Rauen (Hrsg.), *Handbuch Coaching* (S. 183–198). Hogrefe.

Schickendantz, S., Bjarnason-Wehrens, B., Sticker, E., Dordel, S., Drache, M., & Sreeram, N. (2009). Therapeutisches Reiten für herzkranke Kinder. *Mensch und Pferd international, 4*, 176–184.

Schmitz, K. (2015). Entwicklungshilfen in der Heilpädagogischen Förderung mit dem Pferd. *Mensch und Pferd international, 2*, 79–83. https://doi.org/10.2378/mup2015.art13d

Schnorbach, R. (2009). Heilsame Bindungserfahrungen. Heilpädagogische Förderung mit dem Pferd für Kinder psychisch kranker Elternteile. *Mensch und Pferd international, 4*, 164–175.

Schultz, P. N., Remick-Barlow, G. A., & Robbins, L. (2007). Equine-assisted psychotherapy: a mental health promotion/intervention modality for children who have experienced intra-family violence. *Health & Social Care in the Community, 15*, 265–271.

Schütz, K. (2019). Positive Affirmationen in pferdegestützten Coachings. *Mensch und Pferd international, 2*, 60–68. https://doi.org/10.2378/mup2019.art08d

Schütz, K. (2020). *Pferde, Forschung & Psychologie. Wissenschaftliche Befunde zu Fähigkeiten von Pferden und deren Wirkung auf Menschen* (2. Aufl.). Books on Demand.

Schütz, K., & Steinhoff, J. (2019). Einfluss von pferdegestützten Coachings auf die Selbstwirksamkeitserwartung. *Coaching | Theorie & Praxis, 5*, 11–22. https://doi.org/10.1365/s40896-019-0028-5

Schütz, K., Rötters, A., & Oebel, L. (2018). Können Pferde als Co-Trainer agieren? Individuelle Reaktionen von Pferden in der Persönlichkeitsentwicklung auf unterschiedliche Klienten. *Tiergestützte Therapie, Pädagogik & Fördermaßnahmen, 1*, 22–26.

Serad, L. (2010). *Aspects of using animal-assisted interventions in a coaching model. Unpublished Masterthesis.* University of Pennsylvania.

Shultz, B. (2005). *The effects of Equine-Assisted Psychotherapy on the psychosocial functioning of at-risk adolescents ages 12–18.* Unpublished Master's Thesis. Denver Seminary. Denver, CO.

Stadler, C., & Kern, S. (2010). *Psychodrama: Eine Einführung* (1. Aufl.). VS.

Stahlberg, J. (2013). In den Fokus gerückt – Menschen mit Blindheit und Sehbehinderung in der pferdegestützten Therapie und Pädagogik. *Mensch und Pferd international, 1*, 40–44.

Tetreault, A. (2006). *Horses that heal: The effectiveness of equine assisted growth and learning on the behavior of students diagnosed with emotional disorder.* Unpublished master's thesis. Governors State University, University Park, IL.

Tometten, L., & Schütz, K. (2021). Emotionen als Prädiktoren für den Interventionserfolg in pferdegestützten Coachings. *Mensch und Pferd international, 2*, 52–61. https://doi.org/10.2378/mup2021.art08d

Urmoneit, I. (2015). *Pferdgestützte systemische Pädagogik* (2. Aufl.). Reinhardt.

Vernooij, M. A., & Schneider, S. (2018). *Handbuch der tiergestützten Intervention. Grundlagen, Konzepte, Praxisfelder.* Quelle & Meyer.

Weckbecker, R. (2020). Von Elefanten, Pferden und Lösungen. Die Verbindung pferdegestützter Interventionen, Morenos Psychodrama und systemischer Arbeit – ein Praxisbeispiel. *Mensch & Pferd international, 2/2020*, 78–81. https://doi.org/10.2378/mup2020.art11d

World Health Organization. (2015). *International statistical classification of diseases and related health problems* (10. Aufl.). World Health Organization.

Wössner, G., & Mori, A. (2013). Ergotherapie und Logopädie mit dem Medium Pferd. Mensch & Pferd international, 4/2013, 184–188.

Positive Wirkung von Pferden auf Menschen

Inhaltsverzeichnis

Ergänzende Information Die elektronische Version dieses Kapitels enthält Zusatzmaterial, auf das über folgenden Link zugegriffen werden kann [https://doi.org/10.1007/978-3-662-64510-9_3]. Die Videos lassen sich durch Anklicken des DOI Links in der Legende einer entsprechenden Abbildung abspielen, oder indem Sie diesen Link mit der SN More Media App scannen.

3

Tiere und vor allem Pferde haben nachweislich eine positive Wirkung auf Menschen. Dabei kann es sich außerdem um Hunde, Delfine, aber auch um Vögel und viele weitere Tierarten handeln. Da es in diesem Buch um das pferdegestützte Coaching geht, wird nachfolgend nur auf Pferde eingegangen. Selbstverständlich sind die positiven Effekte anderer Tiere ebenso wichtig und sollten natürlich gleichermaßen beachtet werden.

> Tiere haben bei Interventionen im Sinne des Katalysator-Effekts eine positive Wirkung auf Menschen.

Aus dem psycho- und reittherapeutischen Bereich werden ebenfalls diverse positive Effekte der Tiere auf Menschen berichtet. Beispielsweise kommunizieren Personen mehr, wenn Tiere anwesend sind – sowohl auf verbaler als auch auf nonverbaler Ebene (Bernabei et al., 2013; Hediger et al., 2019). Dabei spielt das Alter der Klienten keine Rolle – die Anwesenheit von Tieren kann hier die soziale Interaktion der Personen fördern. Man spricht in diesem Kontext von dem sogenannten Katalysator-Effekt (McNicholas & Collis, 2000), wonach Tiere Menschen dazu bewegen können, sich emotional zu öffnen. Dadurch kann eine Vertrauensbasis zu anderen Mitmenschen aufgebaut werden, was sich positiv auf die Beziehung zwischen Therapeut und Klient auswirken kann (Greiffenhagen & Buck-Werner, 2011). Das wiederum kann sich positiv auf den therapeutischen Prozess auswirken.

> Durch die Anwesenheit eines Pferdes beruhigen sich viele Menschen.

Häufig fällt es Menschen leichter, mit Tieren als mit unbekannten Personen zu interagieren, auch wenn sie zunächst aufgeregt und unsicher sind. Gerade bei Pferden wird berichtet, dass – durch deren Größe und durch Berührungen dieser – schneller emotionale Nähe entstehen kann (Chandler, 2005; Trotter et al., 2008). Die beeindruckende Größe kann darüber hinaus zu einer Aktivierung (z. B. der Herzfrequenz)

⬚ Abb. 3.1   Im Sinne der Eisbrecherfunktion können Klienten zunächst Kontakt zum Pferd aufnehmen und dann zum Therapeuten oder Coach

führen. In einer zughörigen Studie stieg die Herzfrequenz der Teilnehmer in den ersten 10 bis 20 Sekunden der Pferde-Begegnung an (Hama et al., 1996). Weiterhin zeigt sich eine angst- und stressreduzierende Wirkung von Tieren, die im therapeutischen und Coaching-Kontext ebenfalls hilfreich sein kann (Friedmann et al., 1983; Lang et al., 2010). Durch die vertrauensvolle und ruhige Anwesenheit eines Pferdes können die innere Anspannung sowie Angst von Menschen beruhigt werden (Heintz, 2021).

Im psychotherapeutischen Kontext können Klienten dem Pferd menschliche Gefühle und Eigenschaften zusprechen bzw. auf das Tier projizieren. Hierdurch lassen sich weitere Themen und Probleme besprechen (Parent, 2016). Klienten können beispielsweise erst mit dem Pferd in Kontakt treten und im Anschluss darüber auch mit dem Therapeuten (⬚ Abb. 3.1). Neben dieser Eisbrecherfunktion der Pferde und anderer Tiere lassen sich die Kommunikation und die Beziehung zwischen den beiden stärken und weitere Gespräche entwickeln (Gomolla, 2014; Heintz, 2021; Opgen-Rhein, 2018). Insbesondere wenn man mit klassischen psychotherapeutischen Sitzungen nur langsam vorankommt, lassen sich mit Hilfe der Pferde neue Wege einschlagen, um Klienten auf eine andere, kreative Art und Weise zu erreichen. Vor allem Kinder und Jugendliche können von der Arbeit mit den Pferden profitieren, da es ihnen häufig im Beisein eines Pferdes leichter fällt, sich zu entspannen und verschiedene Entspannungsübungen auszuführen. Das kann beispielsweise durch das Anfassen und Putzen oder auch Umarmen der Tiere erfolgen (Hediger & Zink, 2019).

3

Pferde reagieren nicht ohne Grund emotional.

Da Pferde vorrangig nonverbal kommunizieren, können Kommunikationsprobleme bearbeitet werden. Gerade die Emotionalität und das unmittelbare Reagieren der Tiere sind dabei von Bedeutung. In diesem Zusammenhang betont Krüger (2018), dass Pferde nicht einfach so ohne Grund emotional reagieren. Darüber ergeben sich Hinweise auf emotionale Zustände der Person, welche als Grundlage für weitere Gespräche dienen können. So fällt es den Personen teilweise leichter, mit Pferden zu interagieren und eine Beziehung zu diesen aufzubauen als zu Menschen.

Weitere Psychotherapeuten verweisen darauf, dass Pferde Klienten helfen können, im Hier und Jetzt zu sein und sich auf ihre Emotionen zu konzentrieren (Dawson, 2014). Die positive Wirkung der Tiere zeigt sich auch in der Bewältigung von Traumata (Yorke, 2003; Yorke et al., 2008), z. B. bei Posttraumatischen Belastungsstörungen (Shambo et al., 2010; Staudt & Cherry, 2017) oder bei Essstörungen (Seifert, 1997). Auch Kinder und Jugendliche, die sich in Folge eines Traumas als emotional taub beschreiben, können leichter wieder eigene Emotionen wahrnehmen und sich mit ihnen beschäftigen (Hediger & Zink, 2019).

Mit der Unterstützung der Pferde können Ressourcen aktiviert werden.

Dettling und Kollegen (2018) beschreiben, dass Pferde in ganz unterschiedlichen Behandlungsperioden eingesetzt werden können. Dabei sollten jedoch die aktuelle Konstellation der Symptome der Klienten und deren Defizite sowie Ressourcen betrachtet werden. Die diagnostizierte Störung der Person ist aus Sicht der Therapeuten dabei zweitrangig. Sie sehen den Vorteil der Pferde darin, dass mit ihrer Unterstützung vor allem die Ressourcen aktiviert werden können. Einerseits kann so der Kontakt zum Tier entstehen und andererseits die Bewegung in der Natur mit einbezogen werden.

Beim Therapeutischen Reiten können sich positive Effekte in der Zusammenarbeit mit den Tieren und Therapeuten im Trainieren der Balance und Koordination zeigen. Beim Reiten auf dem Pferd handelt es sich um eine dreidimensionale und multisensorische Bewegung (Janura et al., 2009). Weiterhin können die Bereiche der Körperwahrnehmung, Flexibilität, Entspannung, Motorik und des Gleichgewichts trainiert werden, weil der gesamte Körper hierbei einbezogen ist (Benda et al., 2003; Copetti et al., 2007). So lassen sich außerdem das räumliche Orientierungsvermögen und die Konzentrations- sowie Lernfähigkeit verbessern (Hediger & Zink, 2019).

Ein Aspekt, der nicht nur im Therapeutischen Reiten wichtig ist, besteht darin, dass Personen im Beisein der Tiere eine höhere Motivation haben, die Therapie zu beginnen und fortzuführen bzw. diese nicht abzubrechen – anders in konventionellen Interventionen ohne Pferde- oder Tierbezug (Hamsen, 2003). Dadurch, dass Pferde im Hier und Jetzt agieren und merken, wenn jemand nicht mehr aufmerksam ist, können auch Klienten lernen, mit ihrer Aufmerksamkeit bei ihrem Gegenüber zu sein. Hierdurch können Kommunikation, Bindung und Beziehung gestärkt werden (Solmaz, 2010). Ebenso können Klienten lernen, achtsam mit sich und ihrem Gegenüber umzugehen, ihre Wahrnehmung zu schulen und Rücksicht zu nehmen sowie auch eigene Interessen zu fokussieren (Schmitz, 2015).

Im psychotherapeutischen Kontext verweist Heintz (2021) darauf, dass im Zusammenhang mit Menschen und Pferden einige Konstrukte zwar messbar sind, aber mehrdimensionale, dynamische und mit Wechselwirkungen versehene Bereiche (wie die Untersuchung der Innenwelten von Klienten in der pferdegestützten Psychotherapie) so aber kaum abgebildet werden könnten. Demnach können physiologische Veränderungen nachgewiesen werden, wie beispielsweise beim Cortisol-Spiegel, der Oxytocin-Ausschüttung (Hormon, das biologisch gesehen mit emotionalen Bindungen, Liebe sowie Vertrauen einhergeht) und der Herzfrequenzen (die sich nach und nach bei Menschen und Pferden angleichen). Mittels Skalen der Selbsteinschätzung lassen sich Veränderungen im Erleben und Verhalten messen.

Im Bereich der Psychotherapie und des Therapeutischen Reitens gibt es neben den oben genannten noch viele weitere (Forschungs-)Erkenntnisse, die als Grundlage dafür dienen können, warum sich Pferde nicht nur im therapeutischen Einsatz, sondern ebenfalls zur Persönlichkeitsentwicklung im Coaching einsetzen lassen.

Urmoneit (2015) sieht einen Vorteil der pferdegestützten, systemischen Pädagogik im Aufforderungscharakter der Pferde. So nehmen Menschen nicht nur kurz Kontakt zu den Tieren auf, sondern bauen ihn aus und halten in verschiedenen schwierigen Situationen an diesem fest. Das kann an dem Geben und Nehmen zwischen Klienten und Pferden liegen, das als Wechselspiel anzusehen ist. Pferde nehmen beispielsweise (neugierig) Kontakt zu den Menschen auf, was jedoch nicht von einer Gegenleistung abhängt, und fordern auch danach die Initiative ihres Gegenübers ein. Hierbei müssen sich die Klienten auf das jeweilige Pferd einlassen, damit das Interesse des Pferdes und dessen Kooperationsbereitschaft aufrecht erhalten bleiben. Durch die direkten Rückmeldungen des Pferdes kommen verschiedene Impulse zustande, die einerseits gegeben und andererseits erhalten werden. Funktioniert eine Interaktion zunächst nicht, kann eine positive Erfahrung gemacht werden, indem kleine Veränderungen im menschlichen Verhalten vorgenommen werden. Dabei geht es um die Verantwortung des Klienten, Impulse im Wechselspiel zu geben. Pferde loben dabei ein gelungenes Verhalten nicht ver-

In den Interaktionen mit Pferden zeigen sich in den Interventionen physiologische Veränderungen bei den Klienten.

In pferdegestützten Interventionen geht es auch um das Wechselspiel des Gebens und Erhaltens von Impulsen.

3

bal, sondern Klienten erleben, wie sie Aufgaben erfolgreich und harmonisch bewältigen. So erleben einige Personen erstmalig, welche Ressourcen sie haben. Unangemessene oder unklare Signale spiegeln die Pferde direkt und deutlich. Um die Interaktion zu verändern, müssen die Klienten auf ihre eigenen Gefühle, Gedanken und Bewegungen eingehen und diese verändern.

Da Pferde im Hier und Jetzt leben, müssen sich auch die Klienten in der Gegenwart befinden. Fragen aus der Vergangenheit oder Zukunft sollten in der Mensch-Pferd-Interaktion in Ruhe gelassen werden. Ein Pferd überlegt dabei nicht, warum der Klient so ist wie er ist oder welche Ziele damit zusammenhängen. Auf kleine Veränderungen des Menschen reagiert es direkt, ohne darüber nachzudenken, inwiefern der Klient sein Verhalten künftig ändern möchte. Die Tatsache, dass Pferde auch viele schnelle Rückmeldungen geben und den Fokus auf die Gegenwart einfordern, ist für viele Klienten dabei ungewohnt (Urmoneit, 2015).

3.1 Positive Effekte des pferdegestützten Coachings

Unterhält man sich mit pferdegestützten Coaches und Personen, die andere Interventionen mit Pferden anbieten, kommt ganz selbstverständlich die Rückmeldung, dass Pferde eine positive Wirkung auf Klienten haben. Dabei werden ganz unterschiedliche Themen genannt, ob es um das Führungsverhalten geht, das Selbstvertrauen oder das Kommunikationsverhalten – die Rückmeldungen sind durchweg positiv. Wie auch in der pferdegestützten Psychotherapie und im Therapeutischen Reiten, macht man sich die positive Wirkung von Pferden auf Menschen im pferdegestützten Coaching zunutze.

Pferde wirken stress-
senkend, emotional öffnend
und handlungsmotivierend
auf Menschen.

Dass Tiere und in diesem Zusammenhang (und vor allem Pferde) positive Effekte auf unterschiedliche Bereiche des menschlichen Erlebens und Verhaltens haben, wurde bereits dargestellt, auch wenn es noch viele weitere Studien hierzu gibt, z. B. im Bereich des Therapeutischen Reitens. Genau auf diese positiven Effekte setzt auch das pferdegestützte Coaching. Hier profitiert man beispielsweise davon, dass die Interaktion mit Tieren stresssenkend, emotional öffnend und handlungsmotivierend wirken kann. So kann außerdem ein leichtes sowie nachhaltiges Lernen gefördert werden. Zudem kann dank der Arbeit mit den Tieren eine höhere Selbstachtung und gesteigerte Kontrolle festgestellt werden, weshalb Tiere auch im Coaching immer mehr Anwendung finden (Greiffenhagen & Buck-Werner, 2011; MacDonald, 2004; Otterstedt, 2001).

Im pferdegestützten Coaching geht es auch um die positive Wirkung der Mensch-Tier-Beziehung, da das Pferd als Coaching-Partner verstanden wird, der einerseits mit dem Coach und andererseits mit dem Klienten zusammenarbeitet. So erhält der Coachee Einblicke in sein verbales und nonverbales Interaktions- und Kommunikationsverhalten (Ewing-Chow, 2014). Im Coaching gibt das Pferd Feedback, wobei man auch davon spricht, dass es ein Spiegel des menschlichen Verhaltens ist (Serad, 2010). Dadurch bietet sich die Grundlage einer intensiven Selbstreflexion. Auch im Coaching kann man von den Rückmeldungen der Pferde profitieren, da sich Menschen (emotional) öffnen und darüber eine Vertrauensbasis zu anderen Mitmenschen aufbauen können. Hiervon kann die Beziehung zwischen Coach und Klient profitieren (Greiffenhagen & Buck-Werner, 2011). In diesem Kontext kann man auf die Rückmeldungen der Tiere insofern setzen, als dass diese gerade durch Training, Sozialisierung und auch einer vermehrten Interaktion mit dem Menschen dazu in der Lage sind, menschliche Signale feinfühlig zu lesen (Krüger et al., 2011).

Auch Zeeb (2006) beschreibt als Verhaltensforscher und Veterinärmediziner, wie Pferde Menschen spiegeln. Seinen Aussagen zufolge verstehen die Tiere uns viel besser als umgekehrt. Sie können feinste Signale der Körpersprache interpretieren; Menschen sind sich dieser häufig selbst gar nicht bewusst. Demnach merken Pferde es direkt, wenn ihr menschliches Gegenüber verspannt ist, ob aus Wut, Ärger oder Angst. Ebenso erkennen Pferde anhand der menschlichen Körpersprache, ob man unsicher ist oder nicht. Wenn man (z. B. als Trainer) gedanklich woanders bzw. nicht bei der Sache ist, wird dies ebenfalls von Pferden bemerkt, da bestimmte Hilfen oder weitere Signale unklar oder gar nicht gegeben werden. Daher sollten sich alle Personen, die mit Pferden agieren, dessen bewusst sein, dass sie genau beobachtet werden (◘ Abb. 3.2).

Wenn man davon ausgeht, dass Pferde menschliche innere Prozesse und Emotionen spiegeln, die sich über deren Körpersprache ausdrücken, und sie bereits auf kleinste Veränderungen reagieren, kann sich das Spiegeln positiv auf Menschen auswirken. Für den geschulten Coach bieten sich Möglichkeiten, daraus Rückschlüsse zu ziehen und für den Coaching-Prozess zu nutzen. So fühlen sich Personen emotional angesprochen, sie übernehmen während der Übung Verantwortung für ein Pferd und es wird nonverbal kommuniziert. Indem die Pferde nonverbal auf die Person reagieren, ergeben sich Impulse für weitere Denk-, Gefühls- und Verhaltensmuster. Schätzen sich Coachees in der Übung beispielsweise schlecht ein und fokussieren ihre selbst wahrgenommenen Misserfolge (z. B. dass das

> Im Pferdecoaching spiegeln die Tiere menschliche Emotionen und das Verhalten.

> Durch die nonverbalen Reaktionen des Pferdes auf die Klienten ergeben sich Impulse für die weitere Reflexion.

3

◻ **Abb. 3.2**   Pferde achten genau auf ihre Umwelt und somit auch auf ihr Gegenüber

Pferd nicht direkt mitgegangen oder vor der Plane stehen geblieben und erst im zweiten oder dritten Anlauf über diese gegangen ist), können diese Wahrnehmungen im weiteren Coaching-Gespräch und im Rahmen der Videoanalyse genauer betrachtet werden.

Fallbeispiel

Eine Teilnehmerin hatte in der Übung Schwierigkeiten, das Pferd zum Losgehen zu bewegen, und beschrieb diese Situation im direkten Feedback nach der Übung als sehr schwierig. Sie sagte, sie habe minutenlang erfolglos versucht, das Pferd „in Gang zu bringen". Es wäre ihr sehr unangenehm gewesen, weil es alle gesehen hätten und sie so auch die Zeit der anderen Coachees „geklaut" habe. Das Feedback der Coaches und der weiteren Coachees fiel ganz anders aus. Hier wurde gesagt, dass sie sehr ruhig und freundlich dem Pferd gegenüber geblieben war, flexibel versucht habe, die Situation zu lösen und es auch gar nicht so lange gedauert habe. Die Teilnehmerin hörte den Feedbackgebern interessiert zu, meinte aber, dass ihr die anderen bestimmt nur gut zugeredet hätten. Erst in der Videoanalyse sah sie, dass es nicht einmal eine Minute gedauert hatte und dass es, als sie sich innerlich und äußerlich klar positioniert hatte, sofort funktioniert hatte.

Dank der Neutralität der Pferde können Klienten das Feedback leichter annehmen als von Menschen.

Wie im Fallbeispiel lässt sich das Feedback der Pferde aus Sicht der Klienten leichter annehmen als die Rückmeldungen anderer Personen. Schnell haben diejenigen bei einem positiven Feedback zu einer (subjektiv) erlebten negativen Situation den Eindruck, man wolle ihnen nur gut zureden. Über das Feedback des Pferdes kommt eine Neutralität mit hinzu, mit der man weiterarbeiten kann. So können die Coachees die Rückmeldungen des Pferdes genauer betrachten – auch bei der Videoanalyse. Ein Pferd geht nicht einfach so über eine Plastikplane oder über Stangen oder tut einem aus Nettigkeit einen Gefallen. Das kann besonders dann von den Coachees angenommen werden, wenn dasselbe Pferd bei einer anderen Person bei der identischen Übung anders reagiert hat (beispielsweise an der Plane oder auf dem Boden liegenden Stangen vorbeigelaufen ist, weil von Seiten der Person nicht klar kommuniziert wurde). Hierdurch können Erfolge auf die eigene Person bzw. das eigene Handeln zurückgeführt bzw. attribuiert werden.

Insbesondere introvertierte Personen können sich über die Arbeit mit dem Pferd häufig besser ausdrücken und so mit dem Coach in den Gesprächen leichter beschreiben, welche Gedanken sie haben. Außerdem haben Pferde eine niedrigere Atemfrequenz als Menschen (Bingold, 2010), was dazu führen kann, dass sich die Coachees ebenfalls dieser Frequenz anpassen und hierdurch ruhiger werden. Gehrke und Kollegen (2016) gehen davon aus, dass die Personen vegetativ bemüht sind, sich mit dem vierbeinigen Interaktionspartner abzustimmen. So atmen die Personen ruhiger und können sich entspannen.

Dem Bereich der Wahrnehmungsschulung kommt daher insgesamt eine wichtige Bedeutung zu, wodurch Potenziale und Defizite analysiert werden können. Wegen der für die Teilnehmenden ungewohnten Situationen reagieren diese weniger mit einem eingeübten oder aufgesetzten Verhalten (Konir, 2012). Hierdurch können – vor allem durch die Rückmeldungen der Pferde auf die Körpersprache und Emotionen – auch neue Verhaltensweisen aufgezeigt und somit die Möglichkeiten des Verhaltensrepertoires erweitert werden (Schütz & Meyer, 2017). Während der Interaktion mit dem Tier handelt die Person spontan und intuitiv, wie auch in unvorhersehbaren Situationen im Alltag. Die meisten Coachees haben keine Zeit und häufig auch kein spezifisches Wissen über den Umgang mit Pferden, um ein überlegtes Verhalten zu zeigen.

> Im pferdegestützten Coaching handeln Klienten spontan.

3.2 Wissenschaftliche Erkenntnisse

Die pferdegestützte Psychotherapie und das pferdegestützte Coaching werden noch nicht so lange praktiziert wie andere Interventionen mit Pferden (z. B. im physiotherapeutischen Be-

3

Bislang gibt es nur wenige Forschungsergebnisse rund um das pferdegestützte Coaching.

reich). Insofern ist es nicht verwunderlich, dass hierzu auch weniger Forschungsergebnisse vorliegen. In den 1960er Jahren ging Levinson (1962, 1978), der sich als einer der Ersten mit tiergestützten Interventionsformen beschäftigte, davon aus, dass Tiere vor allem Kindern in ihrer Entwicklung helfen können.

Bei vielen Studien zeigt sich das Problem, dass nur wenige Teilnehmer untersucht wurden und es häufig keine Kontrollgruppe (die nicht an einer Intervention teilnimmt, aber mit den gleichen Erhebungsinstrumenten, wie z. B. Fragebögen, untersucht wird) gibt. Obwohl es sich bei pferdegestützten Interventionen allgemein und auch speziell bei pferdegestützten Coachings um ein recht junges Forschungsgebiet handelt, weisen zusammenfassende Analysen auf positive Effekte pferdegestützter Therapien in Bezug auf emotionale Erfolgsmaße hin (Graves, 2010; Selby & Smith-Osborne, 2013).

Ein Pferd, das vor über 100 Jahren aufgrund seiner vermeintlichen Fähigkeiten berühmt wurde, war der „kluge Hans". Er konnte angeblich zählen, lesen, rechnen und buchstabieren. Sein Besitzer gab ihm die Aufgaben und der Hengst antwortete mit Hufklopfen, indem er beispielsweise die korrekte Summe einer Rechenaufgabe auf diese Weise rückmeldete. Er galt als Wunderpferd, doch Pfungst (1911) fand heraus, dass der Hengst genau diese Fähigkeiten überhaupt nicht besaß, sondern anhand kleiner und unwillkürlicher Körperbewegungen der Person erkannte, wann er mit dem Klopfen der Hufe aufhören konnte. Aus damaliger Sicht eine herbe Enttäuschung – aus heutiger Sicht eine besondere Fähigkeit. Damals interessierte sich niemand mehr für die Fähigkeiten dieses Pferdes und weiterer Artgenossen. So verschwanden Pferde für lange Zeit aus dem Interessengebiet der Forscher. Erst in den letzten Jahren wurden die Erkenntnisse wieder hervorgeholt und aus einer anderen Perspektive beleuchtet. Was für eine erstaunliche Leistung des Pferdes, bei einem Menschen so feine Signale lesen und deuten zu können!

Pferde können Menschen dazu bringen, ihnen einen versteckten Leckerbissen zu holen.

Viele der Studien, die in den vergangenen Jahren im Zusammenhang mit Pferden erschienen, hatten die Fähigkeiten der Tiere im Fokus – auch im Hinblick auf die Interaktionen mit Menschen. So konnten zwei Forscher (Malavasi & Huber, 2016) zeigen, dass Pferde Personen auffordern, ihnen ein Leckerli zu beschaffen. So weit ist das für die meisten Pferdemenschen nicht verwunderlich. In dem Experiment gab es jedoch noch ein paar Besonderheiten. So hatten die Pferde gesehen, wie eine Person ein Leckerli in einem Eimer versteckt hatte, an den sie alleine nicht herankamen. Dann kam eine andere Person hinzu, die von den Pferden instruiert wurde, ihnen den Leckerbissen zu holen. Das machten sie, indem sie ihre Blickrichtung wechselten und den Kopf bewegten, um auf den Eimer hinzuweisen.

Pferde können ihr Bettelverhalten außerdem anpassen, je nachdem, ob eine Person zuvor gesehen hat, dass eine Möhre versteckt wurde, oder diese Person beim Verstecken der Möhre nicht anwesend war. Wussten diejenigen nichts von einer versteckten Möhre, gaben sich die Pferde weitaus mehr Mühe, diese Person auf die Möhre hinzuweisen, als bei Personen, die von der Möhre wussten. Auch hier kamen die Pferde ohne menschliche Hilfe nicht an den Leckerbissen heran. Die Bemühungen der Pferde reichten von Blickbewegungen bis hin zu Berührungen. Den Forschern zufolge können Pferde ihr Verhalten je nach dem Wissensstand der Personen anpassen (Ringhofer & Yamamoto, 2016). Das hatte zuvor noch niemand herausgefunden.

Pferde können sich auch bei Menschen etwas abgucken, indem sie diese beobachten. So konnten Pferde, die gesehen hatten, wie eine Person einen Schalter betätigt, um eine Futterkiste zu öffnen, ebenfalls dieses Verhalten nachahmen (Schuetz et al., 2016). Für Personen mit Pferdebezug mag das nicht verwunderlich erscheinen – Pferde können auch ohne Probleme Tore, Türen, Riegel und Gatter (egal, wie diese gesichert sind) öffnen. Die Experimente wirken zunächst auch nicht besonders aufwendig, sie sind es aber, denn man muss die kleinsten Dinge mit erheben, Störvariablen kontrollieren und genaue Ursache-Wirkungs-Beziehungen analysieren. Gerade deshalb ist es wichtig, diese Alltagsbeobachtungen wissenschaftlich zu untersuchen, wenn auch in wenig spektakulären Settings und erst nach und nach mit weiteren Variablen.

> Türen und Tore können von vielen Pferden problemlos geöffnet werden.

Speziell im pferdegestützten Coaching gab es lange keine Forschung. Basierend auf der Kritik, dass Pferde im Coaching ja die Übungen auswendig gelernt hätten und beispielsweise wüssten, dass sie bei vier Pylonen im Slalom um diese gehen müssten, wurde eine zugehörige Studie konzipiert. So sollte untersucht werden, ob Pferde in identischen Settings wirklich auf unterschiedliche Personen verschieden reagieren oder ob sie in ihnen bekannten Aufgaben antrainierte Verhaltensweisen zeigen. Der Parcours mit verschiedenen Übungen (Stangen, Pylonen) war daher für alle Probanden identisch, den sie mit einem Pferd, das schon mehrere Jahre Erfahrung im Coaching hatte, vom Boden aus absolvierten (◨ Abb. 3.3). Aufgrund ihrer Erfahrung kannten die Pferde alle Elemente des Parcours, die Teilnehmenden jedoch nicht. Das ermöglichte es zu analysieren, ob die Tiere ein gelerntes Verhalten zeigten und bei den Personen in der jeweiligen Übung identisch reagierten – oder eben nicht. Die Übungen wurden gefilmt und die ca. 600 Mensch-Pferd-Interaktionen im Anschluss im Hinblick auf die Körpersprache der Pferde und der Personen ausgewertet.

3

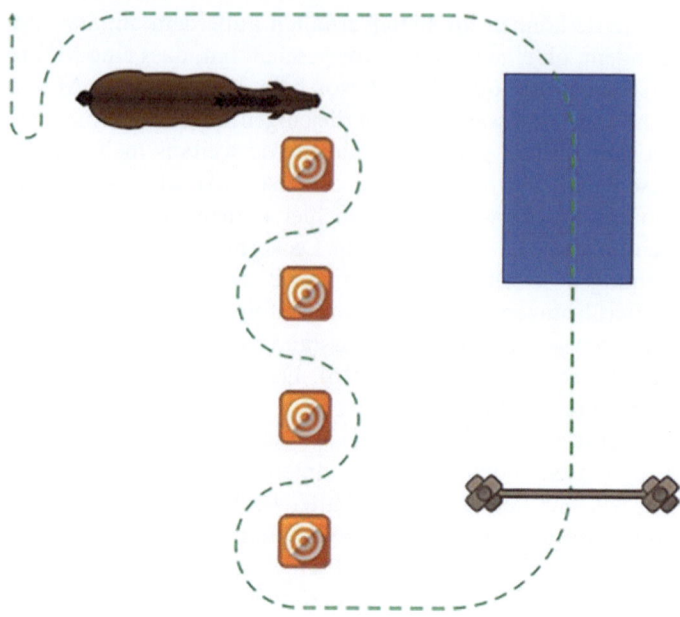

□ Abb. 3.3   Der in der Studie aufgebaute Parcours enthielt verschiedene Stationen

Im pferdegestützten Coaching reagieren Pferde nachweislich individuell auf Klienten.

Es zeigte sich, dass die Pferde jedem Klienten unterschiedliche bzw. individuelle Rückmeldungen gaben. Sie zeigten keine antrainierten Verhaltensweisen in bestimmten Situationen. Waren die Probanden beispielsweise unsicher (weil das Pferd mitten in der Übung stehen geblieben war und nicht direkt wieder losging), reagierten die Pferde unterschiedlich, indem sie beispielsweise länger stehen blieben oder die Richtung wechselten. Die Pferde blieben auch nicht bei jeder Person stehen und, wenn sie stehen blieben, dann an unterschiedlichen Stellen im Parcours. Auf freundliche Verhaltensweisen der Personen (z. B. wenn die Personen die Tiere streichelten, reagierten die Pferde ebenfalls freundlich. Auch hier taten sie dies auf unterschiedliche Art und Weise, indem sie Nähe zur Person suchten oder deren Hand ableckten (Schütz et al., 2018).

Gomolla und Kollegen (2011) befassten sich mit den Reaktionen von Pferden auf die Körperspannung und -haltung verschiedener Menschen, um zu analysieren, inwiefern die Tiere Menschen spiegeln. Es wurde angenommen, dass sie besonders auf Anspannung und Entspannung reagieren, da Pferde Fluchttiere sind. Die Personen befanden sich neben einem von mehreren untersuchten Pferden oder saßen auf einem Pferd. So wurde erhoben, ob die Tiere die körperlichen Reaktionen der Menschen in beiden Varianten spiegeln. Zunächst stellten sich die Personen schräg neben ein Pferd bzw.

dessen Kopf oder Schulter (ohne dieses festzuhalten). Dann sollte sich der Teilnehmer für eine halbe Minute stark anspannen. Zwei Beobachter hatten die Reaktionen des Pferdes im Blick. Im Anschluss sollte sich die Person stark entspannen. Die Reihenfolge wurde variiert (mal folgte die Entspannung auf die Anspannung und umgekehrt).

Im zweiten Teil der Studie saßen die Teilnehmenden ohne Sattel auf einem Pferd und sollten sich ebenfalls eine halbe Minute stark anspannen, gefolgt von einer halben Minute der starken Entspannung (sowie bei den weiteren Personen abwechselnd in umgekehrter Reihenfolge). In den Entspannungsmomenten konnten sehr häufig ein hängender Kopf, ein lockerer Schweif, eine hängende Unterlippe oder auch eine entspannte Atmung beobachtet werden. In den Anspannungssituationen reagierten die Pferde mit einem erhobenen Kopf, Bewegungsimpulsen, aufgerichteten Ohren oder auch einer erhöhten Atmung sowie einer angespannten Muskulatur.

Pferde reagieren unterschiedlich auf entspannte vs. angespannte Menschen.

Inwiefern Pferde im Coaching unterschiedlich auf Coachees reagieren, je nachdem, in welcher Körperhaltung sich diese befinden und welche inneren Bilder diese visualisieren, wurde in einer weiteren Studie untersucht. So gingen die Teilnehmer der Studie zunächst ohne konkrete Instruktion im Slalom um vier Pylonen, die hintereinander in einer Reihe aufgebaut waren. In den Runden danach gingen sie in einer kleinen Körperhaltung mit negativen Gedanken (eine Situation, die nicht so gelaufen war, wie sie sich diese vorgestellt hatten; Low Power Pose) um die Pylonen herum oder sie machten sich körperlich groß und dachten an eine positive Situation in ihrem Leben (in der sie sich gut gefühlt hatten; High Power Pose).

Die Posen und die inneren Bilder zu den Situationen wirkten sich auf die Interaktion mit den Pferden und das schnelle oder langsame Absolvieren der Übung aus. In der High Power Pose (und dem positiven inneren Bild) waren die Personen beim Durchlaufen des Slaloms signifikant schneller als in der neutralen Runde sowie der negativen Runde in der Low Power Pose. Die Teilnehmenden gaben an, sich besser zu fühlen und mehr Freude zu haben. Sie bewerteten die Interaktion mit dem Pferd als einfacher. Dies zeigte sich auch in der Videoanalyse – das Durchlaufen des Parcours sah auch von außen leichter und zügiger aus. In der Low Power Pose (und dem negativen inneren Bild) benötigten die Personen mit dem Pferd signifikant mehr Zeit, um den Parcours zu beenden. Das wirkte sowohl in der Selbst- auch in der Fremdwahrnehmung (Video) schwerfälliger und aufwändiger. Darüber hinaus konnten die Erlebnisse entsprechend auf den Alltag im Umgang mit Menschen transferiert werden (Schütz & Brämig, 2020).

Pferde spiegeln im Coaching menschliche High und Low Power Posen und innere Bilder.

3

Auch im interkulturellen Kontext lassen sich Pferde einsetzen. In einer Studie von Gehrke (2009) konnte gezeigt werden, dass die in einer Intervention eingesetzten Pferde weder auf die Hautfarbe noch auf die Sprache der teilnehmenden Personen aus verschiedenen Ländern (u. a. Taiwan, China, Türkei, Kenia, Deutschland) verschieden reagierten. Wichtig war hier neben den Führungsqualitäten die Authentizität der Personen. Geschulte Coaches können bei den Pferden ablesen, wie diese auf die Coachees reagieren und so einen Transfer in den Alltag erfragen.

In einer weiteren Studie (Schütz & Steinhoff, 2019) nahmen die insgesamt 106 Befragten entweder an einem pferdegestützten Coaching teil (Experimentalgruppe) und absolvierten eine standardisierte Übung mit einem Pferd oder sie gehörten der Kontrollgruppe ohne ein solches Coaching an. Der Aufbau des Parcours war somit bei allen Personen identisch. Dieser beinhaltete einen einfach strukturierten Aufbau und war jedem Coaching-Pferd aus jeweils mindestens zehn der vorherigen Coachings bekannt.

Mit Hilfe pferdegestützter Coachings kann die Selbstwirksamkeitserwartung der Coachees gestärkt werden.

Gemessen wurde hier mit psychologischen Fragebögen, wie hoch die Selbstwirksamkeitserwartung zu zwei Messzeitpunkten ausgeprägt war. Außerdem wurde erhoben, inwiefern sich die Selbstbewertung innerhalb des pferdegestützten Coachings durch die selbstreflektierende Methode der Videoanalyse veränderte. Hierfür füllten die Coachees der Experimentalgruppe vor und nach der Videoanalyse einen zugehörigen Fragebogen aus. Die Videos enthielten die Übung mit den Pferden, welche genauer beleuchtet wurde (z. B. im Hinblick auf besondere Situationen und die Selbst- und Fremdwahrnehmung). Es konnte nachgewiesen werden, dass sich sowohl die Selbstbewertung als auch die Selbstwirksamkeitserwartung durch das Pferdecoaching positiv veränderten. Es konnte einerseits eine signifikante Steigerung der Selbstwirksamkeit vom ersten Messzeitpunkt (vor dem Coaching) zum zweiten Erhebungszeitpunkt (nach dem Coaching) festgestellt werden als auch ein signifikanter Unterschied in der Selbstwirksamkeitserwartung zwischen Coaching-Teilnehmern und Personen, die kein Coaching erhalten hatten. Die Selbstwirksamkeitserwartung stieg bei denjenigen ohne Pferdeerfahrung stärker an als bei Menschen mit Pferdeerfahrung. Mit Hilfe der Pferde konnten die Coachees in der gemeinsamen Übung – genauer gesagt in der Interaktion zwischen Mensch und Tier – Erfolgserfahrungen sammeln.

Es lässt sich also schlussfolgern, dass man mit Hilfe pferdegestützter Coachings die Selbstwirksamkeitserwartung fördern kann. Allerdings können basierend auf dieser Studie keine Aussagen über die Langzeitwirkung der Intervention, detaillierte Geschlechterunterschiede sowie die Wirkfaktoren der Videoanalyse getroffen werden. Hier fehlt es noch an Folgestudien, die sich mit genau diesen Themen beschäftigen. Ohne Pferdebezug konnten Moen und Allgood (2009) sowie Baron und Morin (2010) bereits feststellen, dass sich die Selbstwirksamkeit innerhalb eines Coachings erhöhen kann. Eine Erklärungsmöglichkeit liegt darin, dass Erfolgs- erfahrungen als eines der stärksten Mittel gelten, um Selbst- wirksamkeitserwartungen aufzubauen (Bandura, 1994).

In einer aktuellen Untersuchung (Tometten & Schütz, 2021) ging es um Emotionen als Erfolgsfaktoren in pferde- gestützten Coachings. 53 Personen nahmen an Pferde- coachings teil und füllten zu drei Messzeitpunkten Fragebögen zu ihren Emotionen und zum Coaching-Erfolg aus. Das Coa- ching umfasste zwei Übungen mit den Pferden, wobei sich die Coachees ein (ihnen unbekanntes) speziell ausgebildetes Coa- ching-Pferd aussuchen durften, das sie durch den Parcours führten. In einer der Übungen gingen sie im Slalom um Pylo- nen, überquerten eine Plane, blieben über einer Stange stehen und brachten das Pferd zwischen zwei Stangen zum Rück- wärtsgehen. Der erste Fragebogen wurde zu Beginn des Coa- chings ausgefüllt und ein weiterer wurde nach den Übungen mit den Pferden bearbeitet. Danach folgten die gemeinsame Reflexion und Auswertung mit den Coaches. Im Anschluss folgten die Analyse der Videos zu den Übungen sowie die For- mulierung von positiven Affirmationen, die die Coachees selbst formulierten. Diese Abschlusssätze wurden zwar doku- mentiert, jedoch nicht in die Analysen aufgenommen, da sie nur einen kleinen Teil des Coachings einnahmen und in zu- künftigen Studien gesondert betrachtet werden sollten. Am Ende des Coachings füllten die Teilnehmenden den letzten Fragebogen aus.

Die Ergebnisse ergaben signifikante Veränderungen der Aktivierung, der Gelassenheit und der negativen Emotionen im Verlauf des Coachings. Außerdem konnte die Gelassenheit die Problemsichtverbesserung und die Aktivierung die Zufriedenheit mit dem Coaching vorhersagen. In diesem Zu- sammenhang wurde geschlussfolgert, dass emotionsfördernde Techniken im Coaching-Alltag mit Pferden gewinnbringend genutzt werden können. Die negativen Emotionen fielen vom Coaching-Beginn bis zum Coaching-Ende ab. Es konnte je- doch kein signifikanter Anstieg der positiven Emotionen be- obachtet werden, was überraschend war. Möglicherweise lag dies daran, dass der Mittelwert der Skala bereits zu Beginn sehr hoch war und somit kaum noch gesteigert werden konnte (Deckeneffekt). Das Ergebnis reiht sich in die Erkenntnisse andere Studien bzw. Forscher ein, bei denen in der pferde- gestützten Arbeit negative Emotionen der Coachees verringert werden konnten (z. B. Selby & Smith-Osborne, 2013).

Pferdecoachings wirken sich nachweislich auf die Aktivierung, Gelassenheit, Problemsichtverbesserung und Zufriedenheit mit dem Coaching aus.

3

Weiterhin zeigte sich, dass die Aktivierung vor der Begegnung mit dem Pferd anstieg und danach wieder sank. Bei der Gelassenheit zeigten sich gegenteilige Effekte. Allerdings wurde nur der Anstieg zum Coaching-Ende signifikant. Durch die Aktivierung konnte die Zufriedenheit mit dem Coaching vorhergesagt werden. Demnach waren vor allem Personen, deren Aktivierung stetig abfiel, weniger zufrieden mit dem Coaching. Dies könnte ein Hinweis dafür sein, dass Coaches in der Praxis das Aktivierungslevel ihrer Coachees berücksichtigen und darauf reagieren sollten. Ein Vorteil im pferdegestützten Coaching scheint hier zu sein, dass die Pferdebegegnung die Aktivierung per se erleichtert, wonach die Begegnung mit dem Pferd die Coachees aktiviert (Tometten & Schütz, 2021). In der Erforschung von pferdegestützten Coachings sollten evaluierte psychologische Fragebögen eingesetzt werden, um fundierte und aussagekräftige Ergebnisse zu erhalten (◘ Abb. 3.4).

In der Psychotherapie und im (pferdegestützten) Coaching kann darüber hinaus mit positiven Affirmationen, also positiven Selbstinstruktionen oder umgangssprachlich „Glaubenssätzen", gearbeitet werden. Diese waren der Bestandteil einer weiteren Studie. Hier wurde untersucht, inwiefern in pferdegestützten Coachings positive Affirmationen erarbeitet werden und welche Art der Affirmationen von Klienten besonders hervorgerufen werden können.

Nach der zugehörigen Übung erläuterten die Klienten ihre Erfahrungen mit dem Pferd (Selbstwahrnehmung). Hier beschrieben sie, warum sie sich für das jeweilige Pferd entschieden hatten, wie sie die Übung erlebt hatten und welche

◘ **Abb. 3.4**   In der psychologischen Forschung werden standardisierte Fragebögen eingesetzt, um damit die Basis einer fundierten Auswertung zu bilden

Parallelen sie im Hinblick auf die eigene Person bzw. auf den Alltag erkennen konnten (dysfunktionale und funktionale Aspekte). Im Anschluss an die weiteren Gespräche und die nachfolgende Videoanalyse formulierten die Teilnehmenden – basierend auf dem Erlebten mit den Pferden sowie der Videoanalyse, einschließlich des Transfers auf ihren Alltag – ihre persönlichen, positiven Affirmationen in ihren eigenen Worten.

Ausgewertet wurden in dieser Studie insgesamt 216 Sätze, die Klienten im Rahmen der Pferdecoachings formuliert hatten. Dabei ergaben sich fünf (signifikant) unterschiedliche Affirmations-Kategorien, die „Führungsverhalten", „Selbstwert, Selbstvertrauen, Anerkennung", „Aufgabenbewältigung, Entscheidungsfindung", „Grenzen setzen, Durchsetzen" und „Kommunikationsverhalten" lauteten. In der Tab. 3.1 sind die Kategorien, die jeweiligen Bedingungen (wonach die Affirmationen den jeweiligen Kategorien zugeordnet wurden) sowie Beispiele enthalten.

Es wurde zudem untersucht, inwiefern die in den Übungen eingesetzten Pferde oder das Geschlecht der Pferde einen Einfluss auf die Affirmationskategorien hatten. Dies war jedoch nicht der Fall. Den Ergebnissen zufolge lohnt sich der Einsatz von positiven Selbstinstruktionen auch bei pferdegestützten Coachings. Je nach Klient bzw. Thema und Zielsetzung des Coachings können hierdurch unterschiedliche Selbstinstruktionen erarbeitet werden (Schütz, 2019).

> Im Pferdecoaching kann nachweislich mit positiven Affirmationen gearbeitet werden.

◼ **Tab. 3.1** Kategorien der Affirmationsstudie im pferdegestützten Coaching

Kategorie	Bedingung	Beispiel
Führungsverhalten	„Ich bin/führe..."	„Ich führe sicher und souverän."
Selbstwert, Selbstvertrauen, Anerkennung	„Ich traue es mir zu."	„Ich vertraue in meine Stärken."
Aufgabenbewältigung, Entscheidungsfindung	„Ich handle."	„Ich gehe mit Leichtigkeit auf neue Aufgaben zu."
Grenzen setzen, Durchsetzen	„Ich grenze mich gegenüber Menschen ab."	„Ich darf nein sagen."
Kommunikationsverhalten	„Ich kommuniziere."	„Ich kommuniziere klar und freundlich."

3

3.3   Erklärungsansätze & Wirkfaktoren

Erklärungsansätze und Wirkfaktoren wurden im psychotherapeutischen Kontext bislang ausgiebiger untersucht als im Coaching. In vielen Bereichen lassen sie sich jedoch auf das Coaching übertragen. Dabei ist – ursprünglich auf die Psychotherapie bezogen – die Arbeitsbeziehung zwischen der Person, die eine Veränderung sucht (Coachee, Klient), und der Person, die die Veränderung begleitet (Coach), zu nennen (Bordin, 1979; Flamme, 2002). Grawe und Kollegen (2001) betonen in diesem Zusammenhang die Ressourcenaktivierung, Problemaktualisierung, motivationale Klärung sowie Problembewältigung als wichtige Wirkfaktoren. Bei der Ressourcenaktivierung stehen die Fähigkeiten und natürlich auch Ressourcen des Klienten im Vordergrund, die während des Coachings immer wieder thematisiert werden. Im Rahmen der Problemaktualisierung betrachtet man die Gefühle des Klienten, die im Coaching aktiviert und erlebt werden. Die Stärkung der Handlungsorientierung gehört dem Bereich der Problembewältigung an. Hier werden nach Behrendt (2006) Kompetenzen erlernt und es wird erarbeitet, wie man Lösungen und Strategien vorantreiben kann. Auch Emotionen stellen ein wichtiges Element dar. Insbesondere bei Lernprozessen können positive Emotionen im Vergleich zu neutralen Emotionen zu einer besseren Wahrnehmung, höheren Motivation, geringer empfundenen Aufgabenschwierigkeit, besseren Transferleistung, einer höheren Zufriedenheit und einem besseren Verständnis führen (Um et al., 2012).

Im Coaching kann mit Fragen, Widerspiegeln, Ratschlägen und Feedback gearbeitet werden.

Im Coaching können verschiedene Interventionstechniken eingesetzt werden, die neben dem Thema des Klienten und dessen Bedürfnissen auch von den Kompetenzen des Coaches abhängen. Nach Maurer (2009) können im Coaching verschiedene Techniken Anwendung finden, zu denen Fragen, Ratschläge, Widerspiegeln und Feedback zählen. Im pferdegestützten Coaching werden vor allem das Widerspiegeln und das darauf aufbauende Feedback eingesetzt. Unterschiede zwischen den beiden Aspekten gibt es beim Input, da er beim Widerspiegeln ein geringeres Ausmaß als beim Feedback aufweist. Beim Widerspiegeln kann der Coach seinem Coachee im Gespräch rückmelden, wie er dessen Aussagen verstanden hat. So kann er ausdrücken, dass ihn die Inhalte interessieren und er ihm aufmerksam zuhört. Außerdem kann der Klient hierdurch angeregt werden, die Inhalte weiter und tiefer gehend zu besprechen (◘ Abb. 3.5).

Im pferdegestützten Coaching kommt neben dem Feedback die weitere Interaktion mit den Pferden, die durch den Coach erklärt und zugehörige Erkenntnisse durch den Coa-

◼ **Abb. 3.5** Im pferdegestützten Coaching sind die Reflexionsfragen im weiteren Gespräch wichtig – es geht nicht einfach darum, Pferde zu führen

chee auf den Alltag übertragen werden, hinzu. Pferde sind Fluchttiere und prüfen regelmäßig die Kompetenzen des Führenden (Krueger et al., 2014). Überträgt man das Verhalten der Pferdeherde auf Pferd-Mensch-Interaktionen, bieten sich neue Ansatzpunkte im Gespräch zwischen Coach und Klient. Pferde können außerdem innere Prozesse und Emotionen, die sich über die menschliche Körpersprache ausdrücken, spiegeln und reagieren dabei schon auf kleinste Veränderungen (Greiffenhagen & Buck-Werner, 2011).

Das menschliche Verhalten und das der Pferde weisen zudem Ähnlichkeiten auf. Neben einer sozialen, hierarchischen Gesellschaft, in der beide leben, haben sie ein Bedürfnis nach Sicherheit und auch ähnliche Verhaltensmuster. Sie kommunizieren nicht nur einfach miteinander, sondern erleben Emotionen, schlichten Streitigkeiten und suchen sowohl Nähe als auch Distanz. Neugierde ist bei beiden vorhanden und es besteht eine enge Verbindung zwischen Mutter und Kind bzw. Stute und Fohlen. Der Prozess des Trauerns ist ebenfalls dem der Menschen ähnlich, wenn man sich beispielsweise Stuten anschaut, die ihr Fohlen verloren haben und die apathisch sind, wenig oder nichts fressen wollen und sich über Tage hinweg von ihrem Fohlen verabschieden.

Wie auch Menschen weisen Pferde ganz unterschiedliche Persönlichkeiten bzw. Charaktere auf – und in der Interaktion reagieren die beteiligten Lebewesen individuell auf diese. In pferdegestützten Übungen reagieren somit beide Parteien aufeinander, bewältigen eine gemeinsame Aufgabe (z. B. das Absolvieren eines Parcours) und lernen sich dabei kennen. Sie probieren unterschiedliche Kommunikationsarten aus. Teil-

Pferde haben – wie Menschen – ganz unterschiedliche Persönlichkeiten und Eigenarten.

3

weise sind flexible Verhaltensweisen notwendig, um zu einer Lösung zu gelangen. Auf weitere mögliche Faktoren, wie das pferdegestützte Coaching wirkt und welche Erklärungsansätze hierfür herangezogen werden können, wird nachfolgend eingegangen.

3.3.1 Emotionen & Emotionale Intelligenz

Fokussieren Menschen im Coaching positive Emotionen, fokussieren sie mehr ihre Stärken.

Emotionen zeigen sich täglich. Dabei handelt es sich um augenblickliche Erfahrungen, die Höhen und Tiefen beinhalten (Robinson & Clore, 2002). Diese weisen zwei orthogonale Dimensionen auf – einerseits die Valenz (positive vs. negative Emotionen) und andererseits das Arousal (hohe oder niedrige Aktivierung; Bradley et al., 1992). Sie spielen bei Lernprozessen eine wichtige Rolle. Positive Emotionen gehen mit einer höheren Motivation und einer geringeren Schwierigkeit von Aufgaben einher. So werden Aufgaben besser verstanden und können leichter in verschiedene Bereiche übertragen werden (Um et al., 2012). Herrschen negative Emotionen vor, werden Informationen teilweise schlechter verstanden oder Informationsquellen können nicht korrekt zugeordnet werden (Baumann & Kuhl, 2003). Bei negativen Informationen werden Informationen außerdem wesentlich kritischer verarbeitet – man glaubt diese nicht (so recht) und hinterfragt mehr. Bei Coachings ohne Pferdebezug konnten Effekte positiver Emotionen nachgewiesen werden. Fokussierten die Coachees positive Emotionen und Visionen, zeigten sie weniger Ärger und setzten sich während des Feedbacks mehr mit ihren Stärken auseinander (Howard, 2015).

Pferde spiegeln menschliche innere Prozesse.

Tiere und somit auch Pferde können menschliche Emotionen wahrnehmen und auf diese reagieren. Pferde können menschliche Gesichtsausdrücke in positive und negative Emotionsbereiche kategorisieren (Smith et al., 2016; Trösch et al., 2019), sie reagieren auf menschliche Nervosität (Keeling et al., 2009; von Borstel et al., 2007) und werden aufgrund ihrer Spiegelfunktion seit mehreren Jahrzehnten im psychotherapeutischen und Coaching-Kontext eingesetzt. Auch Meyer (2009) nimmt an, dass Pferde (menschliche) innere Prozesse und Emotionen spiegeln, die sich über deren Körpersprache ausdrücken, und sie bereits auf kleinste Veränderungen reagieren.

Wie im psychotherapeutischen Kontext kann der Coachee hier zu seinen aktuellen Gefühlen und Gedanken befragt werden, ohne dass zu sehr in die Tiefe gegangen werden sollte (Coaching ist keine Psychotherapie!). Den Personen fällt das häufig in der Interaktion mit dem Pferd leichter als im Gespräch ohne Pferd. Dabei können die eigenen Gefühle und Gedanken so schon leichter genannt oder auf das Pferd projiziert und dadurch leichter ausgesprochen werden (Schütz, 2020a). Laut Hemingway und Kollegen (2019) können Menschen eine emotionale Aktivierung bei positiven Erlebnissen mit dem Pferd erleben, was auch bedeutet, ein Ziel erreicht zu haben. Dabei handelt es sich um einen Prozess, bei dem die positiven Erfahrungen in Bodenarbeitsübungen mit den Pferden gemacht werden, die mit einer emotionalen Aktivierung (*emotional arousal*) verbunden sind.

Betrachtet man die Pulsfrequenzen bei Menschen und Pferden, während sie miteinander agieren, zeigt sich, dass diese ähnlich sind. Sind Personen in der Gegenwart emotional anwesend und voll und ganz auf sich und das Pferd konzentriert, weisen sie und das Pferd einen ähnlichen Rhythmus auf. Die Personen erleben dann tief empfundene Verbindungen zwischen sich und dem Pferd. In der Interaktion mit Pferden arbeitet man nicht nur kognitionsbasiert, sondern vor allem auch emotionsbasiert. Alleinig mit dem Kopf zu agieren, hilft demnach nicht, sondern es ist auch wichtig, auf emotionaler bzw. Herzensebene zu agieren (Gehrke, 2009).

> Die Pulsfrequenzen von Menschen und Pferden passen sich in der Interaktion an.

Geht man noch einen Schritt weiter und kombiniert die Bereiche der Emotionsforschung mit der Pferdeforschung, wird deutlich, dass die Tiere auf menschliche Emotionen reagieren – und das sogar „nur" auf Fotos. Smith und Kollegen (2016) konnten nachweisen, dass Pferde spontan zwischen positiven (glücklichen) und negativen (bösen) menschlichen Gesichtsausdrücken auf Fotos unterscheiden können. Und das funktioniert sogar bei Emotionen, die ihnen multimodal dargeboten werden. Trösch und Kollegen (2019) untersuchten in diesem Zusammenhang Testpferde, die kurze Video-Sequenzen ohne Ton sahen, in denen jeweils eine Frau mit unterschiedlichen Gesichtsausdrücken abgebildet war. Während in dem einen Video positive Emotionen (Freude, Spaß) dargestellt waren, wurden in dem anderen Video negative Emotionen (Ärger, Wut) gezeigt. Diese passten entweder zu der auf dem Bild dargestellten Emotion oder nicht. Die Pferde waren dazu in der Lage, zwischen passenden und unpassenden Kombinationen unterscheiden.

> Pferde können menschliche Gesichter lesen.

Gomolla und Kollegen (2011) gingen in ihrer Studie, wie bereits beschrieben, noch einen Schritt weiter, indem sie die Reaktionen von Pferden auf die menschliche Körperspannung und -haltung erforschten. Die Idee hinter der Studie war, dass Pferde Fluchttiere sind und daher besonders auf Anspannung und Entspannung ihres Gegenübers reagieren sollten. Diese Studie ist vor allem für pferdegestützte Interventionen relevant, da gezeigt werden konnte, dass die Pferde ebenfalls körperlich angespannt oder entspannt waren (wie die Person, die mit ihnen interagierte) und somit ihr menschliches Gegen-

3

über spiegelten. Hier gab es sowohl Personen, die sich neben einem Pferd als auch auf einem Pferd sitzend befanden, um zu überprüfen, ob und, wenn ja, inwiefern die Tiere körperliche Reaktionen von Menschen in beiden Varianten spiegeln können. In den Entspannungsmomenten zeigten sich andere tierische Reaktionen als in den Anspannungssituationen. So konnten häufig ein hängender Kopf, ein lockerer Schweif oder eine hängende Unterlippe oder auch eine entspannte Atmung beobachtet werden. In den Anspannungssituationen reagierten die Pferde beispielsweise mit einem erhobenen Kopf, Bewegungsimpulsen, aufgerichteten Ohren oder auch einer erhöhten Atmung und einer angespannten Muskulatur.

Pferde analysieren ihr Gegenüber in Sekundenschnelle.

Hierzu passen auch die Befunde, dass Pferde individuell auf ihr Gegenüber reagieren, selbst wenn es sich um identische Settings handelt, in denen Menschen mit den Tieren interagieren. Sie reagieren unmittelbar im Moment auf ihr Gegenüber und legen kein auswendig gelerntes Verhalten an den Tag (Schütz et al., 2018). Gerade weil sie Flucht- und Beutetiere sind, sind sie darauf angewiesen, ihr Gegenüber in Sekundenschnelle zu analysieren, inwiefern beispielsweise eine Gefahr droht, sie selber führen sollten oder man dem Gegenüber vertrauen kann. Pferde sind daher besonders gut darin, nonverbal zu kommunizieren und die Körpersprache zu lesen (Gehrke, 2009).

Im pferdegestützten Coaching kann man sich die Verhaltensmuster und Fähigkeiten der Pferde somit zunutze machen, ohne die Tiere zu dressieren oder sie die Werkzeug anzusehen. Sie sind im Coaching die Kooperationspartner der Coaches und Coachees. Betrachtet man die Seite der Coachees, können diese durch das Spiegeln der Pferde mehr über sich erfahren und das eigene Verhalten in Zusammenarbeit mit dem Coach reflektieren. Dabei stellen die Übungen mit den Pferden kleinere oder größere Herausforderungen dar. Werden Herausforderungen mit Hilfe ausreichender Ressourcen der Person bewältigt, kann Lernen stattfinden. Hier kann das transaktionale Stressmodell hinzugezogen werden (Lazarus & Folkman, 1987). Insbesondere im pferdegestützten Coaching werden Emotionen aktiviert, reflektiert und kalibriert. Diese Aspekte sind auch in etablierten Modellen zu Wirkmechanismen im Coaching wiederzufinden (z. B. Greif, 2008). Im pferdegestützten Coaching wird nicht nur über Themen gesprochen, sondern diese werden vor Ort in der Zusammenarbeit mit dem Pferd und Coach erlebt. Eigene Gefühle und Verhaltensweisen werden durch die Coachees reflektiert. Dabei können Themen, die den Coachees noch nicht bewusst waren, durch die Begegnung und Interaktion mit dem Pferd sichtbar gemacht werden. Andererseits können solche Themen, die kognitiv bereits bewusst waren, nach der Pferdebegegnung auch emotional verarbeitet werden.

Inwiefern Emotionen und das Aufrechterhalten dieser während des pferdegestützten Coachings wichtig sind, wurde bereits untersucht. Im Rahmen einer Studie zu Emotionen im pferdegestützten Coaching konnten wir (Tometten & Schütz, 2021) zeigen, dass die Aktivierung die Zufriedenheit mit dem Coaching vorhersagen kann. Dabei waren insbesondere Personen, deren Aktivierung im Laufe der Coaching-Einheit nach und nach abfiel, weniger zufrieden mit dem Coaching. Dieses Ergebnis deutet darauf hin, dass es sich für in der Praxis tätige Coaches lohnt, das Aktivierungslevel ihrer Coachees im Blick zu behalten und je nach Situation adäquat zu regulieren. Die Pferdebegegnung scheint dies per se zu erleichtern, da man sich bewegt und mit dem Pferd einen Parcours absolviert. Dabei sind die Klienten in unterschiedlichem Ausmaß aufgeregt. Gerade in Bezug auf die anschließende Reflexion und den Transfer des Gelernten sollte neben der abwechslungsreichen Gestaltung durch verschiedene Methoden auch die weitere Anwesenheit des Pferdes beachtet werden.

> Die Aufregung der Coachees kann im Pferdecoaching aktivierend wirken.

In den Mensch-Pferd-Interaktionen werden außerdem unterschiedliche Ebenen angesprochen – es geht nicht allein darum zu denken, sondern auch darum zu fühlen und zu handeln. Beim Lernen ist es von Vorteil, wenn Emotionen mit integriert sind. Sind Emotionen mit im Spiel, können auf neuronaler Ebene Veränderungen vorgenommen werden – sowohl bei positiven als auch negativen Emotionen. Es können neue Erlebnisse bzw. Erfahrungen gemacht und damit Dinge gelernt sowie im Gehirn verankert werden (Hüther, 2004). Mit Hilfe der Pferde kann nicht nur im Sinne der Selbstwirksamkeit erlebt werden, dass die Konsequenzen (wie das Pferd auf jemanden reagiert) auf dem eigenen Handeln beruhen. Es bietet sich die Möglichkeit, positive Dinge zu erleben und nicht nur über diese nachzudenken. Positive Erlebnisse in der Interaktion mit dem Pferd und der (ressourcenorientierten) Besprechung mit dem Coach können an dieser Stelle ansetzen. Die emotional besetzten Erlebnisse können auch noch Monate und Jahre nachwirken. Klienten können sich immer wieder an bestimmte Situationen mit dem Pferd erinnern und diese auf alltägliche Situationen übertragen. Auch die Erfahrung, die eigene Angst bewältigt zu haben, mit einem Pferd gemeinsam einen Parcours zu absolvieren oder dieses überhaupt zu berühren, kann dabei stärkend wirken (◘ Abb. 3.6). Diese Rückmeldungen erhalten pferdegestützte Coaches auch noch Monate und Jahre nach den Coaching-Einheiten von ihren Klienten.

◧ **Abb. 3.6**   Die Erfahrung, eine Aufgabe oder einen ganzen Parcours mit dem Pferd erfolgreich bewältigt zu haben, kann sich positiv auf Klienten auswirken

In diesem Zusammenhang können auch die Emotionale Intelligenz bzw. emotionale Kompetenzen genannt werden. Emotional intelligent zu sein bedeutet, mit den eigenen Gefühlsregungen, den zugehörigen Auswirkungen und denen anderer Menschen situationsgerecht und angemessen umzugehen (Salovey & Mayer, 1990). Laut Brasseur und Kollegen (2013) lässt sich Intelligenz nicht erlernen, weshalb einige Forscher auch von emotionalen Kompetenzen sprechen, die sich sehr wohl erlernen und fördern lassen. Gerade menschliche Emotionen können einen erheblichen Einfluss darauf haben, wie Individuen mit anderen Lebewesen interagieren. Der Bereich der Emotionalen Intelligenz kann dabei in der Arbeit mit Pferden beim Reiten und auch im pferdegestützten Coaching eingesetzt werden.

Grundsätzlich kann die Emotionale Intelligenz nach dem Modell von Mikolajczak (2009) in drei Ebenen eingeteilt werden: Wissen (was Menschen über Emotionen wissen), Fähigkeit (emotionsbezogene Fähigkeiten; was Menschen tun können) und Charaktereigenschaften (emotionsbezogene Dispositionen; wie Personen in diesen Situationen normalerweise reagieren). Innerhalb dieser Ebenen wurden fünf hauptsächliche emotionale Kompetenzen identifiziert: Identifikation, Ausdruck, Regulierung, Verständnis und Verwendung (Brasseur et al., 2013). Identifizieren bezieht sich auf die Fähigkeit, eine Emotion wahrzunehmen, wenn sie auftritt, und sie zu identifizieren. Ausdrücken bezieht sich auf die Fähigkeit, Emotionen in einer sozial akzeptierten Weise auszudrücken. Regulieren bezieht sich auf die Fähigkeit, Stress oder Emotionen zu regulieren, wenn sie in dem Kontext nicht angemessen sind. Verstehen bezieht sich auf die Fähigkeit, die Ursachen und Folgen von Emotionen zu verstehen und auslösende Faktoren von Ursachen zu unterscheiden. Nutzen bezieht sich auf die Fähigkeit, Emotionen zu nutzen, um Überlegungen, Entscheidungen und Handlungen zu verbessern.

> Bei dem Konzept der Emotionalen Intelligenz gibt es insgesamt fünf emotionale Kompetenzen.

Die Emotionale Intelligenz wird mit positiven Ergebnissen in vielen verschiedenen Lebensbereichen in Verbindung gebracht, z. B. im klinischen, gesundheitlichen, sozialen, erzieherischen, organisatorischen und entwicklungsbezogenen Bereich (Petrides et al., 2016), und spielt auch eine Rolle bei der sportlichen Leistung und Teilnahme an sportlichen Events (Kopp & Jekauc, 2018; Laborde et al., 2017). Zusammenhänge gibt es hier mit psychologischen Fähigkeiten (Lane et al., 2009), sich anpassenden Emotionen (Lane & Wilson, 2011), Bewältigungsstrategien (Laborde et al., 2012), einer besseren Entscheidungsfindung (Vaughan et al., 2018) und mit einer schützenden Wirkung in Bezug auf biologische Stressparameter (Laborde et al., 2011; Laborde et al., 2014; Laborde et al., 2015). Außerdem wird die Emotionale Intelligenz positiv mit der Dauer und Häufigkeit von Sporttrainings in Verbindung gebracht (Laborde et al., 2017).

Pferde helfen Menschen dabei, auf ihre eigenen Emotionen zu achten, diese zu erkennen und zu regulieren bzw. angemessen anzuwenden (Schütz et al., 2020). Gezielte Trainings können nachweislich helfen, seine eigenen emotionalen Kompetenzen zu verbessern und die eigenen Emotionen zu regulieren. Das wiederum kann sich positiv auf das eigene Wohlbefinden auswirken, auch wenn man sich in stressigen Situationen befindet (Laborde et al., 2014).

3

> **Fallbeispiel**
>
> In einem Schnuppercoaching ging eine Teilnehmerin zunächst ruhig mit dem Pferd los. Nach und nach schien sie unsicherer zu werden und das Pferd übernahm die Führung, indem es vorging und die Teilnehmerin mit zum Rand des Reitplatzes zog, um dort Gras zu fressen. Als zaghafte Versuche, das Pferd vom Fressen abzuhalten und weiter mit durch den Parcours zu gehen, scheiterten, fragte die Klientin die beiden Coaches nach einem Tipp. Mit mehr Klarheit und Fokus gelang es ihr anschließend, mit dem Pferd weiterzugehen, jedoch näherte sie sich den auf dem Reitplatz aufgebauten Parcours-Elementen nicht, sondern ging weiter außen herum. Plötzlich trabte die Stute im Kreis um die Teilnehmerin herum, parierte aber nach wenigen Tritten wieder zum Schritt durch. Die Klientin blieb stehen und fragte erneut um Rat. Sie sagte im zugehörigen Gespräch, sie wisse nicht, wie sie zu den Stangen und den anderen Elementen im Parcours gelangen und diese schaffen könnte. Sie bat darum, dass jemand mitging. Danach klappte es. Interessant war in der nachfolgenden Reflexion die Situation des Lostrabens. Dort gab sie an, sie sei „richtig wütend" geworden, als es nicht so funktioniert habe, wie sie wollte. Das Pferd habe sie komplett gespiegelt, als ihre „Emotionen hochkochten", und sei losgetrabt. Von außen war das aus der Ferne für die Coaches und die anderen anwesenden Coachees nicht sichtbar gewesen. Bei der späteren Videoanalyse wurde deutlich, dass sich die Gesichtszüge der Teilnehmerin veränderten und ihr Unmut sichtbar war. Hierfür wurde die Szene mehrfach angeschaut und gestoppt. Als sie sich innerlich beruhigt hatte und die Unterstützung der Coaches hatte, funktionierte es. Die Emotionsregulation war hier der zentrale Punkt, der auch im weiteren Gespräch in Bezug auf den Alltag thematisiert wurde.

Bestimmte Übungen mit Pferden können die Emotionale Intelligenz von Menschen fördern.

Dass vor allem Pferde beim Training emotionaler Kompetenzen eingesetzt werden und positive Effekte auf menschliche Interaktionspartner haben können, die an einem speziellen Training mit mehreren Einheiten teilnehmen, konnte ebenfalls bereits nachgewiesen werden. Im Rahmen eines mehrwöchigen Trainings der emotionalen Kompetenzen führten die Teilnehmer der Experimentalgruppe gemeinsam mit Pferden 30 Übungen durch. Die Übungen gehörten den Bereichen Achtsamkeit, Konzentration, Zuversicht, Reflexion, Stressabbau und Entspannung, Stärkung des Selbstvertrauens und der Motivation sowie Umgang mit Erfolg, Misserfolg und mit Emotionen an (◗ Abb. 3.7). Die Ergebnisse zeigen, dass die Teilnehmer im Anschluss deutlich höhere Werte als noch vor

◘ **Abb. 3.7**   Achtsamkeitsübungen waren auch in der Studie enthalten

der Intervention aufwiesen, anders als Personen der Kontrollgruppe (ohne ein solches Training). Dieses Ergebnis deutet darauf hin, dass es möglich ist, die emotionalen Kompetenzen bzw. die Emotionale Intelligenz bei Menschen durch pferdegestützte Übungen zu verbessern. Dabei kann auch Musik eingesetzt werden, um bestimmte Emotionen hervorzurufen (Schütz et al., 2020).

Vernooij und Schneider (2013) betonen, dass die nonverbale Kommunikation mit Tieren viel Konzentration erfordert, weil die verbale Sprache den Klienten in der Interaktion nicht weiterbringt. Die Aufmerksamkeit muss also zwangsläufig auf die eigene Körpersprache, die denjenigen womöglich gar nicht bewusst ist, gelenkt werden. Dadurch, dass man sich bewusst mit der Körpersprache auseinandersetzt, kann ein Lernprozess angestoßen werden, der mit dem Beobachten von und Hineinfühlen in andere Individuen zusammenhängt.

3.3.2 Optimismus, Pessimismus & Positive Psychologie

Eng verknüpft mit positiven und negativen Gefühlen sind der Optimismus und Pessimismus von Personen. Gerade im (pferdegestützten) Coaching handelt es sich dabei um relevante Bereiche, weshalb es Sinn macht, sich mit diesen zu beschäftigen. Menschen neigen dazu, sich Gedanken über zukünftige Ereignisse und Herausforderungen zu machen. Diese können optimistisch oder pessimistisch geprägt sein. Die optimistischen und pessimistischen Sichtweisen können durch ver-

Optimistische Menschen strengen sich bei Hindernissen und Schwierigkeiten mehr an.

3

schiedene Attributionsmuster (Ursachenzuschreibungen) entstehen, die eine Person bei früheren Ereignissen angewandt hat (Schwarzer & Jerusalem, 2002b). Mit dem Optimismus geht eine positive Erwartungshaltung in Bezug auf zukünftige Ereignisse einher. Personen, die optimistisch an neue Aufgaben herangehen, gehen von positiven Ereignissen und Ergebnissen aus und geben eher nicht auf, wenn sich Hindernisse auftun. Sie verstärken dann vielmehr ihre Anstrengungen. Eher pessimistische Menschen erwarten negative Situationen und sind weniger ausdauernd. Sie suchen sich wegen ihrer negativen Ergebniserwartung außerdem schneller neue Ziele (Carver & Scheier, 1992, 1998).

Passend zum Optimismus kann die Positive Psychologie herangezogen werden, bei der es um das psychische Wohlbefinden von Menschen geht. Sie kann ebenfalls im pferdegestützten Coaching eingesetzt werden (Schütz, 2020b) und ist eine Teildisziplin der Psychologie. Hier befasst man sich mit dem psychischen Wohlbefinden von Menschen und wie diese positive Konsequenzen in ihrem Handeln erleben. In dem noch recht jungen Forschungsgebiet werden menschliche Stärken und Ressourcen sowie deren Auswirkungen fokussiert. Dabei beschäftigt man sich mit positiven subjektiven Erfahrungen, persönlichen Eigenschaften und positiven Institutionen, mit Hilfe derer die Lebensqualität verbessert und Krankheiten vermieden werden können. Beispielsweise geht es hier um die Bereiche Glück, Hoffnung, Kreativität oder auch Zukunftsorientierung, Mut, Verantwortung und Weisheit (Seligman & Csikszentmihalyi, 2000). Diese schaut man sich nicht nur theoretisch an, sondern erforscht diese, um die persönliche Entwicklung im Sinne eines erfüllten und gelingenden Lebens sowie das psychische Wohlbefinden zu analysieren. Als ein eigenes Forschungsgebiet der akademischen Psychologie ist die Positive Psychologie noch vergleichsweise jung (Blickhan, 2015).

> Die Positive Psychologie bezieht sich auf das psychische Wohlbefinden von Menschen.

Im Sinne der Positiven Psychologie geht man davon aus, dass die optimale menschliche Leistungsfähigkeit auf unterschiedlichen Ebenen betrachtet werden kann (z. B. biologisch, erfahrungsbezogen, persönlich, beziehungsrelevant, gesellschaftlich, kulturell oder global; Sheldon et al., 2000).

Seligman wurde im Jahr 1998 zum Präsidenten der American Psychological Association (APA) gewählt und gilt im psychologischen Kontext als einer der Ersten, der sich dafür einsetzte, dass sich die Psychologie mehr auf die positiven Aspekte des Lebens konzentrieren solle. Dabei sollten Forscher und Anwender die Stärken und Ressourcen der Menschen und deren Förderung mehr in den Mittelpunkt stellen. Entgegen der Annahme einiger Personen bedeutet dies jedoch nicht, dass psychische Erkrankungen nicht mehr erforscht oder behandelt werden sollen, sondern vielmehr, dass man den positiven Aspekten ebenso Aufmerksamkeit schenken sollte. Laut Blickhan (2015) geht es bei (klinischen) psychologischen Angeboten auch heute noch vermehrt um den Abbau von negativen Symptomen, um den persönlichen Leidensdruck zu minimieren und bei der Bewältigung des Alltags zu unterstützen. Gerade positive Emotionen gelten als ein wichtiger Teil der Positiven Psychologie, da es immer ein Teilziel aller Interventionen ist, diese bei Menschen hervorzurufen. Emotionen entstehen laut Fredrickson (2001) als eine Reaktion auf die kognitive Bewertung einer bestimmten Situation. Sie können positiv oder negativ sein oder auch durch ihre Valenz und das körperliche Erregungsniveau beschrieben werden (Barrett, 1998).

Auch wenn der Bereich der Emotionen bereits aufgegriffen wurde, sind diese im Zusammenhang positive und negative Bewertungen erneut wichtig. Dabei unterscheiden sich positive und negative Gefühle nicht nur in ihrer Valenz, sondern auch in ihrer Dauer und in ihrer Intensität. Positive Emotionen treten durchschnittlich häufiger auf, werden jedoch seltener bemerkt. Sie gehen auch ineinander über oder überschneiden sich mit anderen Gefühlen. Das bedeutet, dass Menschen ihre Aufmerksamkeit häufig nicht auf positive Gefühle legen. Dabei können genau diese helfen, das Denken, die Problemlösefähigkeit und die Kreativität zu fördern, und führen zudem zu stabilen sozialen Beziehungen. Auf der anderen Seite werden negative Emotionen schnell und häufig sehr intensiv wahrgenommen und wirken länger nach. Sie sind leichter wieder aus dem Gedächtnis abrufbar als positive Emotionen. Das zeigt, welchen Einfluss es haben kann, ob man positive oder negative Gedanken fokussiert, wenn man das daraus resultierende Verhalten betrachtet. Dabei können negative Gefühle zu einer Einengung des Denkens und somit zu einer Einschränkung der Verhaltensalternativen führen. Evolutionär betrachtet ist dieser Mechanismus durchaus sinnvoll, da er ein lösungsorientiertes Denken im Sinne von Kampf oder Flucht bewirkt, wodurch das Überleben gesichert ist. Bei positiven Emotionen kommt es weniger auf die Stärke als auf die Häufigkeit und Regelmäßigkeit an, in der sie auftreten (Fredrickson, 2011).

> Negative Gedanken können zur Einengung des menschlichen Denkens führen.

Eine Theorie, die in diesem Zusammenhang herangezogen werden kann, ist die Broaden-and-Build-Theory (Fredrickson, 2001). Hier wird angenommen, dass positive Interventionen zu einer Erweiterung des Denkens (Broaden) und somit zu einem Aufbau von Ressourcen (Build) führen können. Insbesondere positive Emotionen sind dabei relevant – und genau die können im pferdegestützten Coaching erlebt werden. So können positive Emotionen auch einen direkten Einfluss auf

> Das Erleben positiver Gefühle kann das Sinnerleben fördern.

3

die Gesundheit von Personen haben, wie Kok und Fredrickson (2010) in einer Studie zeigen konnten. Erlebt man regelmäßig positive Gefühle, kann dies auch das Sinnerleben fördern. Evolutionär betrachtet würde man eher sagen, dass negative Emotionen weniger Vorteile als positive Emotionen bieten. Angst und weitere negative Emotionen führen zu klaren Handlungen und gehen beispielsweise mit einer Flucht einher. Das wiederum kann der Erhaltung einer Art dienen. Dadurch, dass das Verhaltensrepertoire durch negative Emotionen eingeschränkt ist, sind lebensrettende Handlungsweisen besser verfügbar bzw. abrufbar. Bei positiven Emotionen würde man erst einmal sagen, dass sie weniger nützlich sind, da sie nicht in lebensgefährlichen Situationen auftreten und auch nicht direkte Handlungstendenzen nach sich ziehen (Harzer, 2017).

Es muss jedoch berücksichtigt werden, dass die mit negativen Emotionen verbundenen Handlungen heutzutage weitaus weniger relevant sind und das Erleben positiver Emotionen förderliche Effekte für Menschen mit sich bringen kann. Indem positive Gefühle erlebt werden, kann beispielsweise die Wahrnehmung erweitert werden, was auch in Studien zur visuellen Aufmerksamkeit und zu Reaktionszeiten gezeigt werden konnte. Dank einer breiteren Wahrnehmung sind Menschen dazu befähigt, mehr mentale Verbindungen zu schaffen. So können die Kreativität und auch die Flexibilität gefördert werden. Hierdurch können wiederum persönliche Ressourcen aufgebaut werden, die jegliche Bereiche des Verhaltens und Erlebens umfassen. Dabei geht es einerseits um körperliche Ressourcen (u. a. Immunstärke, kürzere Krankheitsdauer, weniger Symptome bei Krankheiten), aber auch um soziale Ressourcen (positive Beziehungsqualität, soziales Feingefühl). Damit gehen außerdem die Ressourcen einer Person einher, wodurch Selbstwirksamkeit, Selbstakzeptanz, Optimismus, Flexibilität im Verhalten, Sinnerleben und Achtsamkeit positiv beeinflusst werden können (Blickhan, 2015).

Salutogenese bezieht sich auf die Entstehung von Gesundheit.

Im Zusammenhang mit positiven Emotionen und dem Bereich der Positiven Psychologie kann der Begriff der Salutogenese, also der Entstehung von Gesundheit, betrachtet werden. Das Konzept der Salutogenese wurde bereits in den 1970er Jahren von Antonovsky entwickelt. Er sieht Gesundheit und Krankheit nicht als zwei gegensätzliche Pole an, sondern als ein Kontinuum, auf dem sich Menschen bewegen. Hier lag eine Studie mit israelischen Frauen zugrunde, von denen eine Gruppe in jungen Lebensjahren in einem Konzentrationslager gelebt hatte. Obwohl sie traumatische Dinge erlebt hatten, war ein Drittel der Frauen in dieser Gruppe psychisch gesund – die Erlebnisse wirkten sich also nicht gleichermaßen auf die Frauen aus. Genau dieser Bereich interessiert verschiedene Forscher. Die Salutogenese ist somit die Ergänzung zur Pathogenese, also der krankheitsorientierten Wissenschaft. Hier geht es darum, wie Menschen gesund bleiben. Antonovsky geht davon aus, dass alle Menschen Widerstandsressourcen besitzen, die die Bewältigung von Stresssituationen (Coping) positiv beeinflussen (Antonovsky & Franke, 1997).

Der Begriff Resilienz passt ebenfalls hierzu und bezieht sich auf das Gegenteil von Vulnerabilität. Dabei handelt es sich um die psychische Widerstandskraft, die Menschen dazu befähigt, sich an schwierige Lebenssituationen anpassen zu können und sie zu bewältigen (Fredrickson & Losada, 2005; Salewski & Renner, 2009). Nach Fredrickson (2011) handelt es sich bei der Resilienz um die Fähigkeit, in einer Situation nicht nur negative, sondern auch positive Aspekte zu sehen. Demzufolge unterscheiden sich resiliente Menschen also von weniger resilienten Menschen insofern, als dass sie Erfahrungen unterschiedlich wahrnehmen und bewerten. Das Thema Resilienz kann in pferdegestützte Coachings eingebunden werden.

> Bei der Resilienz geht es um die psychische Widerstandskraft eines Menschen.

Der Begriff Flourishing gehört ebenfalls dem Vokabular der Positiven Psychologie an und bedeutet „Aufblühen". Hierbei geht es um das subjektive Wohlbefinden, das persönliche Wachstum sowie die psychische Leistungsfähigkeit. Dem Flourishing zufolge kann sich der menschliche Organismus selbst aktualisieren (Fredrickson & Losada, 2005).

Pferdegestützte Coachings und die Positive Psychologie können kombiniert werden, um Synergien zu schaffen und Klienten zu stärken. So können in der Arbeit mit den Pferden Ressourcen und Stärken der Klienten aufgedeckt und gefördert werden. Dabei werden positive Emotionen und Verhaltensweisen fokussiert und mit einem ressourcenorientierten Feedback kombiniert. Hierdurch kann der Coachee positive Erlebnisse und Emotionen deutlicher erleben und auch die Selbstwirksamkeitserwartung steigern. Die Konstrukte der Positiven Psychologie, der zugehörigen Emotionen und der Selbstwirksamkeit(serwartung) können zusammen betrachtet und alle im pferdegestützten Coaching fokussiert werden (◘ Abb. 3.8). Auf die Selbstwirksamkeitserwartung wird nachfolgend eingegangen.

> Die Positive Psychologie kann in das pferdegestützte Coaching integriert werden.

3.3.3 Selbstwirksamkeitserwartung

Bei der Selbstwirksamkeit oder auch Selbstwirksamkeitserwartung handelt es sich um ein Konstrukt, das direkte Auswirkungen auf das menschliche Verhalten haben kann (Bandura, 1997). Darunter versteht man die subjektive Überzeugung, unbekannte und auch schwierige Anforderungssituationen mit Hilfe der eigenen Kompetenzen zu bewältigen (Warner, 2017). Seinen Ursprung hat das Konzept in der so-

> Bei der Selbstwirksamkeitserwartung geht es um die Ergebniserwartung einer Person.

3

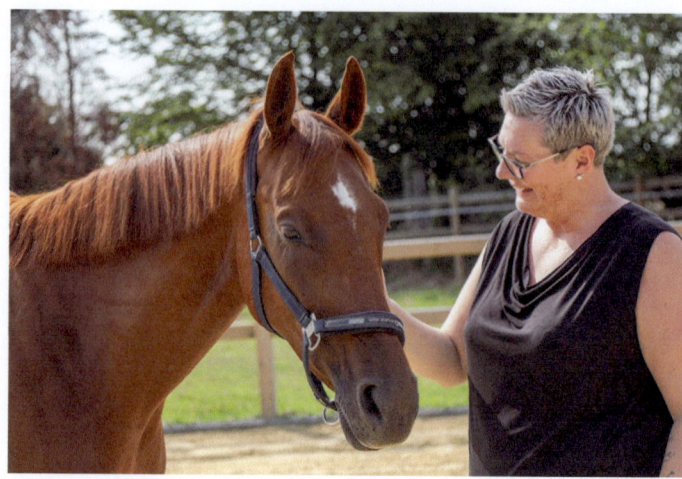

◘ **Abb. 3.8**   Auch im pferdegestützten Coaching kann gezielt auf positive Situationen und zugehörige Emotionen eingegangen werden

zial-kognitiven Theorie von Bandura (1997) und gilt hier als eine zentrale Komponente. Der Theorie zufolge werden das menschliche Denken, die Motivation, Gefühle und auch das Verhalten durch persönliche Überzeugungen gesteuert. Diese Überzeugungen zeigen sich beispielsweise in der Ergebnis- und Selbstwirksamkeitserwartung einer Person. Die Ergebniserwartung bezieht sich auf das Verhalten, das notwendig ist, um ein bestimmtes Ergebnis zu erreichen. Es geht also darum, was eine Person konkret denkt, tun zu müssen, um ein Ergebnis zu erzielen. Dazu gehört auch die Überzeugung, das notwendige Verhalten überhaupt an den Tag legen zu können, um das jeweilige Ziel zu erreichen (Jerusalem, 2005). Diese individuelle Beurteilung der Handlungsmöglichkeiten, die eine Person hat, gilt als wichtige Komponente der Selbstwirksamkeit (Schwarzer & Jerusalem, 2002a).

Um selbstwirksam zu sein oder zu werden, können nach Bandura (1994) unterschiedliche Quellen relevant sein. Dabei sind insbesondere die eigenen Erfahrungen wichtig, vor allem dann, wenn es sich um Erfolgserfahrungen handelt. Diese gelten als das stärkste Mittel, um eine hohe Selbstwirksamkeitserwartung zu erlangen (Bandura, 1994). Dabei muss allerdings berücksichtigt werden, dass der Erfolg, eine schwierige Situation bewältigt zu haben, der eigenen Fähigkeit zugeschrieben wird. Andererseits können Misserfolge, also eine gescheiterte Bewältigung von schwierigen Situationen, zu einer schwächeren Selbstwirksamkeitserwartung führen (Schwarzer & Jerusalem, 2002a). Es reicht also nicht, eine herausfordernde Situation zu bewältigen – die Person muss sich den Erfolg auch

Erfolge müssen der eigenen Fähigkeit zugeschrieben werden, um die Selbstwirksamkeit zu erhöhen.

selbst zuschreiben und nicht den Umständen oder der Hilfe einer anderen Person.

Auch hier spielen Emotionen eine Rolle. Ein weiterer Ursprung der Selbstwirksamkeitserwartung liegt nämlich in der Wahrnehmung eigener Gefühlsregungen (Schwarzer & Jerusalem, 2002a). Möchte man eine höhere Selbstwirksamkeit erlangen, sollte man Stressreaktionen reduzieren und negative emotionale Tendenzen und Fehlinterpretationen vermeiden. Hierbei geht es weniger um die reine Intensität emotionaler und körperlicher Reaktionen, sondern es spielen vielmehr die Wahrnehmung und Interpretation des Stresses eine wichtige Rolle (Bandura, 1994).

Eine weitere Quelle der Selbstwirksamkeitserwartung bezieht sich auf die soziale Überzeugung in Bezug auf verbale Selbst- und / oder Fremdbeurteilungen. Bandura (1994) stellte fest, dass Menschen, die ihre Überzeugung verbal ausdrücken, die Fähigkeiten besitzen, um eine bestimmte Aktivität zu meistern, mit höherer Wahrscheinlichkeit auch größere Anstrengungen mobilisieren und diese aufrechterhalten. Anders ist es, wenn sie Selbstzweifel haben und verbal auf persönliche Defizite hinweisen. Wenn man anderen davon erzählt, etwas zu schaffen, kann sich das also positiv auf die eigenen Gedanken und das eigene Handeln auswirken. Erzählt man allen, dass man etwas eh nicht schafft, verinnerlicht man diese Gedanken eher und versucht es möglicherweise auch gar nicht erst.

Wie einflussreich eine hohe Selbstwirksamkeit für Menschen sein kann, zeigt sich, wenn man die Folgen betrachtet, die mit einer hoch oder niedrig ausgeprägten Selbstwirksamkeitserwartung einhergehen. Hat man eine hohe Selbstwirksamkeit, verarbeitet man Informationen unabhängig von der jeweiligen Situation. Somit betrachtet man bei anspruchsvollen Aufgaben schneller mögliche Erfolgschancen und den persönlichen Nutzen. Das kann wiederum dazu führen, dass man zuversichtlicher nach verschiedenen Lösungsmöglichkeiten Ausschau hält (Jerusalem, 1991). Glaubt eine Person weniger an die eigenen Fähigkeiten, hat sie eher einen negativen Verarbeitungsstil. Dabei schenkt man zudem negativen Fremdbewertungen besondere Aufmerksamkeit. Es geht also mehr darum, was andere sagen, wodurch man weniger auf sich selbst hört und den eigenen Fähigkeiten vertraut. Man glaubt diese selbstbeschreibenden Ansichten dann auch eher und zieht sie für die eigene Bewertung heran. Das wiederum kann dazu führen, dass selbstwertbedrohliche Versagensbefürchtungen entstehen (Schunk, 1995).

Hoch selbstwirksame Menschen sind außerdem stressresistenter als Personen mit einer niedrigen Selbstwirksamkeit, wie Jerusalem (1990) herausfand. Weiterhin führen Menschen mit einer hohen Selbstwirksamkeit ihre Misserfolge auf äu-

Selbstwirksamere Menschen fokussieren Erfolgschancen und Lösungsmöglichkeiten.

Die Selbstwirksamkeit hängt mit körperlichen Beschwerden und Burn-out-Merkmalen zusammen.

3

ßere Umstände zurück, d. h. sie attribuieren external. Andererseits führen diejenigen mit einer niedrigen Selbstwirksamkeit ihr Versagen auf ihre persönliche Inkompetenz zurück, sie attribuieren also internal (Jerusalem, 1990). In einer weiteren Studie wurden bei Menschen mit einer geringeren Selbstwirksamkeit hohe Werte für Angst, Depression sowie Beschwerden und interpersonelle Probleme gemessen. Personen, die sich und ihren Fähigkeiten mehr vertrauten, wiesen weniger Angst, Depressionen und körperliche sowie interpersonelle Probleme auf (Ruholl, 2007). Somit kann sich die Selbstwirksamkeitserwartung sowohl auf die eigene Kognition und damit auch Motivation als auch auf Emotionen auswirken. Dies beeinflusst wiederum eigene Handlungen.

Die Selbstwirksamkeit wirkt sich dabei nicht nur auf das Innenleben von Personen aus, sondern auch weitere Lebensbereiche und die Lebensgestaltung sind hiervon betroffen. Damit einhergehend konnten Göbel und Frese (1999) einen Zusammenhang (Korrelation) zwischen der Selbstwirksamkeit von Mitarbeitern und dem Erfolg eines Unternehmens feststellen. Im Rahmen einer anderen Studie zeigte sich in einem nicht-akademischen Arbeitskontext ein Zusammenhang zwischen der beruflichen Selbstwirksamkeitserwartung und kurz- bis mittelfristigem, objektivem Erfolg (Rosen, 2004). Ein weiterer Zusammenhang ergab sich zwischen der allgemeinen Selbstwirksamkeitserwartung und verschiedenen Burn-out-Merkmalen (emotionale Erschöpfung, Zynismus, persönliche Leistungsfähigkeit; Frontmüller et al., 2014). Auch bei Schülern wurde die Selbstwirksamkeit untersucht. Dabei ergab eine Langzeitstudie, dass diejenigen mit einer geringeren Selbstwirksamkeit mehr körperliche Beschwerden hatten. Die Personen, die höhere Werte aufwiesen, schätzten sich außerdem als gesünder ein (Satow & Bäßler, 1998). Außerdem wurde festgestellt, dass diejenigen mit einer geringeren Ausprägung stärkere Schmerzen empfanden (Boeckle et al., 2016).

Betrachtet man die Bereiche und Auswirkungen, in denen die Selbstwirksamkeit eine Rolle spielen kann, stellt sich die Frage, wie man diese stärken kann. Eine Methode dafür ist das Coaching (Baron & Morin, 2010; Moen & Allgood, 2009; Wakkee et al., 2010). Die Selbstwirksamkeitserwartung kann nachweislich mit Hilfe des pferdegestützten Coachings gestärkt werden (Schütz & Steinhoff, 2019).

Mit Hilfe des pferdegestützten Coachings kann die Selbstwirksamkeit gefördert werden.

In pferdegestützten Interventionen spielt die physische Größe eines Pferdes ebenfalls eine Rolle, die die Menschen seit jeher beeindruckt. Im Coaching muss man sich überwinden, mit einem so großen Tier durch einen Parcours mit verschiedenen Stationen zu gehen. Das bedeutet, dieses mit seinen 500 oder 600 kg erst einmal zum Losgehen zu bewegen und dann durch den Parcours zu führen – und sich dabei auf seine Körpersprache und innere Haltung zu verlassen und zu vertrauen. Zunächst haben die Coachees häufig erheblichen Respekt, teilweise auch etwas Angst, und sind aufgeregt. Wie im echten Leben steht man einem neuen Interaktionspartner mit einer eigenen Persönlichkeit gegenüber, den man noch nicht (gut) kennt, und soll gemeinsam eine Aufgabe bewältigen. So können Erfolge erlebt und auf den Alltag übertragen werden. Funktioniert etwas nicht, kann analysiert werden, auf welche Ursachen der Coachee dies zurückführt (◘ Abb. 3.9).

◘ **Abb. 3.9** Bleibt das Pferd stehen und geht nicht weiter, können Klienten unterschiedliche Ursachen benennen, woran das gelegen haben könnte – an ihnen selbst, an dem Pferd oder an der Situation bzw. an den Umständen

3

Indem Klienten erleben, wie sie eigenständig ein Pferd zum Losgehen oder Überqueren einer Plane bewegen, können sie (durch die angeleitete Reflexion des Coaches) Rückschlüsse auf die eigene Überzeugungskraft und Authentizität ziehen. Das zeigt sich auch, wenn ein Pferd bei unterschiedlichen Personen trotz des identischen Aufbaus eines Parcours individuell auf diejenigen reagiert. Pferde tun den Personen keinen Gefallen und merken, inwiefern jemand klar und überzeugend kommuniziert.

Durch eine hohe Selbstwirksamkeit können Menschen gestärkt werden, ihre Handlungsfähigkeit und ihren Optimismus zu verbessern (Frontmüller et al., 2014; Göbel & Frese, 1999; Röder, 2009; Rosen, 2004). Insgesamt muss jedoch berücksichtigt werden, dass eine hohe Selbstwirksamkeitserwartung nicht das einzige Ziel im Coaching sein sollte. Klienten sollten sich differenziert mit sich selbst auseinandersetzen (Rauen, 2011). Im Zusammenhang mit der Selbstwirksamkeit kann es auch um die Steigerung einer positiven Selbstbewertung gehen.

3.3.4 Feedback & Selbstreflexion

Das Feedback – sowohl von Seiten des Pferdes als auch durch den Coach – gilt im pferdegestützten Coaching als zentrales Element. Indem das Pferd individuell nonverbal auf sein Gegenüber reagiert, entsteht die Pferd-Mensch-Interaktion. Der Coachee erhält in diesem Moment Rückmeldungen über sein Handeln, z. B. während er gemeinsam mit dem Pferd einen Parcours absolviert. Im Anschluss folgt das Feedback durch den Coach. Sollten noch andere Coachees anwesend sein, geben diese meist ein Feedback, indem sie ihre Beobachtungen (wertneutral und wertschätzend) schildern. In einer anschließenden Videoanalyse sieht sich der Klient von außen und es folgt eine weitere Selbstreflexion, die durch den Coach angeleitet wird.

Das Feedback im pferdegestützten Coaching regt die Selbstreflexion an.

Die Selbstreflexion ist als ein Prozess zu verstehen, bei dem Klienten über sich nachdenken und das eigene Selbstkonzept hinterfragen. Es gilt als die Summe aller selbstbezogenen Gedanken und Gefühle (Maddux, 1995) und kann auch als Teilkomponente des Selbstkonzeptes verstanden werden. Handelt es sich um eine ergebnisorientierte Selbstreflexion, ermöglicht diese es den Klienten, sich über seine Bedürfnisse klar zu werden (Greif, 2008). Das Feedback kann bei ihnen Lernprozesse anregen, die über Wochen oder Monate nachwirken (Meyer, 2009).

Coachees steht es frei, das Feedback anzunehmen.

Im Setting mit den Pferden erhalten Klienten Einblicke in die eigene Interaktion mit anderen und ihre Fähigkeit, einer-

◘ Abb. 3.10   Der Coach hat die Aufgabe, die Mensch-Pferd-Interaktionen zu beobachten und diese in den weiteren Reflexionsprozess zu integrieren

seits auf verbaler und andererseits auf nonverbaler Ebene zu kommunizieren (Ewing-Chow, 2014). Das Pferd hilft dabei, Klienten als Spiegel ihres Verhaltens zu dienen (Serad, 2010). Die gespiegelten Verhaltensweisen und teilweise auch Emotionen der Menschen ermöglichen weitere Gesprächsimpulse. Der Coach hat dabei die Aufgabe, das Verhalten der Pferde genau zu beobachten, hierzu Rückmeldungen zu geben und in den Coaching-Prozess einfließen zu lassen. Wichtig dabei ist es, die Rückmeldungen aller Beteiligten auf den Alltag zu übertragen (◘ Abb. 3.10). Der geschulte Coach erklärt also die Mensch-Pferd-Interaktionen und gibt Feedback. Der Coachee wird angeleitet, die Erlebnisse mit dem Pferd auf den Alltag zu übertragen. Dabei liegt es an dem Coach, wie gut er den Coachee mittels Fragen anregen kann, Ähnlichkeiten zum Alltag oder neue Erkenntnisse aus den Situationen zu ziehen. Im weiteren Gespräch wird die Selbstreflexion bei den weiteren Schritten anvisiert, die der Coach im Anschluss an das Coaching (teilweise bis zum nächsten Termin) verfolgen möchte. Nach Konir (2012) sollten vor allem die – im Vergleich zu anderen anwesenden Teilnehmern – geschulten Coaches im pferdegestützten Coaching tiefergehende Beobachtungen rückmelden und Fragen stellen, um weitere Gespräche anzuregen. Dabei muss der Coachee das Feedback nicht annehmen, sondern er darf das annehmen, was er annehmen möchte.

Sinn und Zweck des Coachings sollte in erster Linie sein, die Beobachtungen und Erkenntnisse im Kontext mit Menschen bzw. dem Thema der Klienten zu sehen und nicht lediglich zu erläutern, wie Pferde untereinander agieren. Es handelt sich nicht um einen Pferdeverhaltens-Kurs, um die Pferde-

3

Das Feedback kann die Selbstbewertung der Klienten positiv beeinflussen.

Positive Affirmationen können stärkend im pferdegestützten Coaching eingesetzt werden.

sprache zu lernen oder den Coachees beizubringen, wie man beispielsweise ein Pferd führt oder es dazu bewegt, rückwärts zu gehen.

Betrachtet man die dahinter liegenden theoretischen Erklärungen, können neben dem professionellen Feedback (Lindart, 2016; Meyer, 2009) auch gelenkte Selbstreflexionsmethoden (z. B. Videoanalysen; Finger-Hamborg, 2005) oder die generelle Mensch-Pferd-Interaktion wichtige Wirkfaktoren des pferdegestützten Coachings darstellen. Diese können einen Einfluss auf verschiedene psychologische Konstrukte haben, wie beispielsweise eine positivere Selbstbewertung oder auch eine Steigerung der Selbstwirksamkeitserwartung.

Die Selbstreflexion und der Transfer auf den Alltag können in pferdegestützten Coachings auch mit Hilfe positiver Affirmationen angeregt werden (◘ Abb. 3.11). Positive Affirmationen (Selbstinstruktionen, umgangssprachlich „Glaubenssätze") werden im psychotherapeutischen Kontext in der kognitiven Umstrukturierung eingesetzt. Dabei werden dysfunktionale Kognitionen festgestellt, dann infrage gestellt, um danach funktionale, zielführende Kognitionen zu erarbeiten und einzuüben (Wilken, 2015). Die zielführenden

◘ **Abb. 3.11**   Im pferdegestützten Coaching kann mit positiven Affirmationen gearbeitet werden

(positiven) Kognitionen sollten als spezifische Selbstinstruktionen formuliert sein und eine direkte Anrede (an sich
selbst) beinhalten (Meichenbaum, 2012; Wilken, 2015).

Nach Wilken (2015) sollten die hilfreichen Kognitionen im
Zusammenhang mit der jeweiligen Situation stehen und in der
individuellen Sprache des Klienten formuliert werden. Um die
Selbstinstruktionen einzuüben, werden die Sätze beispielsweise erst laut und später leise vorgesagt und auch auf Karten
notiert. Diese können sich die Personen fortan mehrmals täglich durchlesen (Wilken, 2015). Die Beobachtungs- und
Reflexionsprozesse der Gefühls-, Denk- sowie Verhaltensmuster dienen auch im pferdegestützten Coaching als Aus-
gangspunkte, um eigene positive Affirmationen zu formulie-
ren. Wichtig ist dabei, dass die positiven Sätze von den
Coachees selbst formuliert werden (angeleitet durch die Fragen des Coaches).

> Lösungsversuche und die Ressourcenorientierung sind im Pferdecoaching wichtig.

Die Haltung im pferdegestützten Coaching sollte
ressourcenorientiert und wertschätzend sein. Positives Feedback stärkt Klienten im Sinne der Selbstwirksamkeitserwartung, negative Rückmeldungen bleiben häufig stärker in
Erinnerung und können positive überwiegen. Funktioniert
eine Übung mit dem Pferd nicht reibungslos, geht es nicht
darum, die Fehler in der Interaktion aufzuzeigen, sondern zu
analysieren, wie es zu dem Missverständnis zwischen Pferd
und Mensch gekommen ist und welche Lösungsversuche
herangezogen wurden. Auch hierin liegen Chancen, Ressourcen zu erkennen und anzuwenden.

3.3.5 Embodiment

Beim Embodiment bzw. bei der Embodiment-Forschung wird
untersucht, wie sich Körperhaltung und Gedanken gegenseitig
beeinflussen. Hierbei geht es also um das Zusammenwirken
des menschlichen Körpers und des Geistes. Bewegungen, wie
beispielsweise bewusste Körperhaltungen bzw. Power Posen,
können einen Einfluss auf Kognitionen ausüben. Ein
Forschungsfeld, das sich mit diesem Thema auseinandersetzt,
ist die Embodied-Cognition-Forschung. In den zugehörigen
Embodied-Cognition-Ansätzen wird davon ausgegangen, dass
Kognitions-, Wahrnehmungs- und Bewegungsprozesse nicht
unabhängig voneinander sind, sondern dass sie sich gegenseitig beeinflussen (Löffler et al., 2020).

Price und Kollegen (2012) betrachteten verschiedene Studien der Embodiment-Forschung und stellten fest, dass die
experimentelle Manipulation körperlicher Variablen
(z. B. Mimik, Bewegungen der Hand, Körperhaltung oder
auch Körperbewegungen) die Gefühlslage, motivationale Pro-

> Beim Embodiment geht es um die Wechselwirkung zwischen Körper(haltung) und Geist bzw. Gedanken.

3

zesse, die Gehirnaktivität und die individuelle Einstellung sowie die Bewertung einer Situation von Menschen beeinflussen können.

Man kennt in diesem Zusammenhang die Facial Feedback Hypothese, die beschreibt, dass ein Gesichtsausdruck nicht nur der Ausdruck einer Emotion ist, sondern dass dieser zu einem afferenten sensorischen Feedback führt. Dieses beeinflusst wiederum das emotionale Erleben. Demzufolge sind Ausdruck und Erfahrung bidirektional miteinander verbunden (Söderkvist et al., 2017). Ein Experiment, das viele kennen, wurde im Jahr 1988 durchgeführt. Dabei hält man mit dem Mund einen Stift fest – macht man dies mit den Zähnen und imitiert dabei ein Lächeln, sind die dafür zuständigen Gesichtsmuskeln aktiviert. Dies führte in der ursprünglichen Studie dazu, dass die Probanden Cartoons lustiger einschätzten, als wenn der Stift mit den Lippen gehalten wurde (Strack et al. 1988).

Beim Power Posing werden verschiedene Körperhaltungen für einen bestimmten Zeitraum gehalten.

Dieses Phänomen kann man nicht nur auf Gesichtsausdrücke beziehen, sondern auch auf die Körperhaltung, wie es beim Power Posing der Fall ist. Dabei geht es um Posen, die für einen kurzen Zeitraum (z. B. eine Minute lang) gehalten werden und einen Einfluss auf die Selbstwahrnehmung bei Menschen haben können. Hierbei kann man sich auch auf die eigenen psychischen und körperlichen Empfindungen konzentrieren. Körner und Schütz (2019) beschreiben das Power Posing als nonverbalen Ausdruck von Macht. Es gibt dabei High Power Posen und Low Power Posen. High Power Posen beziehen sich auf offene und expansive Körperhaltungen, während die gegensätzlichen Low Power Posen mit einer verengten und zusammengesunkenen Körperhaltung einhergehen (◘ Abb. 3.12).

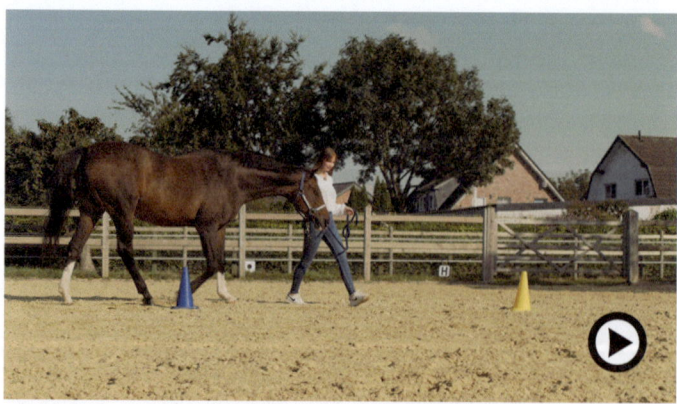

◘ **Abb. 3.12**   Video zum Powerposing (▶ https://doi.org/10.1007/000-4pb)

▣ Abb. 3.13   High und Low Power Posen können im Rahmen pferdegestützter Coachings eingesetzt werden

Schaut man sich den Bereich der körperlichen Variablen genauer an, zeigt sich, dass die Körperhaltung, Bewegungen und auch imaginative Verfahren, bei denen es um die Vorstellungskraft von Menschen geht, einen Einfluss auf die Gefühlslage, Einstellungen und die Bewertung einer Situation haben können (Larro-Jacob, 2007; Price et al., 2012).

Diese Ansätze können ebenfalls im Coaching mit Pferden eingesetzt werden. Denkt eine Person bewusst oder unbewusst an eine negative Situation, geht dies häufig mit einer Low Power Pose, also einer „kleinen" Körperhaltung mit hängenden Schultern, einem gesenkten Blick – ohne oder mit nur einer geringen Körperspannung – einher. Positive Gedanken können demzufolge mit einem Lächeln und einer „großen" Körperhaltung verbunden sein. Gerade weil Pferde so genau spiegeln, da sie auf das Verhalten und die Emotionen ihres Gegenübers achten, kann das Power Posing bzw. allgemein die Körperhaltung ein spannender Bereich im pferdegestützten Coaching sein. So reagieren Pferde unterschiedlich auf Personen in den entsprechenden Körperhaltungen, wie auch in Studien bereits herausgefunden wurde (vgl. ► Abschn. 3.2; ▣ Abb. 3.13).

> Das Power Posing kann auch gezielt im pferdegestützten Coaching eingesetzt werden.

3.4   Grenzen des pferdegestützten Coachings

Im pferdegestützten Coaching können Themen so wirkungsvoll bearbeitet werden wie auch in anderen Coachingformaten. Aus der Praxiserfahrung zeigt sich, dass Themen anders und durch die unmittelbare Rückmeldung der Pferde teilweise auch schneller analysiert werden können als in Coachings ohne Pferdebezug. Es handelt sich jedoch nicht um ein Allheilmittel, bei dem Pferde und Coaches auf einmal Probleme lösen. Das sollte ebenso selbstverständlich sein wie auch bei anderen Coaching-Formen. Weiterhin muss eine klare Linie

> Die Grenze zwischen (pferdegestütztem) Coaching und (pferdegestützter) Psychotherapie muss eingehalten werden.

3

zwischen Coaching und psychologischer Psychotherapie gezogen werden. Gerade weil pferdegestützte Interventionen sehr tiefgreifend sein können, liegt es in der Verantwortung der professionellen und kompetenten Coaches, diese Grenze zu kennen und zu wahren. Diese müssen wissen, wann ein Klient einen psychologischen Psychotherapeuten aufsuchen sollte.

> **Fallbeispiel**
> Ein Klient meldete sich telefonisch, um ein pferdegestütztes Coaching zu buchen. In diesem Vorgespräch ging es u. a. um das Thema, das er besprechen wollte, um die bereits vorhandene Erfahrung mit Pferden und eventuelle psychotherapeutische Maßnahmen, die bislang in Anspruch genommen wurden. Thematisch ging es darum, dass im Moment in seinem Leben „so gut wie gar nichts klappte", er frustriert war und nicht wusste, wie es weitergehen sollte. Hier hatte ich bereits den Eindruck, dass eine Psychotherapie angebrachter war als ein Coaching. Im weiteren Gespräch kam heraus, dass er sich aktuell in einer psychotherapeutischen Behandlung befand und in drei Wochen auch eine stationäre Aufnahme anstand. In dieser Situation der Umbrüche und psychotherapeutischen Maßnahmen hielt ich ein zusätzliches pferdegestütztes Coaching für ungeeignet, weshalb ich deutlich kommunizierte, dass ein Coaching mit Pferden (wenn überhaupt) erst nach dem Klinikaufenthalt und nur in Absprache mit dem behandelnden psychologischen Psychotherapeuten stattfinden würde. Coaches müssen ganz deutlich merken, wann ein Coaching sinnvoll erscheint und wann (dringend) psychotherapeutische Behandlungen notwendig sind.

Im Rahmen der Persönlichkeitsentwicklungsmaßnahmen zählt das pferdegestützte Coaching zu den Verfahren, die stetiger Kritik ausgesetzt sind. Es wird beispielsweise angezweifelt, dass Pferde so sensibel sind, auf Verhaltensweisen (und Emotionen) eines menschlichen Interaktionspartners zu reagieren. Mittlerweile liegen einige Studien vor, die zeigen, dass Pferde wirklich hierzu in der Lage sind und sinnvoll im Coaching eingesetzt werden können.

Wissenschaftliche Studien wirken kritischen Einwänden zum pferdegestützten Coaching entgegen.

Ein weiterer Kritikpunkt bezieht sich darauf, dass es sich lediglich um Ponys-im-Kreis-Führen und eine Spaßveranstaltung handele. Zum Teil mag diese Kritik berechtigt sein, wenn nicht oder nur wenig fundiert gearbeitet wird. Nicht alle auf dem Coaching-Markt vorhandenen Anbieter – ob mit oder ohne den Einsatz von Pferden – arbeiten wirklich professionell im Sinne der Persönlichkeitsentwicklung. Ebenso gibt es jedoch viele kompetente pferdegestützte Coaches, sodass keine Verallgemeinerung und Pauschalisierung erfolgen sollte.

Basierend auf den bislang vorliegenden Studien zeigen sich diverse positive Effekte pferdegestützter Interventionen und insbesondere pferdegestützter Coachings. Es blieben jedoch immer einige Fragen offen, was beispielsweise spezifische Situationen innerhalb der Coachings anbelangt, in denen die Selbstreflexion der Teilnehmenden besonders angeregt wurde. Der genaue Anteil der Mensch-Pferd-Interaktion oder explizit des Pferdes an den (positiven) Effekten eines Coachings kann bislang nicht erklärt werden. In der Praxis können die aufgenommenen Videos hierbei helfen. So können diese mit dem Coachee gemeinsam analysiert werden, um festzustellen, welche Momente in der Interaktion mit dem Pferd besonders elementar und aufschlussreich waren. Der Einflussfaktor des Pferdes sollte daher noch genauer analysiert werden. Insgesamt handelt es sich um ein Zusammenspiel diverser Faktoren – angefangen bei der Motivation sowie Veränderungsbereitschaft des Coachees, der Kompetenz des Coaches, der Durchführung bis hin zu zwischenmenschlichen Aspekten zwischen Coach und Coachee und natürlich auch dem Pferd. Mit einigen Personen kommt man schneller ins Gespräch und kann Themen besser besprechen als bei anderen – einige Pferde mag man direkt, andere möglicherweise (zunächst) nicht. Dem Beziehungsaufbau kommt daher eine wichtige Bedeutung zu.

Bislang kann aus wissenschaftlicher Sicht nicht geschlussfolgert werden, ob Frauen oder Männer von Coachings mit Pferden mehr profitieren – in der Praxis zeigen sich hier auch keine konkreten Unterschiede. Es kommt auf die persönliche Bereitschaft an, sich auf die Methode einzulassen – hier nimmt jeder unterschiedlich viel für sich mit – unabhängig vom Geschlecht oder der Pferdeerfahrung.

Der Aspekt der vorhandenen Pferdeerfahrung wird ebenfalls diskutiert. Reiter könnten doch gar nicht von der Methode profitieren, sie wüssten doch schon genau, wie sie das Pferd „manipulieren" könnten, um durch den Parcours zu kommen. Grundsätzlich kennen Personen mit Pferdeerfahrung Techniken, wie ein Pferd zu führen ist, wie man es bewegt, wenn es nicht losgehen möchte oder wie man es dazu bringt, rückwärts zu gehen. Sowohl in den Studien als auch in der Praxis zeigen sich jedoch, was die Bearbeitung eines Themas im Kontext mit Menschen anbelangt, keine oder nur geringfügige Unterschiede. Personen mit Pferdebezug setzen sich häufig mehr unter Druck, die Übungen mit dem Pferd perfekt zu absolvieren, eben weil sie Reiter bzw. Pferdemenschen sind. Genau das merkt das Pferd jedoch auch und reagiert darauf. So bleiben die Tiere beispielsweise auch bei diesen Coachees stehen oder gehen an Stellen, an denen angehalten werden sollte, einfach weiter. Es kommt vielmehr auf die persönliche

Sowohl Personen mit als auch ohne Pferdebezug profitieren nachweislich von Pferdecoachings.

3

Pferdegestützte Coaches müssen die Rückmeldungen der Pferde fundiert in den Coaching-Prozess integrieren.

Nicht für alle Personen sind pferdegestützte Coachings geeignet.

Bereitschaft an, sich auf die Methode einzulassen und das eigene Thema beleuchten zu wollen.

Bezogen auf die Langzeitwirkung über mehrere Jahre fehlt es noch an Studien. Aus der Praxis kann jedoch berichtet werden, dass Klienten auch nach Jahren noch von den erlebten Situationen im Coaching berichten und den Transfer in den Alltag feststellen. Coachees, die über Jahre hinweg mit unterschiedlichen Themen an pferdegestützten Coachings teilnehmen, berichten, dass ihnen das Coaching geholfen habe und sie daher verschiedene Themen erneut mit dieser Art der Intervention angehen möchten. Es muss jedoch betont werden, dass man nicht pauschal sagen kann, pferdegestützte Coachings seien „besser" als Coachings ohne Pferdebezug. Es kommt jedoch eine weitere Variable, mit der gearbeitet werden kann, hinzu – die Rückmeldung des Pferdes. Mit diesen Rückmel-dungen muss jedoch ein professioneller pferdegestützter Coach weiterarbeiten. Er reicht nicht, ein Pferd zu haben und Coachings anzubieten. Die Fundierung muss in jedem Fall gegeben sein – sonst treffen die Vorurteile möglicherweise doch zu, dass es sich um eine besondere „Bespaßung" handele. Die Pferde gelten als zusätzliches Element, sie sind keine Coaches und ersetzen den Coach nicht.

Darüber hinaus werden nicht alle Coachings evaluiert. So kann nicht bei allen Anbietern sichergestellt werden, was das pferdegestützte Coaching bei den Klienten bewirkt hat. Mündliche Evaluationen sollten am Ende des Coachings immer eingeholt werden. Auch schriftliche Evaluationen sind sinnvoll, ebenso wie weitere Gespräche mit den Auftraggebern einige Wochen und auch Monate nach dem pferdegestützten Coaching (z. B. bei Gruppen- / Teamcoachings). Bei ernst gemeinten und qualitativ hochwertigen Coachings sollte es nicht einfach um den Spaßfaktor und um ein Ponys-im-Kreis-Führen gehen, sondern um die Persönlichkeitsentwicklung der Klienten.

Klare Grenzen tiergestützter Interventionen zeigen sich natürlich, wenn Klienten schlechte Erfahrungen mit Tieren gemacht haben, diese nicht mögen, massive Angst oder Allergien haben. Bei den ersten beiden genannten Aspekten müsste man zunächst die Angst vor oder die Abneigung gegenüber Tieren thematisieren, bevor die eigentlichen Themen bearbeitet werden können. Hier stellt sich die Frage, ob eine tiergestützte Intervention in diesem Fall überhaupt Sinn macht oder man nicht besser auf eine andere Intervention ohne Tiere setzt.

Tiere können zwar emotional öffnend sein und eine Eisbrecherfunktion zwischen Coach und Klient aufweisen, sodass ein Therapeut anders mit dem Klienten umgehen und auf dessen Themen eingehen kann, es handelt sich allerdings nicht um ein Allheilmittel. Manche Themen lassen sich – wie es bei allen Interventionen der Fall ist – auch mit tiergestützten Interventionen nicht bearbeiten.

Insbesondere die reine Wissensvermittlung, wenn es z. B. um Präsentations- oder Verhandlungstechniken und weitere rhetorische Dinge geht, lassen sich rein tiergestützt nicht bewerkstelligen. Sollte es in diesen Bereichen um das Auftreten bzw. die Körperhaltung oder Kommunikation an sich gehen, können tiergestützte Einheiten ergänzt werden. Es empfiehlt sich auch nicht, die Bewerberauswahl im Rahmen eines Assessment-Centers ausschließlich basierend auf den Rückmeldungen der Tiere vorzunehmen. Sicherlich können vor allem Pferde das Verhalten spiegeln, unbewusst ablaufende Prozesse sichtbar machen, aber nicht gänzlich einen Menschen im Hinblick auf berufliche Aspekte „durchleuchten".

> Pferdegestützte Coachings sind kein Allheilmittel.

Auch bei Geschenkgutscheinen sollte beachtet werden, ob der Beschenkte sich wirklich darüber freuen würde. Nicht jeder möchte sich coachen lassen. Zu einem Coaching kann man – ähnlich wie zu einer Psychotherapie – niemanden zwingen, selbst wenn man es gut meint. Ganz im Gegenteil – einfach ein Coaching zu verschenken, obwohl der Beschenkte hier keine Notwendigkeit sieht, kann zu Konflikten zwischen Schenkendem und Beschenktem führen.

Zusammenfassung

Pferde haben, wie auch andere Tiere, nachweislich einen positiven Einfluss auf das menschliche Erleben und Verhalten. Menschen kommunizieren mehr in der Anwesenheit von Tieren, sie sind aktiver und die Tiere können beruhigend wirken. Hier spricht man auch von der Eisbrecherfunktion, wonach Klienten über die Interaktion mit dem Tier eine Beziehung zum Therapeuten bzw. Coach aufbauen. Weiterhin können so menschliche Emotionen thematisiert werden, da Pferde einerseits emotionalisierend und andererseits stresssenkend wirken. Demnach haben sie eine stabilisierende Wirkung auf die Klienten. Studien zufolge reagieren Pferde im Coaching-Kontext individuell auf die Klienten, das bedeutet, sie haben die im Coaching verwendeten Übungen nicht auswendiggelernt. Zudem wirkt sich das pferdegestützte Coaching positiv auf die Selbstwirksamkeitserwartung sowie auf das Erleben von Emotionen aus. Die Tiere reagieren auf die Körperhaltung (Power Posing) und auf innere Bilder, was im Sinne der pferdegestützten Embodiment-Forschung gezeigt werden konnte. Dabei ist es ihnen egal, welche Hautfarbe oder welche Nationalität ihr Gegenüber hat. Viel wichtiger sind hier beispielsweise die Authentizität und das Kommunikations- und Führungsverhalten. Im Coaching-Prozess ist vor allem das Feedback für die Selbstreflexion von Bedeutung,

3

wobei es auch auf die Prozess-Begleitung durch den ge-schulten Coach ankommt. Nichtsdestotrotz hat das Coaching mit Pferden, wie alle Interventionsformen, auch Grenzen.

Literatur

Antonovsky, A., & Franke, A. (1997). *Salutogenese: Zur Entmystifizierung der Gesundheit*. Forum für Verhaltenstherapie und psychosoziale Praxis: 36. DGVT.

Bandura, A. (1994). Self-efficacy. In V. S. Ramachaudran (Ed.), *Encyclope-dia of human behavior* (pp. 71–81). Academic.

Bandura, A. (1997). *Self-efficacy: The exercise of control*. Freeman.

Baron, L., & Morin, L. (2010). The impact of executive coaching on self-efficacy related to management soft-skills – Leadership & organiza-tion. *Development Journal, 31*, 18–38.

Barrett, L. F. (1998). Discrete emotions or dimensions? The role of valence focus and arousal focus. *Cognition & Emotion, 12*, 579–599. https://doi.org/10.1080/026999398379574

Baumann, N., & Kuhl, J. (2003). Self-infiltration: Confusing assigned tasks as self-selected in memory. *Personality and Social Psychology Bulletin, 29*, 487–497. https://doi.org/10.1177/0146167202250916

Behrendt, P. (2006). Wirkung und Wirkfaktoren von psychodramatischem Coaching – Eine experimentelle Evaluationsstudie. *Zeitschrift für Psychodrama und Soziometrie, 5*(1), 59–87.

Benda, W., McGibbon, N., & Grant, K. L. (2003). Improvements in muscle symmetry in children with cerebral palsy after equine-assisted therapy (hippotherapy). *Journal of Alternative and Complementary Medicine, 9*, 817–825. https://doi.org/10.1089/107555303771952163

Bernabei, V., De Ronchi, D., La Ferla, T., Moretti, F., Tonelli, L., Ferrari, B., Forlani, M., & Atti, A. R. (2013). Animal-assisted interventions for elderly patients affected by dementia or psychiatric disorders: A review. *Journal of Psychiatric Research, 47*, 762–773. https://doi.org/10.1016/j.jpsychires.2012.12.014

Bingold, C. (2010). *Eckdaten Pferd*. Equivet. http://home.equivetinfo.de/. Zugegriffen am 05.08.2021.

Blickhan, D. (2015). *Positive Psychologie – ein Handbuch für die Praxis*. Jun-fermann.

Boeckle, M., Katzlinger, M., Lackner, O., Barborik, M., Püspök, J., Leitner, A., & Pieh, C. (2016). *Der Einfluss von Selbstwirksamkeit und intentiona-lem Verhalten auf den Therapieerfolg chronischer Schmerzpatienten*. Wissenschaftliches Poster. Donau-Universität.

Bordin, E. S. (1979). The generalizability of the psychoanalytic concept of the working alliance. *Psychotherapy: Theory, Research and Practice, 16*(3), 252–260.

von Borstel, U. U., Duncan, I. J. H., Shoveller, A. K., Millman, S. T., & Kee-ling, L. J. (2007). *Transfer of nervousness from competition rider to the horse*. Conference proceedings 3d international equitation science con-ference, East Lansing, MI USA, Michigan State University, 16.

Bradley, M. M., Greenwald, M. K., Petry, M. C., & Lang, P. J. (1992). Re-membering pictures: Pleasure and arousal in memory. *Journal of Expe-rimental Psychology: Learning, Memory, and Cognition, 18*(2), 379.

Brasseur, S., Grégoire, J., Bourdu, R., & Mikolajczak, M. (2013). The profile of emotional competence (PEC): Development and validation of a self-reported measure that fits dimensions of emotional competence theory. *PLoS One, 8*(5), 1–8. https://doi.org/10.1371/journal.pone.0062635

Carver, C. S., & Scheier, M. F. (1992). Effects of optimism on psychological and physical well-being: Theoretical overview and empirical update. *Cognitive Therapy and Research, 16*(2), 201–228.

Carver, C. S., & Scheier, M. F. (1998). On the self-regulation of behavior. Cambridge University Press.

Chandler, C. K. (2005). *Animal assisted therapy in counseling*. Routledge.

Copetti, F., Mota, C. B., Graup, S., Menezes, K. M., & Venturini, E. B. (2007). Comportamento angular do andar de crianças com síndrome de Down após intervenção com equoterapia / Angular kinematics of the gait of children with Down's syndrome after intervention with hippo-therapy. *Brazilian Journal of Physical Therapy, 11*(6), 503–507.

Dawson, B. T. (2014). *An exploratory mixed methodology study into the theo-retical foundation of equine-assisted psychotherapy*. Electronic Theses, Projects, and Dissertations, 67. http://scholarworks.lib.csusb.edu/etd/67. Zugegriffen am 04.08.2021.

Dettling, M., Opgen-Rhein, C. & Kläschen, M. (2018). Praxis Pferde-gestützter Therapie bei psychischen Störungen. In C. Opgen- Rhein, M. Kläschen, & M. Dettling (Eds.). Pferdegestützte Therapie bei psychi-schen Erkrankungen 2 pp. 77–146). Schattauer.

Ewing-Chow, S.A. (2014). *Truth tellers: Coaching with horses*. Coachcam-pus. https://coachcampus.com/coach-portfolios/research-papers/suzanne-a-ewing-chow-truth-tellers-coaching-with-horses/. Zugegriffen am 04.08.2021.

Finger-Hamborg, A. (2005). Einzel-Coaching mit Schichtleitern – Ein Er-fahrungsbericht. In C. Rauen (Hrsg.), *Handbuch Coaching* (S. 369–390). Hogrefe.

Flamme, N. (2002). Coaches – Gurus in Nadelstreifen? Eine empirisch-wissenschaftliche Orientierung im Coaching, begründet aus der Psycho-therapieforschung. *Organisationsberatung, Supervision, Coaching, 3*, 205–215.

Fredrickson, B. L. (2001). The role of positive emotions in positive psycho-logy. *American Psychologist, 56*, 218–226.

Fredrickson, B. L. (2011). *Die Macht der guten Gefühle: Wie eine positive Haltung Ihr Leben dauerhaft verändert*. Campus.

Fredrickson, B. L., & Losada, M. F. (2005). Positive affect and the complex dynamics of human flourishing. *American Psychologist, 60*(7), 678–686.

Friedmann, E., Katcher, A. H., Thomas, S. A., Lynch, J. J., & Messent, P. R. (1983). Social interaction and blood pressure: Influence of animal com-panions. *Journal of Nervous and Mental Disease, 171*(8), 461–464.

Frontmüller, R., Katzgraber, D., & Schalko, K. (2014). Selbstwirksamkeits-erwartungen und Burnout-Gefährdung – Eine empirische Studie zum Zusammenhang zwischen den Selbstwirksamkeitserwartungen und der Burnout-Gefährdung von Handelsakademieschülern/-schülerinnen. *Wissenschaftsplus, 32*, 1–5.

Gehrke, E. K. (2009). Developing coherent leadership in partnership with horses – A new approach to leadership training. *Journal of Research in Innovative Teaching, 2*, 222–233.

Gehrke, E. K., Myers, M., Evans, S., & Garman, K. (2016). Pilot study on impact on balance of autonomic nervous system during equine-assisted coaching: Simultaneous heart rate variability in horses, coach, and client. *International Journal for Human Caring, 20*(1), 12–14.

Göbel, S., & Frese, M. (1999). Persönlichkeit, Strategien und Erfolg bei Kleinunternehmern. In K. Moser, B. Batinic, & J. Zempel (Eds.), *Unter-nehmerisch erfolgreiches Handeln* (pp. 93–113). Verlag für Angewandte Psychologie.

Gomolla, A. (2014). *Pferde haben Spiegelfunktion. Deutsches Ärzteblatt, 12*(8), 356–357.

Gomolla, A., Keser, B. Haag, A., Irschei, J., & Fürst, J. (2011). *Das Pferd als Spiegel des Menschen – Reaktion auf Körperspannung und -haltung.* Great Horses. http://www.great-horses.org/forschungscenter/. Zugegriffen am 04.08.2021.

Graves, L. M. (2010). *The effectiveness of equine assisted psychotherapy with severely emotionally disturbed and autistic children and adolescents: A meta-analysis.* Wheaton College Illinois, Dissertation.

Grawe, K., Donati, R., & Bernauer, F. (2001). *Psychotherapie im Wandel – Von der Konfession zur Profession* 4 Hogrefe.

Greif, S. (2008). *Coaching und erlebnisorientierte Selbstreflexion.* Hogrefe.

Greiffenhagen, S., & Buck-Werner, O. N. (2011). *Tiere als Therapie.* Kynos.

Hama, H., Yogo, M., & Matsuyama, Y. (1996). Effects of stroking horses on both humans' and horses' heart rate responses. *Japanese Psychological Research, 38*(2), 66–73. https://doi.org/10.1111/j.1468-5884.1996.tb00009.x

Hamsen, R. (2003). *Bewegungsorientierte Förderung von Kindern mit Aufmerksamkeitsdefizit- und Hyperaktivitätssyndrom. Eine Evaluationsstudie zum Heilpädagogischen Voltigieren.* Dissertation, Universität Dortmund.

Harzer, C. (2017). Positive Psychologie: Eine allgemeine Einführung und Zusammenfassung der Forschung. *Organisationsberatung, Supervision, Coaching, 24*(3), 253–267. https://doi.org/10.1007/s11613-017-0509-1

Hediger, K., & Zink, R. (2019). Pferdegestützte Traumatherapie bei Kindern und Jugendlichen. *Verhaltenstherapie mit Kindern & Jugendlichen, 2*(2019), 91–102.

Hediger, K., Thommen, S., Wagner, C., Gaab, J., & Hund-Georgiadis, M. (2019). Effects of animal-assisted therapy on social behaviour in patients with acquired brain injury: a randomised controlled trial. *Scientific Reports, 9*, 5831. https://doi.org/10.1038/s41598-019-42280-0

Heintz, B (2021). *Empathie auf vier Hufen. Einblick in Erleben und Wirken pferdegestützter Psychotherapie.* Vandenhoeck & Ruprecht.

Hemingway, A., Carter, S., Callaway, A., Kavanagh, E., & Ellis, S. (2019). An exploration of the mechanism of action of an equine-assisted intervention. *Animals, 9*(6), 303. https://doi.org/10.3390/ani9060303

Howard, A. R. (2015). Coaching to vision versus coaching to improvement needs: A preliminary investigation on the differential impacts of fostering positive and negative emotion during real time executive coaching sessions. *Frontiers in Psychology, 6*, 455. https://doi.org/10.3389/fpsyg.2015.00455

Hüther, G. (2004). Die Bedeutung sozialer Erfahrungen für die Strukturierung des menschlichen Gehirns. Welche sozialen Beziehungen brauchen Schüler und Lehrer? *Zeitschrift für Pädagogik, 50*(4), 487–495.

Janura, M., Peham, C., Dvorakova, T., & Elfmark, M. (2009). An assessment of the pressure distribution exerted by a rider on the back of a horse during hippotherapy. *Human Movement Science, 28*, 387–393.

Jerusalem, M. (1990). *Persönliche Ressourcen, Vulnerabilität und Stresserleben.* Hogrefe.

Jerusalem, M. (1991). Allgemeine Selbstwirksamkeit und differentielle Stressprozesse. *Psychologische Beiträge, 33*, 388–406.

Jerusalem M. (2005). Selbstwirksamkeit. In H. Weber, & T. Rammsayer (Eds.), *Handbuch der Persönlichkeitspsychologie und Differentiellen Psychologie* (pp. 438-445). Hogrefe.

Keeling, L. J., Jonare, L., & Lanneborn, L. (2009). Investigating horse-human interactions: The effect of a nervous human. *Veterinary Journal, 181*(1), 70–71. https://doi.org/10.1016/j.tvjl.2009.03.013

Kok, B. E., & Fredrickson, B. L. (2010). Upward spirals of the heart: Autonomic flexibility, as indexed by vagal tone, reciprocally and prospectively predicts positive emotions and social connectedness. *Biological Psychology, 85*, 432–436. https://doi.org/10.1016/j.biopsycho.2010.09.005

Konir, G. (2012). *Pferdegestütztes Coaching. Menschliche Potenzialentwicklung durch tierische Hilfe.* Books on Demand.

Kopp, A., & Jekauc, D. (2018). The influence of emotional intelligence on performance in competitive sports: A meta-analytical investigation. *Sports, 6*(4). https://doi.org/10.3390/sports6040175

Körner, R., & Schütz, A. (2019). Power posing. In V. Zeigler-Hill, & T. K. Shackelford (Eds.), *Encyclopedia of personality and individual differences.* Springer.

Krueger, K., Flauger, B., Farmer, K., & Hemelrijk, C. (2014). Movement initiation in groups of feral horses. *Behavioral Processes, 103*, 91.

Krüger, K. (2018). Erfasst ein Pferd die menschliche Psyche? In C. Opgen-Rhein, M. Kläschen, & M. Dettling (Eds.), *Pferdegestützte Therapie bei psychischen Erkrankungen* (223–35). Schattauer.

Krüger, K., Flauger, B., Farmer, K., & Maros, K. (2011). Horses (Equus caballus) use human local enhancement cues and adjust to human attention. *Animal Cognition, 14*, 187–201.

Laborde, S., Brüll, A., Weber, J., & Anders, L. S. (2011). Trait emotional intelligence in sports: A protective role against stress through heart rate variability? *Personality and Individual Differences, 51*(1), 23–27. https://doi.org/10.1016/j.paid.2011.03.003

Laborde, S., You, M., Dosseville, F., & Salinas, A. (2012). Culture, individual differences, and situation: Influence on coping in French and Chinese table tennis players. *European Journal of Sport Science, 12*(3), 255–261. https://doi.org/10.1080/17461391.2011.566367

Laborde, S., Lautenbach, F., Allen, M. S., Herbert, C., & Achtzehn, S. (2014). The role of trait emotional intelligence in emotion regulation and performance under pressure. *Personality and Individual Differences, 57*, 43–47. https://doi.org/10.1016/j.paid.2013.09.013

Laborde, S., Lautenbach, F., & Allen, M. S. (2015). The contribution of coping-related variables and heart rate variability to visual search performance under pressure. *Physiology & Behavior, 139*, 532–540. https://doi.org/10.1016/j.physbeh.2014.12.003

Laborde, S., Guillén, F., & Watson, M. (2017). Trait emotional intelligence questionnaire full-form and short-form versions: Links with sport participation frequency and duration and type of sport practiced. *Personality and Individual Differences, 108*, 5–9. https://doi.org/10.1016/j.paid.2016.11.06

Lane, A. M., & Wilson, M. R. (2011). Emotions and trait emotional intelligence among ultra-endurance runners. *Journal of Science and Medicine in Sport, 14*(4), 358–362. https://doi.org/10.1016/j.jsams.2011.03.001

Lane, A. M., Thelwell, R. C., Lowther, J., & Devonport, T. J. (2009). Emotional intelligence and psychological skills use among athletes. *Social Behavior and Personality: An International Journal, 37*(2), 195–202. https://doi.org/10.2224/sbp.2009.37.2.195

Lang, U. E., Jansen, J. B., Wertenauer, F., Gallinat, J., & Rapp, M. A. (2010). Reduced anxiety during dog assisted interviews in acute schizophrenic patients. *European Journal of Integrative Medicine, 2*, 123–127.

Larro-Jacob, A. (2007). Imaginative Techniken im Coaching. Imagination im Coaching – the way to intuition as a valuable resource. *Organisationsberatung, Supervision, Coaching, 14*, 62–71.

Lazarus, R. S., & Folkman, S. (1987). Transactional theory and research on emotions and coping. *European Journal of Personality, 1*(3), 141–169.

Levinson, B. M. (1962). The dog a „co-therapist". *Mental Hygiene, 46*, 59–65.

3

Levinson, B. M. (1978). Pets and personality development. *Psychological Reports, 42,* 1031–1038.

Lindart, M. (2016). *Was Coaching wirksam macht.* Springer.

Löffler, J., Cañal-Bruland, R., & Raab, M. (2020). Embodied cognition. In J. Schüler, M. Wegner, & H. Plessner (Eds.), *Sportpsychologie. Grundlagen und Anwendungen* (pp. 115–137). Springer.

MacDonald, P. M. (2004). *The effects of equine-facilitated therapy with at-risk adolescents: A summary of empirical research across multiple centers and programs.* The Center for the Interaction of Animals and Society (CIAS). University of Pennsylvania School of Veterinary Medicine, Philadelphia.

Maddux, J. E. (1995). Self-efficacy theory: An introduction. In J. E. Maddux (Ed.), Self- efficacy, adaption, and adjustment (pp. 3–33). Plenum Press.

Malavasi, R., & Huber, L. (2016). Evidence of heterospecific referential communication from domestic horses (Equus caballus) to humans. *Animal Cognition, 6029,* 899–909.

Maurer, I. (2009). *Führungskräftecoaching – Eine Studie zur Wirksamkeit von prozessorientierten Interventionstechniken bei der Problemklärung.* Tectum.

Mc Nicholas, J., & Collis, G. M. (2000). Dogs as catalysts for social interactions: Robustness of the effect. *British Journal of Psychology, 91,* 61–70.

Meichenbaum, D. (2012). *Interventionen bei Stress – Anwendung und Wirkung des Stressimpfungstrainings* 3 Huber.

Meyer, S. (2009). Pferde als Medium im Coaching: natürlich, ehrlich und nachhaltig! *Coaching-Magazin, 4,* 42.

Mikolajczak, M. (2009). Going beyond the ability-trait Debate: The three-level model of emotional Intelligence. *E-Journal of Applied Psychology, 5,* 25–31.

Moen, F., & Allgood, E. (2009). Coaching and the effect on self-efficacy. *Organization Development Journal, 27,* 69–81.

Opgen-Rhein, C. (2018). Wirkweisen pferdegestützter Therapie. In C. Opgen-Rhein, M. Kläschen, & M. Dettling (Eds.), *Pferdegestützte Therapie bei psychischen Erkrankungen* (2. Aufl., pp. 11–22). Schattauer.

Otterstedt, C. (2001). *Tiere als therapeutische Begleiter.* Kosmos.

Parent, A. (2016). Psychodynamische Pferdeunterstützte Traumatherapie (PPTT) bei Posttraumatischer Belastungsstörung (PTBS). *Mensch und Pferd international, 3,* 120–123. https://doi.org/10.2378/mup2016.art19d

Petrides, K. V., Mikolajczak, M., Mavroveli, S., Sanchez-Ruiz, M. J., Furnham, A., & Perez-Gonzalez, J. C. (2016). Developments in trait emotional intelligence research. *Emotion Review, 8*(4), 335–341. https://doi.org/10.1177/1754073916650493

Pfungst, O. (1911). *Clever Hans (The horse of Mr. von Osten): a contribution to experimental animal and human psychology.* Henry Holt.

Price, T. F., Peterson, C. K., & Harmon-Jones, E. (2012). The emotive neuroscience of embodiment. *Motivation and Emotion, 36,* 27–37.

Rauen, C. (2011). *Coaching-Newsletter April 2011.* Coaching Newsletter. https://www.coaching-newsletter.de/archiv/2011/2011-04.html. Zugegriffen am 04.05.2021.

Ringhofer, M., & Yamamoto, S. (2016). Domestic horses send signals to humans when they face with an unsolvable task. *Animal Cognition, 6037,* 1–9.

Robinson, M. D., & Clore, G. L. (2002). Belief and feeling: evidence for an accessibility model of emotional self-report. *Psychological Bulletin, 128*(6), 934–960.

Röder, B. (2009). *Selbstwirksamkeitsförderung durch Motivierung von Schülern.* Unveröffentlichte Dissertation. Freie Universität Berlin.

Rosen, M. (2004). *Zum Einfluss beruflicher Selbstwirksamkeitserwartungen und persönlicher Ziele auf beruflichen Erfolg: Eine empirische Untersuchung bei Arbeitnehmerinnen und Arbeitnehmern in einem mittelständischen Unternehmen.* Unveröffentlichte Diplomarbeit. Freie Universität Berlin.

Ruholl, S. (2007). *Selbstwirksamkeit als Indikator für psychische Störungen – Status und Verlauf.* Unveröffentlichte Dissertation. Rheinisch-Westfälische Technische Hochschule.

Salewski, C., & Renner, B. (2009). *Differentielle und Persönlichkeitspsychologie.* Ernst Reinhardt.

Salovey, P., & Mayer, J. D. (1990). Emotional intelligence. *Imagination, Cognition and Personality, 9*(3), 185–211. https://doi.org/10.2190/DUGG-P24E-52WK-6CDG

Satow, L., & Bäßler, J. (1998). Selbstwirksamkeit und körperliches Befinden Jugendlicher. *Unterrichtswissenschaft, 26,* 127–139.

Schmitz, K. (2015). Entwicklungshilfen in der Heilpädagogischen Förderung mit dem Pferd. *Mensch und Pferd international, 2,* 79–83. https://doi.org/10.2378/mup2015.art13d

Schuetz, A., Farmer, K., & Krueger, K. (2016). Social learning across species: horses (Equus caballus) learn from humans by observation. *Animal Cognition, 6028,* 1–7.

Schunk, D. H. (1995). Self-efficacy and education and instruction. In J.E. Maddux (Ed.), *Self-efficacy, adaptation, and adjustment. Theory, research, and application* (pp. 281–303). Plenum.

Schütz, K. (2019). Positive Affirmationen in pferdegestützten Coachings. *Mensch und Pferd international, 2,* 60–68. https://doi.org/10.2378/mup2019.art08d

Schütz, K. (2020a). *Pferde, Forschung & Psychologie. Wissenschaftliche Befunde zu Fähigkeiten von Pferden und deren Wirkung auf Menschen 2* Books on Demand.

Schütz, K. (2020b). Positive Psychologie in pferdegestützten Coachings. *Mensch und Pferd international, 1,* 4–15. https://doi.org/10.2378/mup2020.art02d

Schütz, K., & Brämig, S. (2020). Power Posing Übungen in pferdegestützten Coachings. *Coaching|Theorie & Praxis, 6,* 143–154. https://doi.org/10.1365/s40896-020-00036-y

Schütz, K., & Meyer, U. (2017). Pferdegestütztes Coaching. Persönlichkeitsentwicklung in Praxen mit verbeinigen Co-Trainern. *Systemische Orale Medizin, 1,* 19–22.

Schütz, K., & Steinhoff, J. (2019). Einfluss von pferdegestützten Coachings auf die Selbstwirksamkeitserwartung. *Coaching | Theorie & Praxis, 5,* 11–22. https://doi.org/10.1365/s40896-019-0028-5

Schütz, K., Rötters, A., & Oebel, L. (2018). Können Pferde als Co-Trainer agieren? Individuelle Reaktionen von Pferden in der Persönlichkeitsentwicklung auf unterschiedliche Klienten. *Tiergestützte Therapie, Pädagogik & Fördermaßnahmen, 1*(2018), 22–26.

Schütz, K., Rahders, F., Mosley, E., & Laborde, S. (2020). Emotional competences training in equestrian sport – a preliminary study. *International Journal of Sport and Exercise Psychology. 19*(4), 613–625. https://doi.org/10.1080/1612197X.2020.1819367

Schwarzer, R., & Jerusalem, M. (2002a). Das Konzept der Selbstwirksamkeit. *Zeitschrift für Pädagogik, 44,* 28–53.

Schwarzer, R., & Jerusalem, M. (2002b). Das Konzept der Selbstwirksamkeit. In M. Jerusalem, & D. Hopf (Ed.), *Selbstwirksamkeit und Motivationsprozesse in Bildungsinstitutionen* (pp. 28–53). Beltz.

Seifert, T. (1997). Körpererleben. Bilder, Gedanken und Anregungen zur Selbsterfahrung. In G. Reich, & M. Cierpka (Eds.), *Psychotherapie der*

3

Essstörungen. Krankheitsmodelle und Therapiepraxis – störungsspezifisch und schulenübergreifend (pp. 208–217). Thieme.

Selby, A., & Smith-Osborne, A. (2013). A systematic review of effectiveness of complementary and adjunct therapies and interventions involving equines. *Health Psychology, 32,* 418–432. https://doi.org/10.1037/a0029188

Seligman, M. E. P., & Csikszentmihalyi, M. (2000). Positive psychology: An introduction. *American Psychologist, 55,* 5–14.

Serad, L. (2010). *Aspects of using animal-assisted interventions in a coaching model. Unpublished masterthesis.* Philadelphia: University of Pennsylvania.

Shambo, L., Seely, S. K., & Vonderfecht, H. (2010). A pilot study on equine-facilitated psychotherapy for trauma-related disorders. *Scientific and Educational Journal of Therapeutic Riding, 16,* 11–23.

Sheldon, K., Frederickson, B., Rathunde, K., Csikszentmihályi M., & Haidt, J. (2000). *Positive psychology manifesto.* Manifesto presented at the Akumal 1 meeting and revised during the Akumal 2 meeting.

Smith, A. V., Proops, L., Grounds, K., Wathan, J., & McComb, K. (2016). Functionally relevant responses to human facial expression of emotion in the domestic horse (Equus caballus). *Biology Letters, 12*(2), 20150907. https://doi.org/10.1098/rsbl.2015.0907

Söderkvist, S., Ohlén, K., & Dimberg, U. (2017). How the experience of emotion is modulated by facial feedback. *Journal of Nonverbal Behavior, 42,* 129–151.

Solmaz, E. (2010). Bindung und Beziehung. Ein wesentlicher Bestandteil der reitpädagogischen Arbeit. *Mensch und Pferd international, 1/2010,* 11–19. https://doi.org/10.2378/mup2010.art02d

Staudt, M., & Cherry, D. (2017). Equine facilitated therapy and trauma: Current knowledge, future needs. *Advances in Social Work, 18,* 403–414. https://doi.org/10.18060/21292

Strack, F., Martin, L. L., & Stepper, S. (1988). Inhibiting and facilitating conditions of the human smile: A nonobtrusive test of the facial feedback hypothesis. *Journal of Personality and Social Psychology, 54*(5), 768–777. https://doi.org/10.1037/0022-3514.54.5.768

Tometten, L., & Schütz, K. (2021). Emotionen als Prädiktoren für den Interventionserfolg in pferdegestützten Coachings. *Mensch und Pferd international, 2,* 52–61. https://doi.org/10.2378/mup2021.art08d

Trösch, M., Cuzol, F., Parias, C., Calandreau, L., Nowak, R., & Lansade, L. (2019). Horses categorize human emotions cross-modally based on facial expression and non-verbal vocalizations. *Animals, 9*(11), E862. https://doi.org/10.3390/ani9110862

Trotter, K. S., Chandler, C. K., Goodwin-Bond, D., & Casey, J. (2008). A comparative study of the efficacy of group equine assisted counseling with at-risk children and adolescents. *Journal of Creativity in Mental Health, 3,* 254–284. https://doi.org/10.1080/15401380802356880

Um, E., Plass, J. L., Hayward, E. O., & Homer, B. D. (2012). Emotional design in multimedia learning. *Journal of Educational Psychology, 104*(2), 485–498. https://doi.org/10.1037/a0026609

Urmoneit, I. (2015). *Pferdgestützte systemische Pädagogik* (2nd ed.). Reinhardt.

Vaughan, R., Laborde, S., & McConville, C. (2018). The effect of athletic expertise and trait emotional intelligence on decision-making. *European Journal of Sport Science,* 1–9. https://doi.org/10.1080/17461391.2018.1510037.

Vernooij, M. A., & Schneider, S. (2013). *Handbuch der Tiergestützten Intervention – Grundlagen, Konzepte, Praxisfelder* (3rd ed.). Quelle & Meyer.

Wakkee, I., Elfring, T., & Monaghan, S. (2010). Creating entrepreneurial employees in traditional service sectors – The role of coaching and self-efficiacy. *International Journal of Entrepreneurial Management, 6*, 1–21.

Warner, L. M. (2017). Selbstwirksamkeitserwartung. In M. A. Wirtz (Ed.), *Dorsch Lexikon der Psychologie,* (p. 1527). Hogrefe.

Wilken, B. (2015). *Methoden der kognitiven Umstrukturierung. Ein Leitfaden für die psychotherapeutische Praxis* (7th ed.). Kohlhammer.

Yorke, J. (2003). *The therapeutic value of the equine–human relationship in recovery from trauma: A qualitative analysis. Master's thesis.* Wilfrid Laurier University.

Yorke, J., Adams, C., & Coady, N. (2008). Therapeutic value of equine–human bonding in recovery from trauma. *Anthrozoös, 21*(1), 17–30. https://doi.org/10.2752/089279308X274038

Zeeb, K. (2006). Wie das Pferd den Menschen spiegelt. Das Pferd spiegelt die Reiterstimmung. *Dressurstudien, 1*, 47–52.

Konkrete Ausgestaltung pferdegestützter Coachings

Inhaltsverzeichnis

Ergänzende Information Die elektronische Version dieses Kapitels enthält Zusatzmaterial, auf das über folgenden Link zugegriffen werden kann [https://doi.org/10.1007/978-3-662-64510-9_4]. Die Videos lassen sich durch Anklicken des DOI Links in der Legende einer entsprechenden Abbildung abspielen, oder indem Sie diesen Link mit der SN More Media App scannen.

4

Der Aufbau der pferdegestützten Coachings kann je nach Hintergrund der Coaches, Thema und Konzept variieren. Der Pferdepart kann in umfangreicheren Coachings mit mehreren Einheiten (auch ohne Pferdebezug) integriert werden. Im Vorfeld erfolgt eine Auftragsklärung in Bezug auf die Zielsetzung, den Umfang und die Einzelheiten. Zusätzlich kann ein weiteres (telefonisches) Vorcoaching erfolgen, falls Einzelgespräche und individuelle Übungen für jeden Teilnehmer gewünscht sind. Am Coaching-Tag folgt die Vorstellung der Arbeitsweise. Insbesondere in Gruppencoachings wird auch die Agenda der meist ein- bis zweitägigen Coachings aufgezeigt.

Der Aufbau der Pferde-
coaching-Einheiten variiert
und hängt von mehreren
Variablen ab.

Bevor mit den Pferden gearbeitet wird oder diese beobachtet werden, werden die Sicherheitsstandards und die Feedbackregeln (wertschätzender Umgang, Erläutern von Beobachtungen ohne Bewertungen etc.) erläutert. Die Übungen mit den Pferden erfolgen vom Boden aus, d. h. die Pferde werden nicht geritten und die Mensch-Pferd-Interaktionen möglichst mit einer Kamera aufgezeichnet. Das Erlebte wird reflektiert und im Anschluss auf den (Arbeits-) Alltag transferiert. Dabei sollte genügend Zeit für die Gespräche bzw. die Reflexion des Themas eingeplant werden. In der nachfolgenden Videoanalyse geht es um die tiefergehende Besprechung der Selbst- und Fremdwahrnehmung. Abschließend wird das Erlebte durch die Coachees zusammengefasst, teilweise ergänzt durch die Arbeit mit positiven Affirmationen. Weitere Schritte werden ebenfalls besprochen und mögliche nachfolgende Termine vereinbart.

Einige Elemente der
Konzeption sind in vielen
pferdegestützten Coachings
zu finden.

Sofern es keine Folgetermine in einem kürzeren Abstand gibt, können einige Wochen nach dem Coaching auch telefonische Nachcoachings erfolgen. Dabei wird besprochen, wie das Erlebte in den Alltag integriert werden konnte, wo es noch Schwierigkeiten gab und welche weiteren Schritte erforderlich sind. Übersichtlicher dargestellt, handelt es sich im Coaching mit Pferden im Sinne der Persönlichkeitsentwicklung um die folgenden Elemente:

- Auftragsklärung zu Zielsetzung, Umfang und Einzelheiten
- Vorcoaching (telefonisch), falls Einzelgespräche und individuelle Übungen für jeden Teilnehmer gewünscht sind (im Gruppen- und Teamkontext)
- Vorstellung der Arbeitsweise (Agenda aufzeigen)
- Erläutern der Sicherheitsstandards und der Feedbackregeln zum wertschätzenden Umgang etc.
- Übungen mit den Pferden vom Boden aus (die Pferde werden nicht geritten), möglichst mit Videoaufnahmen
- Klar abgegrenzte Arbeitseinheiten und Transfer des mit dem Pferd Erlebten auf den (Arbeits-) Alltag
- Reflexion der jeweiligen Arbeitseinheit, mit ausreichend Raum für Gespräche

- Besprechen der Videoanalyse zum Verdeutlichen der Selbst- und Fremdwahrnehmung und der weiteren Themen der Coachees
- Abschlussrunde mit Zusammenfassung und Ausblick auf weitere Arbeitsschritte
- Nachcoachings (telefonisch) zum Transfer von beim Coaching Erlebtem und in den Alltag Transferiertem, falls gewünscht bzw. vereinbart

4.1 Pferdegestützte Coaching-Formate

Die Formate unterscheiden sich im pferdegestützten Coaching insofern, als dass neben der Anzahl der Personen die Themen, die bearbeitet werden sollen, variieren. Während im Einzelcoaching eine Person im Fokus steht, sind es im Paarcoaching Paare oder Duos (beispielsweise Geschäftsführer) und im Gruppen- sowie im zugehörigen Teamcoaching mehrere Personen (◘ Abb. 4.1).

4

☑ **Abb. 4.1**   Die Persönlichkeitsentwicklung mit Pferden richtet sich an Einzelpersonen und Gruppen

4.1.1 Einzelcoaching

Bei einem Einzelcoaching steht eine Einzelperson im Vordergrund, bei der individuelle Themen (z. B. Wirkung & Ausstrahlung, Grenzen setzen, Führungsverhalten, Entscheidungen treffen) während eines ca. zwei- bis dreistündigen pferdegestützten Coachings bearbeitet werden. Das Coaching kann sich auf private und berufliche Themen beziehen. Neben Erwachsenen nehmen auch Jugendliche oder Kinder an diesen Coachings teil (☑ Abb. 4.2 und 4.3).

Beim Einzelcoaching werden individuelle Themen besprochen, ohne dass andere Personen anwesend sind.

Geht es um den Bereich Entscheidungen, kann es bei Studierenden darum gehen, ob man ein Auslandssemester macht oder lieber an der deutschen Heimatuniversität bleibt. Bei Berufstätigen kann es die Entscheidung sein, welche von zwei oder mehr Jobalternativen näher beleuchtet werden sollte oder zugunsten welcher Option man sich entscheiden sollte. Das Thema Wirkung und Ausstrahlung kann sich auf das Auftreten bei Präsentationen oder Prüfungen, berufliche Situationen innerhalb eines Teams oder auch auf private Kontexte (Auftreten innerhalb der Familie) beziehen. Dieses Thema geht teilweise mit dem Kommunikationsverhalten einher (inwiefern die eigene Kommunikation klar ist, wie andere darauf reagieren etc.). Im Bereich Grenzen setzen kann thematisiert werden, inwiefern Klienten ihre eigenen Bedürfnisse ausdrücken, bei sich bleiben und sich gegenüber anderen Personen, Wünschen oder Forderungen abgrenzen. Weitere Einzeltermine können darauf aufbauend in den nachfolgenden Wochen und Monaten vereinbart werden, um das ursprüngliche Thema noch weiter oder mögliche andere Themen zu bearbeiten.

◘ **Abb. 4.2** Im Einzelcoaching steht eine Person mit ihrem individuellen Anliegen im Vordergrund

◘ **Abb. 4.3** Video zum Einzelcoaching (▶ https://doi.org/10.1007/000-4pd)

Fallbeispiel

Eine Klientin erzählte im telefonischen Vorcoaching, dass sie sich einfach nicht entscheiden könne, ob sie ein Auslandssemester in New York machen oder lieber in Deutschland an der Heimathochschule bleiben sollte. Sie hatte noch zwei Wochen, um den Antrag für das Auslandssemester einzureichen und wollte sich bis dahin entschieden haben. Im Vorcoaching machte sie deutlich, dass es keine dritte Alternative gebe, sondern nur „hü oder hott" ginge. Am Tag des Coachings bestand eine der pferdegestützten Übungen darin, mehrere Parcours-Stationen, die für das Auslandssemester standen und wiederum andere Stationen, die die Heimathochschule symbolisierten, mit einem Pferd ganz bewusst zu absolvieren. Im

4

Anschluss gab sie an, dass sich die erste Variante (Auslands-semester) „ganz gut, aber noch nicht so richtig gut" angefühlt habe. Die Option zuhause zu bleiben, hatte sich auch „ok" angefühlt, aber auch nicht so, als dass es die richtige Alternative wäre. In der weiteren Reflexion zeigte sich, dass noch etwas fehlte bzw. etwas an den Optionen verändert werden müsste. Neben den im Vorgespräch erläuterten Pro- und Contra-Argumenten für beide Optionen kam sie zu dem Schluss, dass sie beides kombinieren wollte und ergänzte eine dritte Option im Parcours – die des Auslandspraktikums in den Semesterferien. So hatte sie einerseits den Aufenthalt im Ausland und andererseits das Studium in der Heimat mit ihren Freunden und der vertrauten Hochschule kombiniert. Beim erneuten Durchlaufen des Parcours strahlte sie und hatte für sich eine Lösung gefunden, die sich in der nachfolgenden Videoanalyse festigte.

4.1.2 Gruppencoaching

Man unterscheidet zwischen Gruppencoachings und der zugehörigen Unterform der Teamcoachings.

Man unterscheidet im Gruppenkontext zwischen Gruppencoachings und Teamcoachings, die eine Form des Gruppencoachings darstellen. Bei beiden werden mehrere Personen gecoacht (◘ Abb. 4.4). Im Gruppencoaching kennen sich die Personen nicht zwangsläufig, sie haben aber ähnliche Themen, die sie mitbringen, und ähnliche Tätigkeitshintergründe (z. B. im Führungskontext sind sie auf der gleichen Führungsebene). Diese Coachings dauern meist ein bis zwei Tage. Dabei stehen

◘ **Abb. 4.4** Im Gruppencoaching werden mehrere Personen gecoacht – häufig im Arbeitskontext

unterschiedliche Themen rund um den Führungskontext, Gruppenprozesse oder auch individuell abgesprochene Bereiche im Vordergrund. Zusätzliche theoretische Inhalte rund um den gewählten Themenfokus sowie weitere Elemente, wie die kollegiale Beratung außerhalb des Coaching-Kontextes, können integriert werden.

Eine Gruppe, die beispielsweise eine Kommunikationstrainer-Fortbildung absolviert, in der ein pferdegestütztes Coaching enthalten ist, wäre demzufolge ebenfalls als Gruppen- und nicht als Teamcoaching zu bezeichnen. Auch hier stehen ähnliche Themen im Vordergrund – die Personen befinden zeitlich begrenzt im Rahmen der Fortbildung zwar zusammen in einem Kontext, danach aber nicht mehr. Somit kennen sich die Teilnehmenden meist nicht oder nur wenig. Das kann es auf der einen Seite erleichtern, sich im Coaching zu öffnen und gegenseitig Feedback zu geben, andererseits sind Vergleiche im Sinne des Transfers zum Alltag weniger offensichtlich. Daher ist es die Aufgabe des Coaches, hier (noch mehr als im Teamcoaching) auf Parallelen zum Alltag und neue Erkenntnisse hinzuarbeiten.

Die Coachees geben sich während des Coachings Feedback (insbesondere zu den pferdegestützten Übungen), weshalb im Vorfeld geklärt sein sollte, wie man miteinander umgehen möchte (wertschätzend, respektvoll, ressourcenorientiert), sodass eine Vertrauensbasis entstehen oder gestärkt werden kann. So können sich die Teilnehmenden allen Anwesenden gegenüber öffnen. Sie sollten nicht das Gefühl haben, sich für ein bestimmtes Verhalten in einer Situation mit dem Pferd rechtfertigen zu müssen. Das Feedback der anderen anwesenden Personen kann weitere Gedankenanstöße für die Coachees bieten.

Der Coach sollte natürlich mit seinen Fragen und seinem Feedback den Prozess anleiten, dennoch sehen mehr Augen mehr (unter Einhaltung der Feedbackregeln zum Umgang miteinander). Sowohl im Gruppen- als auch im untergeordneten Teamcoaching können die Teilnehmer so voneinander profitieren und sich untereinander austauschen. Dieser Austausch kann die Selbstreflexion ebenfalls fördern. Sie sehen, wie die anderen Personen die Übungen mit dem Pferd absolvieren und können Vergleiche zu den eigenen Übungen ziehen oder sich überlegen, wie sie in den spezifischen Situationen mit dem Pferd reagiert hätten. Das kann sich beispielsweise darauf beziehen, wenn das Pferd minutenlang stehen bleibt. Hier gibt es Personen, die sofort mit viel Energie oder Druck versuchen, das Pferd zum Weitergehen zu bewegen, andere Klienten fragen freundlich nach und versuchen es, indem sie das Pferd streicheln (und eigentlich für das Stehenbleiben belohnen), andere probieren flexibel verschiedene Strategien

Die Teilnehmer von Gruppencoachings kennen sich häufig nicht.

Die Teilnehmer im Gruppencoaching lernen und reflektieren auch durch das Beobachten der anderen Klienten.

4

🔲 **Abb. 4.5**   Video zum Gruppencoaching (▶ https://doi.org/10.1007/000-4pc)

aus. Indem man den anderen Coachees zuschaut, kann man so auch etwas über sich lernen und sich überlegen, wie man gerne wäre bzw. was man sich bei anderen abschauen kann (oder wie man auf keinen Fall mit anderen Individuen interagieren möchte). Die Videoanalyse sollte bei diesen Coachings ebenfalls enthalten sein (🔲 Abb. 4.5).

Fallbeispiel

Das pferdegestützte Coaching war Bestandteil einer Kommunikationstrainer-Ausbildung und wurde bewusst am Anfang der Ausbildungsreihe terminiert, damit sich alle Teilnehmenden direkt besser kennenlernen. So sollten auch weniger Missverständnisse untereinander aufkommen, weil sich alle besser einschätzen können. Hier lag der Fokus auf Einzelübungen, damit sich die Coachees im Hinblick auf ihr Auftreten und Kommunikationsverhalten selbst reflektieren und auch die anderen Teilnehmer beobachten konnten. So konnten sich alle überlegen, wie sie wohl selbst in der Situation, in der sich die anderen Personen befanden (z. B. wie man ein ca. 35 cm hohes Cavaletti mit einem Pferd überwindet), reagiert hätte und sich gegenseitig stärken. Die Rückmeldungen während und auch noch nach der Trainer-Ausbildung waren durchweg positiv. Die Ausbilderinnen meldeten zurück, dass die Gruppe schneller als die meisten anderen Ausbildungsgruppen zusammengefunden habe.

4.1.3 Teamcoaching

An einem Teamcoaching nehmen Personen teil, die auch im Unternehmenskontext zusammenarbeiten bzw. eine Arbeitseinheit bilden und ein gemeinsames Ziel verfolgen. Ein Teamcoaching kann bspw. im Rahmen einer Teamentwicklung stattfinden. Anlässe hierfür können Aufgaben- und Rollenteilungen bzw. Rollenklärungen in der Gruppe, die Entwicklung oder Stärkung einer guten Zusammenarbeit und auch Kommunikation sowie die Qualitätsverbesserung und -sicherung im Team sein (Lippmann, 2013).

Mit dem Auftraggeber werden die Rahmenbedingungen (Dauer des Coachings, Anzahl der Coachees, Catering etc.) sowie die Themen besprochen. Die Feinkonzeption (Art und Anzahl der pferdegestützten Übungen, theoretische Modelle und Konstrukte) liegt in Absprache mit dem Auftraggeber bei dem Coach. Häufig kommen aufgrund der Gruppengröße mehrere Coaches zum Einsatz. Wie viele Personen an dem Coaching teilnehmen können, hängt von der Erfahrung und der Anzahl der Coaches sowie den Bedingungen vor Ort ab. Meist handelt es sich um Coachings mit bis zu sechs oder höchstens acht Personen. Eine Aufteilung der Personen – wie es beim Gruppencoaching möglich ist – kann hier nicht immer vorgenommen werden, weil die Personen auch im Arbeitskontext miteinander zu tun haben. Sollen daher mehr Personen an dem Coaching teilnehmen (bis zu 14 Personen), müssen die Bedingungen entsprechend angepasst werden (mehr qualifizierte Coaches, mehr geeignete Pferde, Räumlichkeiten etc.). Diese größeren Coachings sollten nur von erfahrenen Coaches durchgeführt werden, da sie ein ganz anderes Ausmaß an Organisation und Gruppenleitung erfordern als kleinere Gruppen.

> Die Teilnehmer im Teamcoaching kennen sich und arbeiten häufig auch im Arbeitskontext zusammen.

Zu den im Coaching behandelten Themen zählen beispielsweise das authentische Führen, eine klare Kommunikation, die Selbst- und Fremdwahrnehmung, das souveräne Auftreten oder auch das Stärken des Vertrauens in sich selbst und das eigene Team. Diese Bereiche können gemeinsam mit den Pferden und anwesenden Personen ressourcenorientiert bearbeitet und auf den Alltag übertragen werden. Weiterhin kann es um die Analyse des eigenen Führungsstils, des Kommunikationsverhaltens sowie der Teamfähigkeit gehen. Neben Einzelübungen kann es hier auch Gruppenübungen mit den Pferden geben. So kann analysiert werden, wie die Teammitglieder untereinander agieren und kommunizieren, wer welche Position innerhalb des Teams innehat und wie sich dies auf den Arbeitsalltag übertragen lässt. Die Übungen werden für die weitere Videoanalyse gefilmt.

> Die Themen im Gruppen- und Teamcoaching ähneln sich teilweise.

Im Teamcoaching können die Teamrollen besprochen werden.

Im pferdegestützten Coaching können somit auch die Teamrollen analysiert werden. In diesem Zusammenhang kann ein Abgleich zwischen der Selbstwahrnehmung und Fremdwahrnehmung vorgenommen werden. Konir (2012) verweist dabei auf die Teamrollen nach Belbin (1993). Hier wird davon ausgegangen, dass ein Team besonders gut zusammenarbeitet, wenn die zugehörigen Personen unterschiedliche Persönlichkeiten aufweisen und verschiedene Rollen innehaben. Diese weisen alle Stärken und Schwächen auf – es geht also (wie im pferdegestützten Coaching) nicht darum, was im Sinne einer Bewertung besser oder schlechter ist.

Sowohl im Gruppen- als auch im zugehörigen Teamkontext hängt die genaue Ausgestaltung von der konkreten Aufgabenstellung und dem für den Kunden ausformulierten Angebot mit den darin enthaltenen Zielsetzungen einerseits und den vorhandenen Ressourcen andererseits ab.

Fallbeispiel

In einer Anfrage eines Teamleiters einer Marketingabteilung wurde deutlich, dass sein Team „ständig unter Strom" sei und die Kommunikation untereinander gar nicht mehr richtig im Vordergrund stünde. Ihm war es wichtig, dass das eineinhalbtägige Coaching mit den Pferden sowohl Einzel- als auch Gruppenübungen beinhaltete. Am ersten Coaching-Tag waren die Teilnehmer zunächst noch auf ihre Handys fokussiert, mussten jedoch feststellen, dass das Handynetz am Veranstaltungsort sehr schlecht war und dass es wenig Sinn machte, E-Mails abzurufen und zu beantworten sowie zu telefonieren. So konnten sich alle Coachees nach und nach auf die Inhalte des Coachings konzentrieren. Nach dem ersten Tag ging der Abend für das Team bei einem gemeinsamen Abendessen weiter. Am nächsten Morgen kamen alle sehr entspannt im Stall an und berichteten, sie hätten am ersten Tag in den Übungen mit den Pferden und der anschließenden Reflexion viel über sich, aber auch über die anderen Teammitglieder gelernt. Zusätzlich sei es toll gewesen, den Tag gemeinsam im Hotel ausklingen zu lassen und entspannt in den zweiten Tag zu starten. Am zweiten Coaching-Tag wurde kaum noch auf die Handys geschaut (es hatte ja auch eh keinen Sinn), und in der Feedbackrunde wurde gesagt, die Gruppe habe in den eineinhalb Tagen wieder zusammengefunden. Es wurde schriftlich festgelegt, wie die Kommunikation fortan untereinander funktionieren sollte. In dem Nachgespräch, das vier Wochen nach dem Pferdecoaching stattfand, berichtete der Teamleiter, es würden sich alle Beteiligten an die Regeln halten und es hätte fast keine Abweichungen von den Vereinbarungen gegeben.

4.1.4 Paarcoaching

Bei Paarcoachings können Pferde ebenfalls eingesetzt werden. Diese dauern ca. drei bis fünf Stunden und beinhalten die Themen eines Paares. Kommunikations- und Verhaltensmuster werden hier mit Hilfe der Pferde näher beleuchtet und auf den Alltag transferiert (◘ Abb. 4.6 und 4.7). Hierbei muss es sich nicht um klassische Paare handeln, auch Geschäftsführer eines Unternehmens, wie auch Ärztetandems, können teilnehmen. Die Erkenntnisse aus den Interaktionen (Pferd-Mensch in Kombination mit den Rückmeldungen des Partners und dem Coach) werden ebenfalls in Bezug auf das Thema oder die Themen auf den Alltag übertragen.

Im Paarcoaching kann es um Paare gehen oder um Duos, wie z. B. Geschäftsführer.

◘ **Abb. 4.6** Im Paarcoaching kann gemeinsam ein Parcours absolviert werden

◘ **Abb. 4.7** Video zum Paarcoaching (▸ https://doi.org/10.1007/000-4pe)

4

Im Paarcoaching kann es um die Bedürfnisse der beteiligten Personen gehen.

So können neue Sichtweisen für beispielsweise gegensätzliche Bedürfnisse erarbeitet werden. Ein Partner kann ein Bedürfnis nach Geborgenheit und Nähe aufweisen, der andere Partner jedoch nach Abgrenzung sowie Selbstbestimmung. Dies kann wiederum beim Partner als gegen diesen gerichtet wahrgenommen werden. Über die Arbeit mit den Pferden kann ein Paradigmenwechsel erleichtert werden und Bedürfnisse werden als Stärken verstanden. Dabei kann es auch um eingespielte Interpretationsmuster gehen, die anders wahrgenommen und verstanden werden. So kann der Umgang miteinander leichter werden, da der jeweilige Partner verstehen kann, dass ein bestimmtes Verhalten gut gemeint ist, selbst wenn man es zuvor anders wahrgenommen oder interpretiert hatte. Weitere Themen können das Führen und Folgen oder auch das Setzen von Grenzen sein. So kann die Bereitschaft, sich mit den eigenen Anteilen an Paarkonflikten sowie Mustern und Teufelskreisen zu beschäftigen und an diesen zu arbeiten, in der Arbeit mit Pferden gefördert werden (Jellouschek-Otto, 2014).

Wie auch bei den übrigen pferdegestützten Coaching-Formaten ist hier der Transfer in den Alltag bzw. in die Realität des Paares wichtig. Bei der Videoanalyse geht es um die Körpersprache, wodurch der Abgleich zwischen Selbst- und Fremdwahrnehmung vorgenommen werden kann. Durch das Bewusstwerden, wie die Coachees von außen wirken, können einzelne Köperbewegungen und auch die Körpersprache verändert werden (Jellouschek-Otto, 2014). Durch die Rückmeldungsprozesse von dem Körper aus an das Gehirn (Body-Feedback) ist es möglich, das psychische System sowohl durch die rationalen Erkenntnisse als auch durch das Geschehen des Körpers zu beeinflussen (Storch et al., 2010).

Die Unterschiede zwischen Paarcoaching und -therapie müssen berücksichtigt werden.

Wie bei jeder Form des (pferdegestützten) Coachings sollten Paarcoachings von professionellen Coaches mit einem entsprechenden Erfahrungsschatz durchgeführt werden. Auch hier wird vom Boden aus gearbeitet, wobei die Pferde durch einen Parcours geführt werden. Der Unterschied zwischen Paarcoaching und Paartherapie muss berücksichtigt werden. Wie auch im psychotherapeutischen Bereich können sich während des Coachings weitere Themen zeigen, die sich aus einem zunächst wichtiger erscheinenden (oder überhaupt für den Klienten bewussten) Thema ergeben und bearbeitet werden können.

Fallbeispiel

Ein Paar meldete sich für ein Paarcoaching an, um die gemeinsamen Kommunikationsmuster zu beleuchten. Sie erzählten im Vorgespräch, dass sie insgesamt gut harmonierten und sich lediglich manchmal stritten (z. B. wenn es um Käse-kuchen ging). Im Coaching absolvierten die beiden die Übun-gen und gaben sich gegenseitig wertschätzendes Feedback. So konnten auch Parallelen im Alltag wiedergefunden werden. In einer gemeinsamen Übung wurde deutlich, wie gut die beiden kommunizierten – beide gaben sich gegenseitig die aus ihrer Sicht richtige Anzahl an Hinweisen, die benötigt wurden, um den Parcours erfolgreich zu absolvieren. Ebenso fanden sie sich in der nachfolgenden Reflexion und der Videoanalyse wieder. Als Fazit stand für sie fest, dass sie gut zusammen-passten und Hürden gemeinsam meistern.

4.2 Themen & Anliegen im pferdegestützten Coaching

4

In der Auftragsklärung wird das Thema des Klienten herausgearbeitet.

Wie in der pferdegestützten Psychotherapie lassen sich im Pferdecoaching verschiedene Themen der Klienten bearbeiten. Dabei kann ein Oberthema, wie beispielsweise die Wirkung und Ausstrahlung, im Einzelfall ganz unterschiedliche Facetten und Schwerpunkte aufweisen. Daher ist eine fundierte Auftragsklärung unabdingbar. Im durch den Coach angeleiteten Prozess darf der Coachee die Rückmeldungen der anderen Personen und Pferde annehmen oder auch ablehnen. Ebenso darf er für sich entscheiden, in welchen Bereichen er sich verändern möchte und in welchen nicht. Es geht nicht darum zu „entschlüsseln", was richtig und was falsch ist. Auf verschiedene Themen, die Klienten im pferdegestützten Coaching im Sinne der Persönlichkeitsentwicklung mitbringen, wird nachfolgend eingegangen.

4.2.1 Selbst- & Fremdwahrnehmung

Klienten erhalten im Pferdecoaching Rückmeldungen zu ihrer Außenwirkung.

Mit Hilfe des Coachings kann die Selbst- und Fremdwahrnehmung des Coachees abgeglichen werden. Dabei wird analysiert, wie sich der Klient in der Interaktion mit dem Pferd sieht und wie dies von außen wahrgenommen wurde. Die Außenwirkung wird über das Spiegeln des menschlichen Verhaltens durch das Pferd, durch das Feedback des Coaches und möglicher weiterer anwesender Personen sowie im Anschluss an die Pferd-Mensch-Interaktion in der Videoanalyse aufgegriffen. Hier lassen sich ebenfalls Parallelen zum Alltag herleiten, indem beispielsweise von Seiten des Coachees berichtet wird, dass ihm von anderen Personen ähnliche Dinge wie von den Personen vor Ort rückgemeldet wurden.

Es kann sein, dass ein Klient sehr souverän mit dem Pferd den Parcours meistert, Mensch und Pferd entspannt wirken, der Klient jedoch rückmeldet, wie unsicher und nervös er sich gefühlt habe. Von außen erhält er die Rückmeldung des Coaches (und möglicherweise auch anderer anwesender Coachees), dass er entspannt gewirkt habe – also eine ganz andere Wahrnehmung im Vergleich zur Selbsteinschätzung. In der Videoanalyse kann das Thema erneut aufgegriffen werden. Häufig kommt hier die Rückmeldung, dass sich der Coachee selbst von außen auch als ruhig wahrgenommen hat und das Feedback der anderen nun viel besser versteht.

Bezogen auf den Alltag kann dies zur Aussage führen, dass die Person in einer Präsentation ebenfalls sehr aufgeregt war, die Zuhörer jedoch das Feedback gaben, derjenige habe sehr souverän und ruhig gewirkt. Dies kann eine gute Basis sein, um die Selbstwirksamkeit des Klienten mit Hilfe verschiedener (systemischer) Fragen zu stärken. Insgesamt kann also festgestellt werden, wie sich derjenige selbst sieht und wie er von anderen eingeschätzt wird. So kann festgestellt werden, wo es Übereinstimmungen zwischen der Selbst- und Fremdwahrnehmung gibt und wo Diskrepanzen vorhanden sind. Damit einhergehend kann festgestellt werden, wo sich die Person selbst schlechter oder besser einschätzt als andere.

Indem Pferde menschliches Erleben und Verhalten spiegeln, können auch Bereiche (z. B. Denkmuster, Verhaltensweisen) verdeutlicht werden, die den Klienten zunächst nicht bewusst waren (sog. blinde Flecken; Konir, 2012).

Die Rückmeldungen der Coaches, des Pferdes und die Videoanalyse ermöglichen den Vergleich zur Selbstwahrnehmung des Klienten.

4.2.2 Wirkung & Ausstrahlung

Die Wirkung und Ausstrahlung einer Person zeigen sich häufig bereits, wenn sie Kontakt zum Pferd aufnimmt (◻ Abb. 4.8). Möchte der Klient dieses Thema im Coaching aufgreifen, kann sehr gut von der Reaktion des Pferdes ein Transfer in den Alltag gezogen werden. Eine Person kann das Thema mitbringen, sie wirke häufig arrogant und unterkühlt im Umgang mit anderen Menschen. In der Interaktion mit dem Pferd kann sich zunächst zeigen, dass der Coachee auch wenig Kontakt zum Pferd aufnimmt, dann jedoch mehr mit diesem interagiert. Dabei kann es sein, dass der Klient mit dem Pferd spricht (diesem – oder sich selbst – beispielsweise den Parcours erklärt), auf sein Gegenüber achtet (z. B. beim Überqueren von auf dem Boden liegenden Hindernisstangen) und das Tier lobt.

Beim Transfer auf den Alltag stellt die Person fest, dass sie sich selbst sehr kritisch sieht und dass von anderen noch nie die Rückmeldung kam, sie sei arrogant oder unterkühlt. Hier

Pferde reagieren auf die Wirkung und Ausstrahlung der Coachees.

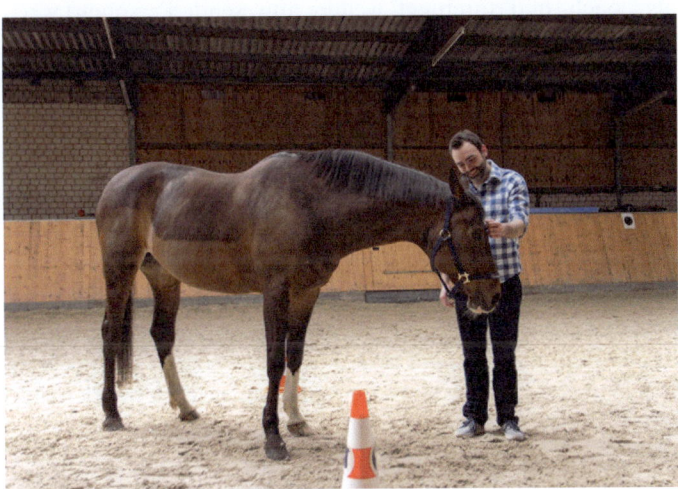

◻ **Abb. 4.8** In der Kontaktaufnahme gibt das Pferd bereits eine Rückmeldung zum Auftreten des menschlichen Gegenübers

4

kann ebenfalls das Thema der Selbst- und Fremdwahrnehmung eine Rolle spielen. Im Rahmen des Coachings kann näher darauf eingegangen werden, wie derjenige im Alltag auftreten möchte und wie er seine Selbsteinschätzung der Wirkung und Ausstrahlung überprüfen kann. Das Thema kann auch darauf bezogen werden, im Mittelpunkt zu stehen. Wie reagieren die Pferde auf denjenigen, interessieren sie sich für diesen oder nicht? Hier wird betrachtet, wie dies für die jeweilige Person ist. Wie bei den übrigen Themen ist die Reflexion des Themas im Zusammenhang mit der Pferd-Mensch-Interaktion und Transfer auf den Alltag wichtig, um auch mögliche Änderungsoptionen zu besprechen.

4.2.3 Kommunikations- & Führungsverhalten

Mit Hilfe der Pferde erhalten Klienten Rückmeldungen zu ihrer nonverbalen Kommunikation und zum authentischen Führen.

Der Bereich Kommunikation kann, muss aber nicht mit dem persönlichen Führungsverhalten, das bei (angehenden) Führungskräften relevant sein kann, einhergehen. Ebenso wie in der pferdegestützten Psychotherapie sind vor allem nonverbale Aspekte der Kommunikation wichtig. Zugehörige Fragestellungen können sein, wie authentisch die Person führt und ob bzw. wie sie als Führungsperson wahrgenommen wird. Weiterhin können Kommunikationsmuster verdeutlicht werden. Bleibt das Pferd im Parcours stehen und möchte nicht weitergehen, versucht der Klient möglicherweise partnerschaftlich und freundlich, das Tier zu motivieren, indem er diesem gut zuredet und dieses streichelt. Eine andere Person würde eher das Ziel fokussieren und am Führstrick Druck aufbauen, bis das Pferd wieder mitkommt. Auch hier gilt es, als Coach (und durch ggf. weitere anwesende Personen) wertneutrale Beobachtungen als Feedback zu geben, die Rückmeldungen des Coachees zu integrieren und den Transfer in den Alltag zu leisten.

Es kann außerdem analysiert werden, ob das Pferd denjenigen verstanden hat und warum die eine oder andere Situation scheinbar „nicht funktioniert" hat. Häufig liegt es an der Kommunikation. Ein Pferd, das stehen bleibt, wird möglicherweise von dem Coachee gestreichelt – in der Hoffnung, dass man diesem so „gut zureden" kann. Das Pferd kann sich hier jedoch in seinem Verhalten bestärkt fühlen und versteht nicht, dass es weitergehen soll. Das kann in der weiteren Besprechung (auch in der Videoanalyse) erneut aufgegriffen werden und auf die Interaktionen im Führungskontext oder privaten Bereich übertragen werden.

Die Themen des Vertrauens und Delegierens können ebenfalls im Coaching mit Pferden analysiert werden.

Weiterhin kann das Thema Vertrauen integriert werden. Dabei kann es darum gehen, wie sich der Coachee selbst vertraut und inwiefern sein vierbeiniges Gegenüber ihm vertraut.

◘ **Abb. 4.9** Pferde reagieren unmittelbar auf das Kommunikations- sowie Führungsverhalten der Coachees

Führungsstile können ebenfalls thematisiert werden (sowohl im Einzel- als auch Gruppencoaching). Dabei kann analysiert werden, wie die Person das Pferd führt und mit diesem kommuniziert und welcher Führungsstil im Alltag bevorzugt wird (und wie die Mitarbeiter der Person darauf reagieren; ◘ Abb. 4.9). Darüber hinaus kann das Thema Delegieren mit einbezogen werden, wenn Aufgaben mit den Pferden im Gruppenkontext anderen Personen übertragen werden. Die Führung der Mitarbeiter kann somit in unterschiedlichen Bereichen betrachtet werden, die alle auch mit dem Teambuilding oder der Stärkung des Teams einhergehen (Schütz, 2019). Gehrke (2009) und Konir (2012) sehen die Vorteile pferdegestützter Interventionen ebenfalls bei den Bereichen Führung und Management. Pferde können helfen, menschliche Führungsqualitäten zu fördern bzw. zu entwickeln (durch den Fokus auf das eigene Selbstbewusstsein). Dabei gibt es viele Parallelen zwischen der Interaktion der Pferde untereinander und bei Menschen im Führungskontext. So kommt es bei den Tieren beispielsweise auf eine vertrauenswürdige, authentische, geradlinige und ehrliche Führung an, wie auch im Unternehmen bei der Führung von Mitarbeitern.

Pferde prüfen bei ihrem Gegenüber sehr schnell, inwiefern dieses vertrauenswürdig ist und führen kann oder ob sie lieber die Führung übernehmen sollen. Evolutionär bedingt macht das durchaus Sinn, denn ein Pferd möchte das Überleben sichern und vertraut sich einem anderen Individuum nur an, wenn es dieses für kompetent hält. So kann das Führungsverhalten beispielsweise in einem Parcours mit mehreren Elementen ausgiebig dargestellt werden. Wie führt die Person, wie

Pferde prüfen unmittelbar, inwiefern ihr Gegenüber authentisch und vertrauenswürdig führen kann.

4

geht sie mit Komplikationen und Missverständnissen im Parcours um, wie entspannt geht das Pferd mit, wie ist die Haltung des Führstricks und wie ist die Mensch-Pferd-Interaktion insgesamt zu beurteilen. Diese Aspekte können beispielsweise mit Hilfe der Pferde analysiert werden. Eine Teilnehmerin (Führungskraft) hatte in diesem Zusammenhang in einem Coaching darauf hingewiesen, wie wertvoll das wertneutrale und ehrliche Feedback der Pferde sei. Je höher die Führungsposition, umso weniger (ehrliches) Feedback würde man von seinen Mitarbeitern bekommen. Das Pferd sei daher ein klarer Spiegel des eigenen Verhaltens, um sich selbst zu reflektieren und als Gedankenanstoß zu dienen.

4.2.4 Grenzen setzen

Im Coaching mit Pferden kann das Setzen von Grenzen auf unterschiedliche Art und Weise aufgegriffen werden. Pferde prüfen sehr schnell, ob der Mensch führt oder das Pferd in der Runde die Führung übernimmt. Hier zeigt sich bereits, wie der Klient sein Vorhaben, den Parcours gemeinsam mit dem Tier zu absolvieren, bewältigt. Es kann sein, dass das Pferd mehrfach stehen bleibt, sich kratzt, sich anderen Dingen in der Umwelt widmet (und sich nicht mehr für die Person interessiert) oder einfach die Richtung ändert.

Mit Hilfe der pferdegestützten Übungen kann das Setzen und Einhalten von Grenzen analysiert werden.

Es kann auch sein, dass das Pferd eine Pylone anhebt, umwirft oder sogar wegträgt. Hier kann analysiert werden, welche Gedanken dem Coachee in welcher Situation durch den Kopf gingen, wie er sich verhalten hat und wie es im Alltag ist. So kann besprochen werden, in welchen Situationen sich derjenige lieber zurücknimmt, als seine eigenen Bedürfnisse wahrzunehmen und diese in den Vordergrund zu stellen. Das Setzen der Grenzen kann – gemeinsam mit dem Coach – ausprobiert werden. Der Coachee kann feststellen, wie es sich anfühlt, Grenzen zu setzen, und wie sein Gegenüber darauf reagiert.

In diesem Zusammenhang kann es gut passieren, dass das Pferd dankbar für eine klare Kommunikation ist und sich der führenden Person gerne anschließt. Klare Kommunikation sollte hier nicht mit unfairen, „harten" oder egoistischen Verhaltensweisen verwechselt werden. In Bezug auf den Alltag sollten im nachfolgenden Gespräch weitere Schritte und ihre konkrete Umsetzung festgehalten werden.

4.2.5 Entscheidungen treffen

Das Treffen von Entscheidungen kann mit Hilfe der Pferde sehr gut verdeutlicht werden. Personen, die beispielsweise Schwierigkeiten haben, Entscheidungen zu treffen, im Nachhinein überlegen, welche Alternative vielleicht doch besser gewesen wäre oder das Gefühl haben, das Gegenüber ist mit den getroffenen Entscheidungen nicht einverstanden, können von der pferdegestützten Arbeit profitieren. Es kann sich aber auch um konkrete Entscheidungssituationen, zwischen denen der Coachee sich entscheiden muss oder möchte, handeln. Neben allgemeinen Entscheidungsschwierigkeiten und kognitiven Dissonanzen kann es sich auch um konkrete Situationen handeln, die eine Entscheidung erfordern.

> Im pferdegestützten Coaching kann das Treffen von Entscheidungen mit unterschiedlichen Facetten bearbeitet werden.

In der Dissonanztheorie nach Festinger (1957) wird davon ausgegangen, dass sich Personen darum bemühen, eine Übereinstimmung ihrer Einstellungen und ihrer Verhaltensweisen beizubehalten. Sobald dies nicht funktioniert und keine angemessene Rechtfertigung für das dissonante Verhalten (das man eigentlich nicht an den Tag legen wollte, weil es beispielsweise nicht zu den eigenen Einstellungen passt) existiert, kommt es zur kognitiven Dissonanz. Hierdurch entsteht die (individuell unterschiedlich stark ausgeprägte) Motivation, wieder eine konsonante Beziehung zwischen den Einstellungen und dem Verhalten herzustellen. Möchte man aktuell eine Diät machen und wird doch bei einer Schokotorte schwach (= dissonantes Verhalten), werden einen verschiedene (Schuld-)Gefühle plagen. Mit verschiedenen Strategien versucht man, das Gleichgewicht wieder herzustellen (indem man sich beispielsweise sagt, die Torte sei eine Belohnung für das bisherige Durchhalten gewesen oder es habe an dem stressigen Tag gelegen...). Es kann jedoch auch sein, dass Personen im Anschluss an eine getroffene Entscheidung sehr häufig oder (fast) immer das Gefühl haben, es hätte eine bessere Option gegeben oder andere Personen seien mit der Entscheidung nicht einverstanden.

> Auch kognitive Dissonanzen können thematisiert werden.

Auf das pferdegestützte Coaching bezogen kann es hierbei beispielsweise um eine berufliche Entscheidung gehen (Jobalternative A oder B – oder doch eine ganz andere?) oder um die bereits dargestellte Option, ein Auslandssemester zu absolvieren. Unterschiedliche Parcours-Elemente stehen hier symbolisch für die Auswahlmöglichkeiten. Indem der Coachee die Stationen des Parcours bewältigt, kann er in diese hineinfühlen. Innere Widerstände werden teilweise durch das Pferd gespiegelt, indem es stehen bleibt oder langsamer wird. Letztlich müssen das Verhalten des Pferdes und die Übertragung auf des Thema des Klienten jedoch situationsspezifisch be-

4

trachtet werden. Wichtig ist die Einschätzung aus Sicht des Coachees. Welche Variante hat sich wie für ihn angefühlt, was ist aufgefallen und wie hat es von außen gewirkt?

4.2.6 Selbstvertrauen & Selbstwirksamkeitserwartung

Das Selbstvertrauen wird hier im Zusammenhang mit der Selbstwirksamkeit und im entferntesten Sinne auch mit dem Thema Selbstbewusstsein betrachtet. Mit Hilfe der pferdegestützten Arbeit kann analysiert werden, wie der Klient die Interaktion mit dem Pferd und beispielsweise das Absolvieren eines Parcours bewertet. Hier kann der Coach feststellen und hinterfragen, ob mehr negative oder mehr positive Aspekte durch den Coachee geäußert werden und ob dieser sehr selbstkritisch ist.

In den Übungen mit den Pferden geht es um das Selbstvertrauen des Klienten und das Vertrauen gegenüber dem Pferd.

Vertrauen muss der Klient in sich und seine Fähigkeiten beispielsweise setzen, wenn er mit dem Pferd eine knisternde Plastikplane überqueren möchte. So kann er dem Pferd auch das Vertrauen vermitteln, dass dieses keine Sorgen haben muss, über die Plane zu laufen (◘ Abb. 4.10). Diese stellt für das Tier einen ungewohnten Untergrund dar. Vertraut das Pferd dem Klienten hier nicht (und vertraut der Klient nicht in sich und das Pferd), geht es möglicherweise mit diesem nicht über dieses Hindernis.

Die Videoanalyse kann sinnvoll in Themen rund um das Selbstvertrauen mit einbezogen werden.

Gerade im Gruppenkontext fällt das Feedback für andere Gruppenmitglieder häufig besser aus als die Bewertung der eigenen Übung mit dem Pferd. Sind keine anderen Personen anwesend, gibt der Coach sein wertfreies Feedback und sollte in der Videoanalyse erneut auf die einzelnen Aspekte eingehen. Sehr selbstkritische Personen können vor allem das positive Feedback anderer Personen (wie z. B. die Rückmeldungen des Coaches) teilweise nicht oder nur schwer annehmen. Auch dem Pferd wird dann eher nachgesagt, es sei aus Mitleid mitgegangen oder weil es endlich auf die Wiese oder in den Stall wollte. Sehr wichtig ist es daher, die Interaktionen später mit Hilfe der Videos zu analysieren. In diesem „Videobeweis" wird dann beispielsweise sichtbar, dass der Coachee eine andere Körperhaltung eingenommen hat, energischer und dennoch wertschätzend (ohne an dem Strick zu zerren) vorangeschritten ist und das Pferd dann gefolgt ist. Es lag also nicht an dem Pferd, sondern an dem Klienten. Im weiteren Coaching-Verlauf sollte dies besprochen werden. In diesem Zusammenhang kann erneut auf die Arbeit mit positiven Affirmationen hingewiesen werden. Diese können sich positiv auf das Selbstvertrauen auswirken.

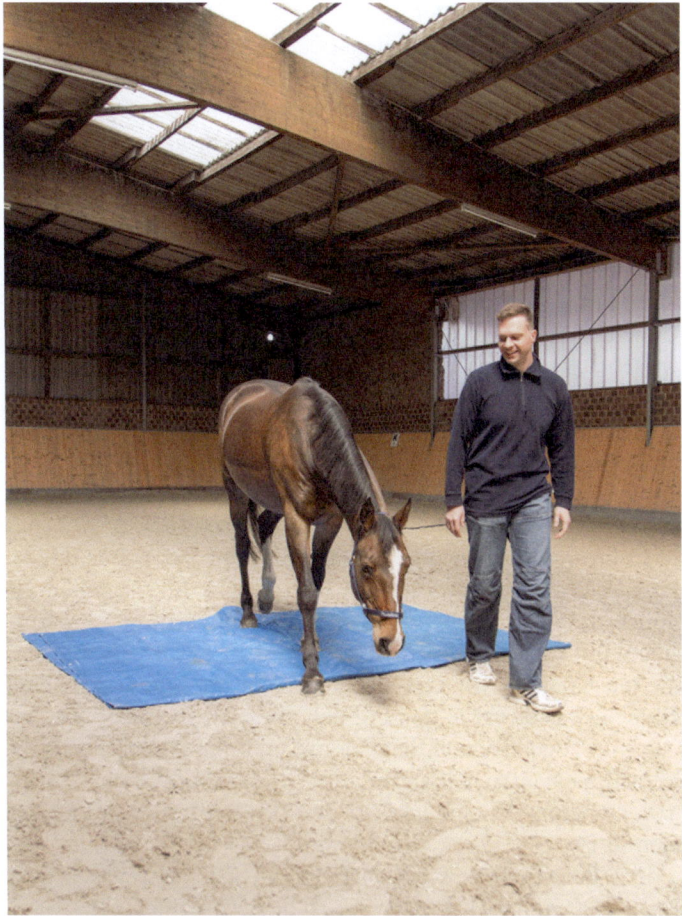

□ Abb. 4.10 Beim Überqueren der knisternden Plastikplane muss das Pferd der führenden Person vertrauen

4.2.7 Achtsamkeit

Achtsamkeit ist für viele Menschen ein Modewort geworden und jeder hat seine etwas eigene Definition hierfür. Die meisten Personen sind sich im Alltagssprachgebrauch einig, dass es der Gegenpol einer schnelllebigen Welt mit Multitasking und dem Gefühl, allzeit bereit zu sein bzw. nichts verpassen zu wollen (auch *Fear of missing out* genannt), ist. Dabei geht es auch darum, präsent im Hier und Jetzt zu sein – wie auch die Pferde. Sie sind im Hier und Jetzt und können damit ein gutes Vorbild und ein Spiegel für uns sein.

Achtsam mit sich und anderen zu sein, geht auch mit Empathie einher und lässt sich in der pferdegestützten Arbeit abbilden. Was vermutet man, wie sich das Pferd fühlt und wie die Übung für das Tier war? Klienten können hierzu ihre Ein-

4

Die Achtsamkeit sich selbst und dem Pferd gegenüber kann im Coaching thematisiert werden.

Musik kann bei Achtsamkeitsübungen mit Pferden eingebaut werden.

drücke schildern. Weder sie noch die Coaches können die Gedanken des Pferdes lesen, dennoch kann thematisiert werden, wie das Pferd in welcher Situation reagiert hat. Hat es sich wohlgefühlt, war es nervös oder wirkte es unzufrieden? Klienten können hier ihre Wahrnehmung rückmelden, ebenso wie der Coach und möglicherweise weitere anwesende Personen. So kann auch ein Abgleich zwischen Selbst- und Fremdwahrnehmung stattfinden (wie der Coachee die Situationen im Vergleich zum Coach wahrgenommen hat). Die Videoanalyse kann das ebenfalls verdeutlichen. Wichtig ist dabei, dass der Coach das jeweilige Pferd mit seinen typischen Verhaltensweisen sowie grundlegende Ausdrucksweisen von Pferden erkennen und vermitteln kann.

Der Bereich der Achtsamkeit kann außerdem mit der Stressprävention zusammengebracht werden. Im Rahmen spezifischer Stress-, Resilienz- und Achtsamkeits-Coachings stehen zugehörige Übungen, wie Stress verarbeitet wird und wie mit diesem umgegangen werden kann, im Fokus. Dabei geht es um Faktoren, die das menschliche Stresserleben erhöhen, und um solche, die den Stress mindern und zur Entspannung führen können. Weiterhin geht es um Ressourcen, die die Klienten vor Ort und vor allem im Alltag aktivieren können, was direkt in den Pferdekontext eingebunden werden kann. In zugehörigen Übungen mit und ohne Pferdebezug erleben die Klienten, wie sie mit dem Stress besser umgehen können, wobei natürlich auch hier der Transfer in den Alltag elementar ist.

Im Bereich der Achtsamkeit kann beispielsweise Musik eingesetzt werden. Diese wirkt sich in vielen Fällen positiv auf die menschliche Psyche und damit auf die Stimmung aus. Die eigene Stimmung kann durch sie verändert werden (Thompson et al., 2001) und man kann sich durch sie in Trance versetzen (Kohlmetz et al., 2003). Zudem lassen sich unangenehme Gefühle durch den Einsatz von Musik ausblenden (Szabo et al., 1997). Auch in der pferdegestützten Arbeit besteht die Möglichkeit, Musik in die Einheiten mit den Pferden einzubinden. Sie kann sich auch hier auf die Gefühle der Klienten auswirken. Weitere Bereiche sind die Motivation oder das Flow-Erleben (der Bereich zwischen Langeweile und Überforderung, in dem die Zeit wie im Flug vergeht und man das Gefühl hat, alles im Griff zu haben). Zusätzliche Impulse für weitere Gespräche ergeben sich durch die Beobachtung des Coaching-Pferdes. Hier kann besprochen werden, wie das Pferd auf die Musik reagiert und wie sich das wiederum auf die Coachees auswirkt.

Viele Klienten berichten, dass sie in der Anwesenheit eines Pferdes und in der Natur zur Ruhe kommen. Hier geht es nicht nur darum, dass Pferde unmittelbar auf das aktive Verhalten ihres Gegenübers reagieren, sondern dass auch mal Ruhe und Entspannung und das „Nichtstun" im Vordergrund stehen.

Zusammenfassung

Pferdegestützte Coachings variieren, was den Aufbau und die Inhalte anbelangt, je nach beruflichem Hintergrund des Coaches, dessen Schwerpunkten und natürlich je nach Themen der Klienten. Dabei können die Einheiten mit den Pferden einzelne Elemente in einer Reihe von Coaching-Terminen ohne Pferdebezug sein, oder es werden alle Coachings mit Pferden durchgeführt. Hier liefern die Übungen mit den Pferden neue Impulse, zentral sind jedoch neben der Auftragsklärung die Reflexion mit dem Coach, um den Transfer in den Alltag zu gewährleisten. In diesem Zusammenhang gibt es Einzelcoachings, bei denen die individuellen Anliegen der Coachees im Vordergrund stehen. Bei Gruppencoachings sowie der zugehörigen Variante der Teamcoachings sind mehrere Personen anwesend, wobei die Themen anders und häufig im beruflichen Kontext bearbeitet werden. Auch die anderen anwesenden Coachees geben hier Feedback. Im Paarcoaching können die Paare neue Perspektiven über ihren Partner gewinnen, wobei auch hier – wie bei allen Formen des Coachings – der Praxistransfer gewährleistet sein muss. Thematisch geht es in den pferdegestützten Coachings um die Selbst- und Fremdwahrnehmung, die Wirkung und Ausstrahlung, das Kommunikations- und Führungsverhalten, das Setzen von Grenzen oder auch das Treffen von Entscheidungen sowie die Themen Selbstvertrauen und Selbstwirksamkeitserwartung oder den Bereich der Achtsamkeit (weitere Themen können ebenfalls bearbeitet werden).

Literatur

Belbin, M. R. (1993). *Team roles at work*. Butterworth-Heinemann.

Festinger, L. (1957). *A theory of cognitive dissonance*. Stanford University Press.

Gehrke, E. K. (2009). Developing coherent leadership in partnership with horses – a new approach to leadership training. *Journal of Research in Innovative Teaching, 2*, 222–233.

Jellouschek-Otto, B. (2014). Pferdegestütztes Paar-Coaching. Wie Pferde Paaren zu mehr Kooperationsfähigkeit und zu tragfähigen Konfliktlösungen verhelfen können. *Psychotherapie im Dialog, 15*(4), 86–89. https://doi.org/10.1055/sfj-0040-100177

Kohlmetz, C., Kopietz, R., & Altenmüller, E. (2003). Stability of motor programs during a state of meditation: electrocortical activity in a pianist

4

playing 'Vexations' by Eric Satie continuously for 28 hours. *Psychology of Music, 31*(2), 173–186.

Konir, G. (2012). *Pferdegestütztes Coaching. Menschliche Potenzialentwicklung durch tierische Hilfe.* Books on Demand.

Lippmann, E. (2013). Settings. In E. Lippmann (Hrsg.), *Coaching* (S. 88–106). Springer.

Schütz, K. (2019). Mensch-Pferd-Interaktionen in der Persönlichkeitsentwicklung von Führungskräften. *Pferdespiegel, 22*, 138–140. https://doi.org/10.1055/a-0793-6678

Storch, M., Cantieni, B., Hüther, G., & Tschacher, W. (2010). *Embodiment* (2. Aufl.). Huber.

Szabo, A., Small, A., & Leigh, M. (1997). The effect of slow – and fast-rhythm classical music on progressive cycling to voluntary physical exhaustion. *Journal of Sports Medicine and physical Fitness, 39*, 220–225.

Thompson, W. F., Schellenberg, E. G., & Husain, G. (2001). Arousal, mood, and the Mozart effect. *Psychological Science, 12*(3), 248–251.

Übungen im Pferdecoaching

Inhaltsverzeichnis

© Der/die Autor(en), exklusiv lizenziert durch Springer-Verlag GmbH, DE, ein Teil von Springer Nature 2022
K. Schütz, *Pferdegestütztes Coaching – psychologisch basiert und wissenschaftlich fundiert*,
https://doi.org/10.1007/978-3-662-64510-9_5

5

Verschiedene Übungen mit unterschiedlichem oder komplett ohne Equipment können im Pferdecoaching eingesetzt werden.

In pferdegestützten Interventionen kommen viele verschiedene Übungen in Betracht – je nach Thema, Personenanzahl oder Zielsetzung des Coachings. Man kann die Pferde im Herdenkontext zunächst auch ohne einen bestimmten Parcours beobachten. Hier vermuten die Coachees, welches Pferd welche Position in der Herde innehat (Wer bewegt wen? Wer gibt die Kommandos vor? Wer ist der Chef?). Für die weiteren Übungen werden Elemente eines Parcours aufgebaut, der mehrere Stationen enthält. Zum Equipment zählen beispielsweise Stangen, Pylonen, Planen, Litzenstäbe, Streifen aus LKW-Plane oder auch Bälle. Diese werden umrundet oder überquert. Die Übungen erfolgen alle vom Boden aus, es wird nicht geritten. Man führt das Pferd beispielsweise im Slalom um Pylonen herum, über eine Plastikplane, im Trab über eine auf dem Boden liegende Stange (◘ Abb. 5.1) oder treibt dieses mit der eigenen Körpersprache vor sich her, ohne dass ein Parcours vorhanden ist. Außerdem besteht die Möglichkeit, das Pferd zwischen zwei Stangen rückwärts zu richten.

Pferde prüfen als Fluchttiere im Parcours die Kompetenzen der führenden Person.

Im Zusammenhang mit diesen Übungen werden die klare Kommunikation dem Pferd gegenüber und das souveräne Führen, einschließlich des Vermittelns von Vertrauen, thematisiert. Vertrauen muss das Pferd dem Coachee beispielsweise, wenn dieser mit ihm über eine Plastikplane gehen möchte, die für das Pferd einen ungewohnten Untergrund darstellt. Vertraut das Pferd dem Klienten hier nicht, geht es mit diesem nicht oder erst nach einigem Zögern über die Plane. Pferde prüfen als Fluchttiere immer wieder, welche Kompetenzen ihr Gegenüber bzw. der Führende aufweist und ob dieser (weiter-

◘ Abb. 5.1   Das Pferd trabt gemeinsam mit der Klientin über die Stange – es sollte beim Überqueren des Hindernisses in dieser Gangart bleiben

hin in der gesamten Übung) vertrauenswürdig ist. Dieses Verhalten macht man sich im Coaching in der Pferd-Mensch-Interaktion zunutze, da das Pferd auch hier prüft, ob man der Person vertrauen und mit ihr beispielsweise über die knisternde Plastikplane gehen kann. Wichtig ist hier die nachfolgende Reflexion, die durch den Coach angeleitet wird (Schütz, 2019, 2020).

In diesem Kontext zeigt sich, wie klar die Person kommuniziert und ob das Pferd direkt versteht, was es machen soll, stehen bleibt oder in eine andere Richtung geht. Auch das richtige Maß in Bezug auf den Druck und das Nachgeben, das benötigt wird, damit sich das Pferd in Bewegung setzt oder generell weitergeht, gilt es – wie im Alltag mit anderen Menschen – zu finden und einzusetzen. Neben den Übungen mit den Pferden sind die Fragen des Coaches elementar. Mit Hilfe dieser wird der gesamte Prozess gesteuert und die Reflexion angeregt. Die Fragen beziehen sich dabei einerseits auf die Erlebnisse in der Interaktion mit dem Pferd und andererseits auf den Transfer in Bezug auf das Thema des Coachees bzw. auf den Übertrag in den Alltag.

Neben Einzelübungen werden im Coaching Gruppen- bzw. Teamübungen eingesetzt. Hier erteilt eine Hälfte des Teams beispielsweise Anweisungen zum Aufbau eines Parcours für die andere Gruppe. In diesem Zusammenhang wird betrachtet, wie die Personen untereinander agieren, d. h. ob die Anweisungen klar und wertschätzend kommuniziert werden und wer welche Position innerhalb des Teams innehat. Alle Übungen werden für die weitere Analyse und den Abgleich zwischen Selbst- und Fremdbild mit der Videokamera aufgenommen.

> Eine klare Kommunikation und das richtige Maß an Druck und Nachgeben sind in den Übungen mit den Pferden relevant.

Körperhaltungen und innere Bilder der Coachees können in die pferdegestützten Übungen integriert werden.

Die Gruppenmitglieder können den Parcours auch mit mehreren Personen gemeinsam mit dem Pferd (oder zwei Pferden) absolvieren. Hier kommt es nicht nur auf die Kommunikation zwischen den Personen untereinander (wie beim Parcours-Aufbau) an, sondern es muss auch auf das Pferd oder die Pferde geachtet werden. Richtung, Tempo und Abstände gilt es dabei zu beachten. Auch hier werden die Mensch-Pferd-Interaktionen reflektiert und durch die Fragen eines geschulten Coaches auf den (Arbeits-)Alltag übertragen.

Bezogen auf das bereits beschriebene Power Posing nehmen die Personen unterschiedliche Körperhaltungen und / oder innere Bilder ein, während sie einen Parcours absolvieren. Dabei werden vier Pylonen im Abstand von zwei bis drei Metern in einer Reihe aufgebaut. Für die Videoanalyse wird die Kamera ebenfalls auf die Linie der Pylonen gestellt. Die Coachees erhalten zunächst die Instruktion, seitlich an den Pylonen vorbei und dann im Slalom um die Pylonen herum zu gehen. Im Anschluss an diese erste, neutrale Übung sollen sie sich an eine Situation erinnern, in der ihnen etwas nicht gelungen ist und sie sich klein gefühlt haben (inneres Bild). Zusätzlich sollen sie dieses Gefühl im gesamten Körper spüren und eine Low Power Pose einnehmen. Dabei machen sie sich selbst klein, lassen die Schultern hängen in Kombination mit einer geringen Körperspannung. Sobald die Personen angeben, gedanklich eine Situation vor Augen zu haben, startet die nächste Runde. Auch hier geht es zunächst an den Pylonen vorbei und dann wieder im Slalom um die Kegel herum auf den Coach und auf die Kamera zu.

Vor der dritten Runde erhalten die Coachees zunächst die Anweisung, tief durchzuatmen und die Gedanken loszulassen. Sie sollen nun an eine besonders schöne Situation denken, in der alles geklappt hat, sie stolz auf sich waren und sich stark gefühlt haben. Neben diesem positiven inneren Bild sollen sie eine High Power Pose einnehmen (sich groß machen, die Schultern zurücknehmen und den Körper positiv anspannen). Auch hier startet die Übung mit dem Pferd, sobald die Personen die Rückmeldung geben, sich gedanklich in einer derartigen Situation zu befinden. Im Anschluss an die drei Runden werden die Coachees befragt, wie sie die Übungen erlebt haben und welche Unterschiede ihnen aufgefallen sind. Zusätzlich erhalten sie das Feedback des Coaches und möglicher weiterer anwesender Coachees zu den drei Runden, um neben der Selbstwahrnehmung auch eine Rückmeldung zur Fremdwahrnehmung zu erhalten. Wichtig ist – wie in allen pferdegestützten Coachings – der Transfer in den Alltag. Die Teilnehmer werden gefragt, wo sie sich in Bezug auf die Erlebnisse mit dem Pferd und die Rückmeldungen der anderen Coachees und der Coaches im Alltag wiederfinden oder was neu für sie

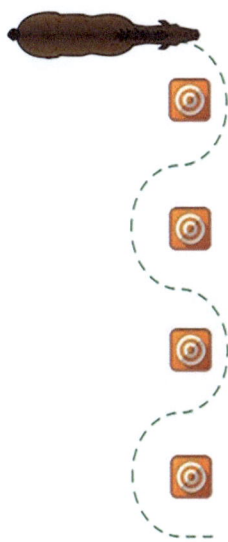

ist. Die Reihenfolge der Runden (neutral, Low Power Pose, High Power Pose) sollte nicht verändert werden, damit keine Person das Coaching in der Low Power Pose und mit möglichen negativen Gedanken beendet, sondern in der High Power Pose mit möglichst positiven Gedanken. Die neutrale Runde dient als Baseline und sollte als erste erfolgen, wenn noch kein Vorwissen der Beteiligten, was folgen wird, vorhanden ist. Häufig ergeben sich deutliche Unterschiede beim Losgehen und auch der Dauer des Parcours (beides dauert in der Low Power Pose meist länger als in den anderen Runden). Der Aufbau der Übung ist in ◘ Abb. 5.2 dargestellt.

In Bezug auf das Thema Selbstwirksamkeit können unterschiedliche Übungen eingesetzt werden. In unserer Studie (Schütz & Steinhoff, 2019) wurde die nachfolgend beschriebene Übung verwendet. Hierbei sollen die Coachees im Anschluss an die Kontaktaufnahme mit den Tieren eines von zwei Pferden auswählen und die Übung bewältigen. Sie erhalten die Aufgabe, gemeinsam mit dem Pferd zwischen den aufgestellten Pylonen ein Dreieck zu laufen, sodass sich von oben betrachtet ein Stern ergibt. Die Pylonen bilden ein Dreieck und damit einen Teil des Sterns. Indem die Coachees mit dem Pferd ein entgegenliegendes Dreieck abgehen, ergibt sich der zweite Teil des Sterns (◘ Abb. 5.3).

Dabei liegt es an den Teilnehmenden, wie sie die Aufgabe ausführen. Einige vollenden die Übung mehrfach hintereinander, bei anderen bleibt das Pferd an einem Punkt stehen, andere vergessen, wo sie angefangen haben. Nicht alle Personen wählen den Weg innerhalb der Pylonen – einige gehen

Zum Thema Selbstwirksamkeit gibt es verschiedene Übungen mit Parcours-Elementen.

5

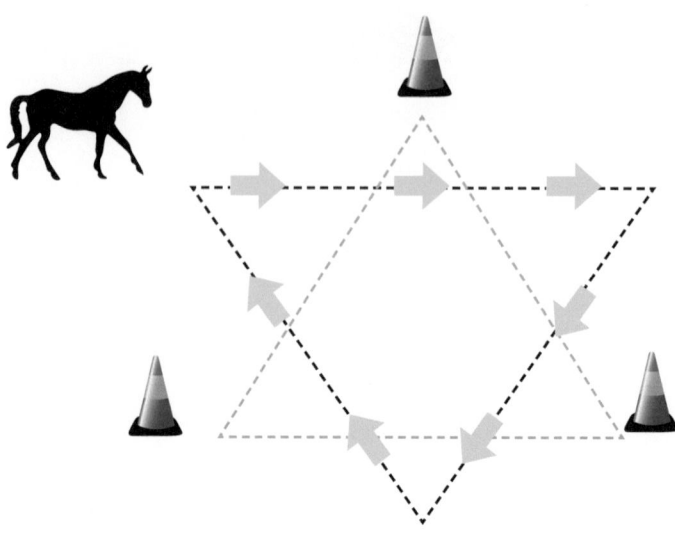

◻ **Abb. 5.3**   Aufbau der Dreiecksübung

Kreise um einzelnen Pylonen herum oder wählen einen Weg außerhalb der Kegel. Auch hier beschreiben die Personen im Anschluss an die Übung ihre Erlebnisse und können beispielsweise auch gefragt werden, wie gut sie die Übung absolviert haben (z. B. in Bezug auf die Korrektheit der Linie). So kann die eigene Leistung eingeschätzt werden (die häufig in der Selbstbewertung schlechter ausfällt als in der Bewertung von außen).

Bei allen Übungen ist neben der angeleiteten Reflexion die Videoanalyse zentral.

Auch hier wird eine Videoanalyse eingesetzt, um einen Abgleich zwischen der eigenen Beurteilung und der Einschätzung von außen vorzunehmen. Selbst wenn sich eine Person selbst schlecht einschätzt und von den anderen Anwesenden ein positives Feedback bzw. eine wesentlich bessere Rückmeldung bekommt, beharren die meisten Coachees auf ihrer Meinung. Über die Videoanalyse ergibt sich ein neutralerer Blick von außen und es kann eine erneute Bewertung erfolgen. Diese fällt häufig besser aus als die erste subjektive Einschätzung (und das positive Feedback kann angenommen bzw. nachvollzogen werden).

Emotionszettel können zum Fokussieren der Emotionen an verschiedenen Orten in der Bahn befestigt werden.

Achtsamkeitsübungen lassen sich ebenfalls in das pferdegestützte Coaching integrieren. Beim Ankommen im Stall kann man zunächst einmal durchatmen, sich neben das Pferd stellen und mit der Hand auf dem Pferd dessen und auch den eigenen Atem spüren, um sich zu entspannen und die eigene Achtsamkeit zu steigern. Auch das bewusste Striegeln oder Streicheln des Pferdes zählen hierzu. Weiterhin wird das Tier beobachtet und man überlegt, wie es dem Pferd gerade geht oder was dieses wohl gerne machen würde. Gleichermaßen geht es um die eigene Einschätzung und die eigenen Bedürfnisse des Klienten. In direktem Zusammenhang mit der Achtsamkeit steht auch die Emotionale Intelligenz. Achtsamkeitsübungen sind somit Bestandteil des Trainings der Emotionalen Intelligenz. Hier werden bestimmte Emotionen fokussiert, indem der Coach Zettel, auf denen Emotionen stehen („Freude", „Angst", „Wut" etc.), an der Bande des Reitplatzes oder der Reithalle anbringt. Die Coachees gehen gemeinsam mit dem Pferd zu diesen Schildern und denken bewusst an Situationen, die mit den Emotionen zusammenhängen. In diesem Zusammenhang reflektiert der Coach diese gemeinsam mit dem Coachee und wie sich das Pferd jeweils verhält. Wichtig ist an dieser Stelle noch einmal zu betonen, dass es sich nicht um eine Form der psychologischen Psychotherapie handelt und Themen nicht zu tief behandelt werden sollten.

Die pferdegestützten Übungen können auch durch Musik ergänzt werden. Hier kommt unterschiedliche Musik zum Einsatz, während die Coachees mit den Pferden interagieren. Wichtig ist, auf die Lautstärke und die Art der Musik zu achten, um die Pferde nicht zu erschrecken. Diese sollten daran gewöhnt sein – das sollte unbedingt geübt werden. Es sollte auch keine für die Pferde unangenehme Musik gespielt werden (z. B. keine Jazz- oder Rockmusik, vgl. Carter & Greening, 2012).

Pferde können sehr gut hören und sie reagieren bereits auf die kleinsten Unterschiede, wie auch auf laute Musik (McGreevy, 2004). Kommt plötzlich Musik aus einer Ecke, kann dies zu Irritationen und Erschrecken führen. Im Vorfeld sollte daher individuell je nach Pferd ausprobiert werden, welche Musik diesem gefällt, bevor damit in Interventionen gearbeitet wird, um die Sicherheit bestmöglich zu berücksichtigen.

Beim Einsatz von Musik muss auf die Reaktionen der Pferde geachtet werden.

Neben der Wirkung auf die Pferde steht die Wirkung der Musik auf die Coachees im Vordergrund. Ruhigere, langsamere und leisere vs. schnellere und belebendere Musik kann sich auf die Interaktion zwischen Mensch und Pferd auswirken. Hier kann man variieren, ob verschiedene Parcours-Elemente (wie eine Plastikplane, Stangen, Pylonen oder Bälle etc.) in der Halle, auf dem Reitplatz oder einer abgetrennten Wiese verteilt werden (um den Parcours zu absolvieren) oder ob sich Mensch und Pferd (mit oder ohne Führstrick) durch die leere Bahn bewegen. Währenddessen wird unterschiedliche Musik eingespielt.

Im Anschluss daran fragt der Coach, wie die Musik auf die Coachees gewirkt hat, was in der Kommunikation mit dem Pferd aufgefallen ist und welche Unterschiede je nach Musikrichtung wahrgenommen wurden. Es kann auch nach bestimmten Situationen bzw. Erlebnissen gefragt werden, die die Coachees mit dem Musikstil oder bestimmten Liedern ver-

Emotionen können in Übungen mit Musik besprochen werden.

5

binden. Ergänzend hierzu können Schilder mit Emotions-begriffen an der Reithallenbande oder am Zaun befestigt oder auch auf den Boden gelegt werden (die Zettel dürfen nicht wegfliegen, wodurch sich das Pferd erschrecken könnte). Auf den Zetteln werden verschiedene Emotionen notiert (z. B. Freude, Trauer, Angst, Überraschung, Wut, Ekel) oder auch Begriffe, die mit den Emotionen zusammenhängen (z. B. Lachen, Weinen). Hier muss jedoch darauf geachtet werden, in welchem Zustand sich die Person befindet bzw. ob traumatische Erlebnisse vorhanden sind, die natürlich nicht im Coaching bearbeitet werden sollten. Die genaue und ver-antwortungsvolle Instruktion liegt im Ermessen des Coaches.

Je nach Musik oder einem bestimmten Lied soll die Person gemeinsam mit dem Pferd zu der subjektiv passenden Emotion gehen und auf die eigenen Emotionen und die des Pferdes achten. Hier können die einzelnen Emotionen bei sich und dem Tier gespürt werden. Außerdem kann auf Unterschiede zwischen den einzelnen Gefühlen (je nach Lied) eingegangen werden. Neben unterschiedlichen Liedern, die gespielt wer-den, wird die Person im Anschluss nach den Erlebnissen be-fragt.

In Achtsamkeitsübungen mit Musik können Klienten auf die Klänge sowie auf ihren Atem und den des Pferdes achten.

In einer anderen Übung bewegen sich Mensch und Pferd nicht. Der Coachee befindet sich neben dem Pferd. Das Pferd kann unangebunden neben dem Coachee stehen (sofern es sich um einen begrenzten Raum handelt) oder mit Hilfe eines Führstricks festgehalten werden. Störende Reize von außen sollten nicht vorhanden sein. Je nach Kontext (und um sich komplett auf die eigenen Gefühle und das Verhalten sowie auf die des Pferdes zu konzentrieren) kann eine weitere Person das Pferd festhalten. Der Coachee erhält die Instruktion, auf den eigenen Atem und die Lieder zu achten, die auch hier variie-ren. Hier können im Sinne einer Achtsamkeitsübung zusätz-lich die Augen geschlossen werden oder das Pferd berührt wer-den (dies darf der Coachee selbst entscheiden). Auch hier wird der Coachee im Anschluss gefragt, was er wahrgenommen hat. Alle Übungen bzw. Interaktionen mit dem Pferd können er-gänzend mit einer Videokamera gefilmt sowie im Anschluss analysiert werden. So sieht die Person, wie die Übungen von außen gewirkt haben (und wie das Pferd reagiert hat). Dies dient dem Abgleich zwischen der Selbst- und Fremdwahr-nehmung (Schütz, 2020).

Die Positive Psychologie lässt sich ebenfalls mit pferde-gestützten Interventionen kombinieren. Grundsätzlich han-delt es sich bei positiven Interventionen um Strategien, die Ge-danken, Gefühle sowie Handlungen glücklicher Menschen spiegeln (Layous et al., 2011). Dabei konzentriert man sich – anders als bei klassischen psychologischen und psycho-therapeutischen Interventionen – nur auf positive Gefühle. Im klinischen Kontext können positive Interventionen als eine Art Puffer eingesetzt werden, um einen besseren Umgang mit der Belastung durch die Symptome und einen Schutz vor späteren Rückfällen zu bewirken. Aber auch Menschen ohne eine klinische Diagnose profitieren von einer Verbesserung ihres Wohlbefindens und ihrer psychischen Leistungsfähigkeit (Blickhan, 2015).

Bei den positiven Interventionen geht es darum, bei den Coachees zugehörige positive Emotionen hervorzurufen (Gander et al., 2013). Die Positive Psychologie lässt sich ebenfalls in pferdegestützten Interventionen einbauen, wobei positive Emotionen und Verhaltensweisen fokussiert werden. Neben dem ressourcenorientierten Feedback und zugehörigen Fragetechniken kann ein besonderer Fokus auf die Stärken und Fähigkeiten der Klienten gelegt werden. Der Blick liegt auf den Potenzialen der Coachees, wodurch die Selbstwirksamkeitserwartung gestärkt werden kann, die wiederum direkte Auswirkungen auf das menschliche Verhalten hat.

> Im Sinne der Positiven Psychologie werden zugehörige positive Emotionen und Verhaltensweisen aus den Übungen mit den Pferden besprochen.

In einem hierzu passenden Parcours können Pylonen, eine Plastikplane und mehrere Stangen zum Einsatz kommen, um die Drei-gute-Dinge-Übung in die pferdegestützte Arbeit zu integrieren. Bei der Mensch-Pferd-Interaktion wird während der gesamten Übung die (klare) Kommunikation zwischen den Parteien, der Umgang mit komplexen Situationen oder auch das Anwenden von Flexibilität (falls eine Aufgabe nicht auf Anhieb funktioniert) fokussiert. Nachdem die Person die Übung absolviert hat, fragt der Coach, wie die Aufgabe erlebt wurde. Dabei wird der Coachee nach drei Aspekten gefragt, die diesem positiv aufgefallen sind (z. B. dass das Pferd bereitwillig mitgegangen ist, dass das Rückwärtsgehen leichter war als gedacht etc.). Der Coachee kann gefragt werden, wie das Pferd die Übung wohl wahrgenommen hat und inwiefern die Kommunikation zwischen beiden Parteien klar war. Coachees haben teilweise die Tendenz, eigene Leistungen schlechter zu bewerten, als sie von außen betrachtet wahrgenommen werden. Indem positive Dinge fokussiert werden, wird der Blickwinkel in Richtung stärkender Elemente gelenkt, was sich wiederum positiv auf die Selbstwirksamkeitserwartung auswirken kann. Coaches sollten nicht nach mehr als drei Aspekten fragen, da es für die Coachees leichter ist, wenige positive Dinge zu nennen als viele. Würde man mehr positive Aspekten abfragen, könnte es sein, dass sich die Person schlechter einschätzt, weil ihr womöglich nur drei statt fünf oder sieben Dinge einfallen.

> Nach den Übungen der Positiven Psychologie sollte nicht nach mehr als drei positiven Dingen gefragt werden.

Die Best-Possible-Self-Übung kann ebenfalls in der pferdegestützten Arbeit Anwendung finden. Der Coachee wird gebeten, sein bestmögliches Selbst in der Zukunft zu beschreiben, d. h. wie man sein möchte (je nach Kontext – z. B. in persön-

> Bei der Best-Possible-Self-Übung beschreibt der Klient sein zukünftiges bestmögliches Selbst.

5

licher Hinsicht, in Beziehungen oder beruflich). Hier lässt sich auch ein zeitlicher Bezug eingefügen, wie man beispielsweise in fünf oder zehn Jahren erinnert werden möchte. In der ursprünglichen Best-Possible-Self-Übung gibt es außerdem die Frage, wie man am Ende seines Lebens erinnert werden möchte. Hier sollte jedoch darauf geachtet werden, in welcher Verfassung sich der Coachee befindet und ob eine solche Frage wirklich im Coaching-Kontext (oder vielleicht eher im psychotherapeutischen Bereich) angebracht erscheint. Der Coachee notiert die wichtigsten Punkte auf einem Zettel und formuliert hierzu passende zukunftsbezogene Aussagen. Mögliche Aussagen könnten sein, in Zukunft kleinen Hindernissen ruhig(er) und gelassen(er) zu begegnen oder neuen Herausforderungen mutig(er) entgegenzutreten. Diese Aussagen werden anschließend auf einem Zettel notiert und dann beispielsweise eine Woche lang jeden Tag laut vorgesagt.

Nachdem der Coachee sein bestmögliches Selbst herausgearbeitet hat, baut er sich einen Parcours auf. Dabei sollten die zugehörigen Punkte, Elemente oder Eigenschaften enthalten sein, die zuvor formuliert wurden. Ein Ball kann dabei stellvertretend für „Wertschätzung", ein Slalom für „Gelassenheit" und ein Regenschirm für „Mut" stehen (◨ Abb. 5.4). Anschließend absolviert der Coachee den Parcours mit dem Pferd. Die Gegenstände erhalten eine symbolische Bedeutung.

Im Parcours der Best-Possible-Self-Übung erhalten die Gegenstände eine symbolische Bedeutung.

Auch hier kann die Videokamera zum Einsatz kommen, um die positiv bewerteten (oder zunächst weniger positiv gesehenen) Situationen deutlicher darzustellen. Im Anschluss folgt die bereits erwähnte Videoanalyse. Sollte sich der Coachee direkt nach der Übung mit dem Pferd schlecht bewertet

◨ **Abb. 5.4**   Der Regenschirm kann für „Mut" stehen

haben, kann in der Videoanalyse der Abgleich von außen stattfinden, um die Selbstwahrnehmung zu hinterfragen. Die Videoanalyse bietet hier die bereits erwähnte gute Möglichkeit, insbesondere positives Feedback, welches zunächst nicht angenommen werden kann, anhand des objektiven Videomaterials zu verdeutlichen, sodass es besser angenommen werden kann.

Pferde sind nicht berechnend, sondern sie reagieren unmittelbar und authentisch auf ihr Gegenüber. Das macht es für Klienten leichter, das Feedback der Pferde, insbesondere in der Videoanalyse, anzunehmen. Hat eine Übung beispielsweise nicht auf Anhieb funktioniert (z. B. wollte das Pferd zunächst nicht mit dem Coachee über eine knisternde Plastikplane gehen), fühlt sich die Person meist nicht gekränkt, weil das Pferd nicht „so wollte" wie die Person. Vielmehr kann aufgedeckt werden, wie es zu den Missverständnissen bzw. der unklaren Kommunikation kam. Im Sinne der Selbstwirksamkeit kann die Verantwortung dem Klienten übertragen werden. Nicht die anderen sind „schuld", sondern das Pferd hat auf das eigene Verhalten reagiert und dieses gespiegelt.

> Momente mit Missverständnissen und unklarer Kommunikation sollten besprochen werden.

Zusammenfassung

Die Übungen, die Klienten im Coaching mit den Pferden absolvieren und im Nachgang mit dem Coach besprochen werden, können vielfältig sein und hängen vom thematischen Hintergrund ab. Weiterhin kommt es auf die Anzahl der anwesenden Personen an und inwiefern Einzel- und / oder Gruppenthemen mit zugehörigen Übungen, die alleine oder in der Gruppe durchgeführt werden, relevant sind. In den Übungen kommen verschiedene Utensilien zum Einsatz, wie beispielsweise Hindernisstangen, Pylonen, Plastikplanen, Bälle, Litzenstäbe oder Streifen aus LKW-Plane. Während der Übungen wird nicht geritten, sondern die Pferde werden vom Boden aus mit der Hilfe eines Führstricks oder Halsriemens bzw. -rings geführt oder mit Hilfe der Körpersprache ohne Führstrick frei in der Bahn bewegt. Teilweise bewegen sich Pferd und Mensch in den Übungen nicht, wie auch bei Atemübungen und weiteren Achtsamkeitsübungen. Zusätzlich können Lieder abgespielt werden, da Musik einen Einfluss auf menschliche Emotionen hat. Neben den Übungen mit den Pferden können auch Elemente ohne Pferdebezug integriert werden, wie auch im Bereich der Positiven Psychologie. Alle Übungen mit den Pferden lassen sich mit Hilfe einer Videokamera für eine spätere Videoanalyse filmen.

Literatur

Blickhan, D. (2015). *Positive Psychologie – ein Handbuch für die Praxis*. Junfermann.

Carter, C., & Greening, L. (2012). *Auditory stimulation of the stabled equine; the effect of different genres of music on behaviour*. Oral presentation, poster and published in conference proceedings of the 8th International Equitation Science Conference, Edinburgh.

Gander, F., Proyer, R. T., Ruch, W., & Wyss, T. (2013). Strength-based positive interventions: further evidence for their potential in enhancing wellbeing and alleviating depression. *Journal of Happiness Studies, 14*, 1241–1259.

Layous, K., Chancellor, J., Lyubomirsky, S., Wang, L., & Doraiswamy, P. M. (2011). Delivering happiness: Translating positive psychology intervention research for treating major and minor depressive disorders. *Journal of Alternative and Complementary Medicine, 17*, 1–9.

McGreevy, P. (2004). *Equine behavior. A guide for veterinarians and equine scientists*. Saunders.

Schütz, K. (2019). Spiegel des Menschen. Studien zeigen, wie individuell Tiere im pferdegestützten Coaching auf ihr menschliches Gegenüber reagieren. *Praxis Kommunikation, 2*, 46–49.

Schütz, K. (2020). Praxistipp: Der Einfluss von Musik auf die Motivation und deren Einsatz in pferdegestützten Interventionen. *Mensch und Pferd international, 4*, 183–188. https://doi.org/10.2378/mup2020.art27d

Schütz, K., & Steinhoff, J. (2019). Einfluss von pferdegestützten Coachings auf die Selbstwirksamkeitserwartung. *Coaching | Theorie & Praxis, 5*, 11–22. https://doi.org/10.1365/s40896-019-0028-5

Exemplarische Abläufe

Inhaltsverzeichnis

6

Ein Vorgespräch und Sicherheitsunterweisungen sowie Datenschutzaspekte gehören zu jedem Coaching mit Pferden.

In allen Coaching-Formaten geht es zunächst darum zu ermitteln, was mit dem Coaching (oder mehreren Sitzungen) erreicht werden soll. Es muss also erst einmal die Auftragsklärung erfolgen, um Themen und Ziele zu besprechen. Dabei sollten in allen Varianten, ob einzeln oder mit mehreren Personen, neben der Zielsetzung und weiteren Fragen auch konkrete Beispiele, in denen sich die zu bearbeitenden Themen zeigen, enthalten sein. Außerdem kann hier herausgefunden werden, ob Coach und Klient zusammenarbeiten möchten.

Am Coaching-Tag gilt für alle Formate, dass die Klienten erst einmal ankommen und im Gespräch zu Beginn erläutert wird, welche Elemente das Coaching beinhaltet bzw. wie der Ablauf ist. Neben möglichen Fragen, die von Seiten der Coachees gestellt werden, sind die Datenschutz- und Sicherheitshinweise zu erläutern. Insbesondere bei pferdeunerfahrenen Personen muss hierauf besonders eingegangen werden. Neben Informationen, wie man sich den Pferden nähert, sind vor allem die Darstellung, wie man den Führstrick hält und mit Pferden umgeht, sowie die Möglichkeit, Fragen stellen zu dürfen, wichtig. Die Übungen am Coaching-Tag können sowohl mit als auch ohne Pferd erfolgen.

Je nach Kontext (Coaching mit einem konkreten Anlass vs. Schnuppercoaching zum Kennenlernen der Methode), Anzahl der Personen (Einzelcoaching vs. Gruppen- bzw. Teamcoaching) oder Thema (Wirkung, Ausstrahlung, Setzen von Grenzen, Delegieren etc.) werden unterschiedliche Aufgaben und Parcours-Elemente mit dem Pferd integriert. Diese werden in erster Linie von den erfahrenen Coaches festgelegt.

Die Übungen mit den Pferden werden in den Coaching-Prozess und die zugehörige Reflexion integriert.

In der nachfolgenden Reflexion stellt der Coach beispielsweise systemisch basierte Fragen. Der Coachee beschreibt die Interaktion mit dem Pferd und schätzt sich selbst ein. Typische Verhaltensweisen aus dem Arbeitsalltag werden ebenfalls herangezogen. Im Rahmen der Videoanalyse wird besprochen, in welchen Situationen die Pferde das menschliche Verhalten gespiegelt haben. So kann eine ressourcenorientierte Erweiterung der Denk- und Verhaltensmuster erfolgen. Damit einhergehend können positive Affirmationen Anwendung finden und es lassen sich weitere systemische oder andere Elemente aus Kurzzeitinterventionen integrieren. Hier kommt es auf den beruflichen Hintergrund und die weiteren Qualifikationen des Coaches mit den zugehörigen Methoden(bausteinen) an. Um den Transfer in den (Arbeits-)Alltag sicher zu stellen und um mögliche Fragen und Blockaden aufzudecken, kann ein telefonisches Nachcoaching erfolgen (einige Wochen nach dem Coaching).

6.1 Einzel-Setting

Im Einzelcoaching mit Thema erfolgt ein telefonisches Vor-coaching, um das Thema herauszuarbeiten. Darauf auf-bauend erfolgt die Konzeption der individuellen Übungen. Die Themen können hier variieren – von „Wie wirke ich, welche Ausstrahlung habe ich?" über „Ich möchte meiner pubertierenden Tochter gegenüber klarere Grenzen setzen!" bis hin zu „Ich weiß nicht, für welche von zwei Jobalternativen ich mich entscheiden soll." oder auch „Ich weiß nicht, ob ich meinen jetzigen Job weiter ausführen soll oder jetzt der richtige Zeitpunkt für die Selbstständigkeit ist.". Je nach Thema gibt es spezifische Übungen mit den Pferden, die hierzu besonders gut passen oder die eher ungeeignet sind. Diese liegen im Ermessen des Coaches.

Am Coaching-Tag gibt es vor Ort ein persönliches Kennenlernen, sofern sich Coachee, Coach (sowie Coachee und Pferd) noch nicht kennen. Der weitere Ablauf wird besprochen. Falls sich thematisch etwas geändert haben sollte, hat der Coachee hier die Möglichkeit, dies zu kommunizieren. Das wiederum erfordert eine gewisse Erfahrung des Coaches, um die Übungen in der Kürze der Zeit anzupassen oder neu zu konzipieren.

Je nach Setting führen die Coachees das Pferd in einer oder mehreren Übungen durch einen Parcours oder arbeiten frei mit diesem. Es können ebenso mehrere Pferde eingesetzt werden. Die Mensch-Pferd-Interaktion wird im Anschluss mit dem (geschulten) Coach reflektiert. Die jeweiligen Ziele stehen dabei im Vordergrund. Es kann aber auch sein, dass sich im Laufe der Coaching-Sitzung ein neues Thema zeigt bzw. eines, das hinter dem zunächst genannten liegt. Grob kann es sich beispielsweise um die Selbst- und Fremdwahrnehmung, das Setzen von Grenzen, die Wirkung und Ausstrahlung, das Delegieren von Aufgaben und auch das Kommunikations- oder Führungsverhalten handeln.

Die Übung(en) mit einem oder mehreren Pferden dient bzw. dienen als Grundlage für eine intensive Selbstreflexion. Hier werden verschiedene Fragen durch den Coach gestellt, um den Coachee zum Nachdenken anzuregen. Es werden keine Ratschläge im Sinne einer Beratung formuliert – die Klienten werden bestärkt, selbst nachzudenken und die für sie passenden Lösungen zu erarbeiten. Dies ist auch der Fokus in der späteren Videoanalyse. Diese folgt, wie üblich, nach den Übungen mit den Pferden. Dabei wird das jeweilige Thema fokussiert und es werden mögliche Lösungsansätze besprochen. Im Einzelcoaching kann weitaus individueller auf die Themen der Coachees eingegangen werden als im Gruppenkontext. Hier steht die individuelle Person im Vordergrund

> Im Einzelcoaching werden basierend auf dem telefonischen Vorcoaching individuelle Übungen für den Klienten konzipiert.

> Das Einzelcoaching bietet detailliertere Besprechungsmöglichkeiten zum Bearbeiten des jeweiligen Themas als das Gruppencoaching.

und es bietet sich ein zeitlich und persönlich größerer Raum, um Einzelheiten zu besprechen. Dadurch, dass keine weiteren Personen zuhören (außer ein möglicher weiterer anwesender Coach oder eine Assistenz), trauen sich die meisten Klienten, mehr von sich preiszugeben.

6.2 Gruppen- / Team-Setting

Mit dem Auftraggeber werden die Zielsetzung und die Details des Gruppen- oder Teamcoachings besprochen.

Im Gruppen- und Teamkontext ist es in der Auftragsklärung auch wichtig, neben der Besprechung der Ziele und exemplarischer Situationen mit Bezug zu den Themen auch Besonderheiten der Gruppe zu besprechen. Relevant können hier interne Aspekte zur Unternehmenskultur, zu Hierarchien innerhalb von Teams und auch zu Schwierigkeiten in der Gruppe sein. Ein pferdegestütztes Coaching ist kein Allheilmittel, damit ein Team „plötzlich" mehr Umsatz schreibt und auf einmal die Kommunikation zwischen Mitarbeitern so verändert, dass sich alle mögen. Prozesse und Verhaltensweisen, die schon lange etabliert sind, müssen entsprechend erkannt und im Anschluss bearbeitet werden. Dann können sich (nach und nach) Änderungen im Verhalten ergeben, sofern die Motivation der Beteiligten vorhanden ist. Diese Informationen werden mit dem Auftraggeber besprochen, der nicht zwangsläufig am Coaching teilnimmt.

Im Gruppen- und Teamkontext ist die Vorbereitung wesentlich aufwändiger als im Einzelcoaching.

Je nach Gruppengröße sollten mehrere Coaches und Assistenten vor Ort sein, um ein intensives und qualitativ hochwertiges Coaching sowie einen reibungslosen Ablauf zu garantieren. Im Sinne einer guten Vorbereitung des Coachings sollte ein besonderer Fokus auf den Ort des Coachings (Reithalle, Reitplatz, Parkmöglichkeiten etc.), das Catering, die Pferde und natürlich die Einweisung aller mitwirkenden Personen liegen. Je nach Dauer des Coachings (ein Tag oder mehrere Tage, teilweise mit Einzelübungen oder ausschließlich im Gruppenkontext) sind unterschiedliche Ausführungen des Coachings möglich.

Feedbackregeln und die Angst vor Pferden sind im Gruppen- und Teamkontext zu berücksichtigen.

Am Coaching-Tag ist es zunächst wichtig, dass die Teilnehmenden, die häufig keine Pferdeerfahrung haben, gut empfangen werden und Zeit haben anzukommen. Meist sind sie sehr aufgeregt, was sich auf die Pferde auswirken kann. Insofern sollten zunächst klare Informationen zum Ablauf folgen. Hier dürfen die Coachees Fragen stellen. Teilweise wird auch geäußert, dass man gerade aufgeregt ist oder keine Erfahrung mit Pferden (womöglich auch großen Respekt vor diesen) hat. Insbesondere Aussagen, die sich auf eine geringe oder keine Pferdeerfahrung, Respekt oder Angst vor Pferden beziehen, sollten von den Coaches berücksichtigt werden. Im Gruppen-

und Teamkontext ist es ebenfalls wichtig, auf Regeln zum Umgang miteinander und zum Erteilen und Erhalten von Feedback einzugehen. Ein wertschätzender, ressourcenorientierter Umgang erleichtert es, sich den anderen Personen gegenüber zu öffnen und eine Vertrauensbasis zu schaffen. Negative und besserwisserische Aussagen (selbst wenn diese gut gemeint sind) sollten komplett vermieden werden, da diese kränkend wirken können und im Gedächtnis besser haften bleiben können als positives Feedback.

Bevor die Personen mit den Pferden interagieren, sollte eine Sicherheitsunterweisung erfolgen. Insbesondere bei pferdeunerfahrenen Menschen ist diese besonders wichtig, um die Sicherheit aller anwesenden Personen zu gewährleisten. Anschließend kann man zunächst die Pferde innerhalb der Herde beobachten und die Coachees fragen, wie die Tiere aus ihrer Sicht interagieren bzw. wie sie kommunizieren. Man kann auch direkt mit den pferdegestützten Übungen (einschließlich des Kennenlernens der Pferde) beginnen, insbesondere wenn viele Teilnehmer anwesend sind und alle ausreichend Zeit mit den Pferden sowie den Übungen haben sollen. Ist mehr Zeit vorhanden oder ist dies von Seiten des Auftraggebers gewünscht, kann man die Pferde gemeinsam putzen und so in Ruhe auf diese Weise Kontakt und Vertrauen zu ihnen aufnehmen (und umgekehrt). Die Kontaktaufnahme ist ansonsten (auch) Bestandteil der pferdegestützten Übungen.

> Die Sicherheitsunterweisung ist bei allen Formen des pferdegestützten Coachings essenziell.

Bei den Übungen mit den Pferden sollte es, wie mit dem Auftraggeber besprochen, eine gewisse Anzahl an Einzel- und Gruppenübungen geben. Hier ist es wichtig, im Rahmen der Reflexion den Transfer in den Alltag zu leisten. Dieser sollte sowohl in den pferdegestützten Übungen in der Reithalle oder auf dem Reitplatz als auch in der späteren Besprechung im Anschluss an die Videoanalyse durch die Coaches thematisiert werden. Zwischen den Pferdeeinheiten und der Videoanalyse liegt in der Regel die Mittagspause mit einem Snack oder Mittagessen sowie eine Theorieeinheit. Der Umfang und die Inhalte der theoretischen Einheiten hängen von dem Thema des Auftraggebers (z. B. Führungsstile, Wirkung und Ausstrahlung, Teamfindung, Kommunikation) und dem Hintergrund bzw. den Methoden des Coaches ab. Während des Coachings stehen die Sicherheit und das Wohl aller Beteiligten an oberster Stelle. Darauf sollte unbedingt geachtet werden. Das pferdegestützte Coaching kann tiefgreifend und auch anstrengend für die Teilnehmenden sein, weshalb auf ausreichend Pausen geachtet werden sollte.

> Gerade bei längeren Coachings mit mehreren Teilnehmern sollte auf entsprechende Pausen geachtet werden.

6

Abschließend sollten die Coachees die Möglichkeit haben, das Coaching zu reflektieren und Rückschlüsse zu ziehen. Weitere Schritte (z. B. weitere Coaching-Einheiten, auch im Einzelkontext) können vereinbart werden.

Neben den zuvor vereinbarten Themen, die im Coaching bearbeitet werden, lassen sich immer auch weitere Aspekte integrieren. Das Pferd ist wie eine neue Persönlichkeit, mit der man in den Übungen gemeinsame Aufgaben bewältigt. Im Gruppenkontext kommen dabei auch Aufgaben hinzu, die gleichzeitig mit mehreren Personen zu meistern sind. So kann man sich gemeinsam einen Parcours überlegen oder ein Teil der Gruppe baut für den anderen Teil der Gruppe einen Parcours auf, der im Anschluss mit einem oder zwei Pferden absolviert wird. Während sich die meisten Personen überlegen, was die Pferde können und machen möchten, stehen die Personen nicht immer im Fokus, was für diese umsetzbar und diesen zumutbar ist.

> **Fallbeispiel**
> So wollte in einem Gruppencoaching die Hälfte der Personen für die andere Gruppenhälfte einen Parcours aufbauen, der mit beiden Pferden absolviert werden sollte. Das war soweit durchführbar – als es dann jedoch darum ging, ob die Pferde die Stationen des Parcours rückwärts durchlaufen können, fingen die ersten Gruppenmitglieder an zu zweifeln. Den Pferden wollte man dies nicht zumuten, den Mitgliedern der anderen Gruppe jedoch schon. Die anderen Coachees hörten das und hatten das Gefühl, man habe ihnen eine extra schwierige Aufgabe bereiten wollen. Das führte wiederum dazu, dass diese im Anschluss überlegten, welche besonders schwierigen Übungen die anderen absolvieren sollten. Wir Coaches beobachteten erst einmal, wie die jeweiligen Gruppenmitglieder reagieren würden, bevor wir einschritten. Den kompletten Parcours rückwärts mit den Pferden zu absolvieren, ist für die Tiere nicht zumutbar. Eine Teilnehmerin der Gruppe, die die Aufgabe erhalten hatte, äußerte dies ebenfalls und entschied, dass es nicht umsetzbar sei. So mussten wir uns nicht „einschalten" und der Prozess musste nicht unterbrochen werden. Derartige Situationen können im Nachhinein thematisiert werden, wie sich die Gruppenmitglieder verhalten haben und durch die Aufgaben der anderen (und durch deren Verhalten) haben anstacheln lassen.

Evaluationen der Coachings sind sinnvoll und sollten bei der Konzeption bedacht werden.

Im Sinne einer klaren Zielfokussierung sollte auch im Anschluss an die Coachings zu mehreren Zeitpunkten evaluiert werden, was sich bereits innerhalb der Gruppe oder des Teams verändert hat, an welchen Stellen sich neue Themen gezeigt haben oder es möglicherweise zu Schwierigkeiten kam. Auch kleine (erfolgreiche) Veränderungen gilt es dabei zu sehen und zu würdigen. Häufig werden diese nicht erkannt, weil bestimmte Probleme oder Themen nicht mehr da sind, und schon werden sie (teilweise) vergessen.

6.3 Paar- / Duo-Setting

Die pferdegestützten Coachings können ebenso für Paare oder zwei Personen, die beispielsweise zusammenarbeiten und eine Firma leiten, sowie für zwei Familienmitglieder (Mutter und Tochter) durchgeführt werden. Auch hier wird zunächst das Thema des Coachings bzw. das Anliegen der Klienten besprochen, was sich häufig auf die Kommunikation untereinander oder im beruflichen Kontext auf das Delegieren bezieht. Es kann sein, dass sich die eine Person mehr Kommunikation von ihrem Partner wünscht, während die andere Person weniger Wert auf diese legt. In einem anderen Coaching ging es um die Konstellation zwischen Mutter und Tochter. Während sich die Mutter von ihrer Tochter wünschte, dass Regeln und somit Grenzen eingehalten werden, verstand die Tochter diese Regeln häufig nicht und reagierte den eigenen Aussagen nach „pissig" darauf. Sie wollte verstehen, warum die Regeln aufgestellt wurden und nicht so bemuttert werden.

> Die Anliegen der Teilnehmerin des Paar- oder Duo-Coachings beziehen sich meist auf die Interaktion untereinander.

Wie bei den anderen Coaching-Formaten werden nach dem Kennenlernen und dem Besprechen der formalen Aspekte verschiedene pferdegestützte Übungen aufgebaut. Dabei kann es sich um Einzelübungen handeln, die von beiden Personen hintereinander absolviert werden. So können die Coachees ihre persönliche Wahrnehmung der Mensch-Pferd-Interaktion beschreiben, diese mit der Runde des jeweiligen anderen Coachees vergleichen und die Beobachtungen auf den Alltag übertragen. Die Personen finden sich und die andere Person meist in vielen Bereichen wieder, es können jedoch auch neue Erkenntnisse über sich und den anderen zum Vorschein kommen. Diese werden nachfolgend reflektiert und mit der anschließenden Videoanalyse verknüpft. Die Coachings dauern in der Regel mehrere Stunden und können einmalig oder mehrmalig terminiert werden.

> Im Coaching werden basierend auf den pferdegestützten Übungen sowohl bekannte als auch neue Erkenntnisse über die eigene Person und andere reflektiert.

> **Zusammenfassung**
> Bevor die Coachees mit einer Übung in Kooperation mit einem Pferd oder mehreren Pferden beginnen, wird das Thema besprochen. In der Auftragsklärung werden auch die Zielsetzung sowie Beispiele zu den Themen, die der Klient mitbringt, erfragt. Dabei sollte im Vorfeld beispielsweise tele-

fonisch geklärt werden, ob die Atmosphäre und die weitere Zusammenarbeit sowohl für den Coachee als auch Coach stimmig sind. Sicherheitsaspekte sind am Coaching-Tag zunächst neben datenschutzrechtlichen Inhalten zu klären, bevor es mit den pferdegestützten Übungen losgeht. Handelt es sich um ein Schnuppercoaching, bei dem Interessenten das Coaching erst einmal kennenlernen, werden im Vorfeld keine spezifischen Themen besprochen und der Parcours wird nicht individuell konzipiert. Das ist wiederum bei einem Einzelcoaching der Fall, wobei die Übungen mit den Pferden (basierend auf den Informationen der Auftragsklärung) genau auf das Thema des Klienten abgestimmt sind. Im Gruppensetting geht es häufig um den beruflichen Kontext, weshalb hier im Vorfeld weitere Informationen zu der Gruppe, den Themen und den Besonderheiten der Gruppe bzw. des Teams besprochen werden. Neben Einzelübungen können hier auch Übungen mit der gesamten Personengruppe und einem oder mehreren Pferden absolviert werden. In Paarcoachings oder Coachings mit zwei Personen aus anderen Bereichen gibt es ebenfalls Einzelübungen und solche, die gemeinsam durchgeführt werden. Wichtig ist bei allen Varianten der Transfer in den Alltag.

Beziehung zwischen Coach und Klient

Inhaltsverzeichnis

© Der/die Autor(en), exklusiv lizenziert durch Springer-Verlag GmbH, DE, ein Teil von Springer Nature 2022
K. Schütz, *Pferdegestütztes Coaching – psychologisch basiert und wissenschaftlich fundiert*,
https://doi.org/10.1007/978-3-662-64510-9_7

7

Die Passung zwischen Coach und Coachee sollte im Sinne eines erfolgreichen Coaching-Prozesses vorhanden sein.

Die Beziehung zwischen Coach und Klient trägt wesentlich dazu bei, den Coaching-Prozess positiv voranzutreiben. Stimmt die Harmonie zwischen den beiden menschlichen Parteien oder der Konstellation mit dem Pferd nicht, sollte überlegt werden, ob das Coaching fortgesetzt wird. Im Vorfeld kann ein telefonisches, digitales oder auch persönliches Kennenlernen zwischen Coach und Coachee sowie vor Ort zwischen Coachee und den zugehörigen Pferden bzw. dem Pferd stattfinden. Im Anschluss kann entschieden werden, ob die Konstellation zwischen allen Parteien passt und ein nachfolgender Termin für das Coaching vereinbart werden soll.

Im Beziehungsaufbau zwischen Coach und Klient können offene Fragen gestellt werden.

Der Beziehungsaufbau zwischen Coach und Klient ist dabei sehr wichtig. Hier sollte eine Atmosphäre herrschen, die mit den Gefühlen von Sicherheit und Vertrauen einhergeht, sodass sich der Klient traut, frei über seine Themen bzw. Probleme und Schwierigkeiten zu sprechen. Dabei darf er Gedanken, Werte und Emotionen sowie Ziele offen äußern. Bedenken, dass er schon zum Gesprächsbeginn in eine Schublade „gesteckt" wird, sollte er nicht haben müssen (Weigl & Mikutta, 2019). Dabei setzt man sich intensiv mit dem Gegenüber auseinander und lässt sich auf diesen ein (Miller & Rollnick, 2015). Der Behandler bzw. Coach sollte dabei als interessierter Entdecker vorgehen und die Welt des anderen verstehen wollen. Mit offenen Fragen und indem nachgefragt wird, zeigt man dem Klienten, dass man ihn und seine individuelle Erfahrungswelt verstehen möchte. Man spricht hierbei auch von einer Haltung, die leichtgläubig ist (Rogers, 1983).

Die Beziehung zwischen Coach und Coachee sollte insgesamt auf Augenhöhe gestaltet sein, also nicht in hierarchischer Unterordnung oder in Abhängigkeit voneinander (Migge, 2014). Darüber hinaus sind die Glaubwürdigkeit und Kompetenz des Feedback-Gebers wichtig (Kinicki et al., 2004). Ist das Feedback des Coaches nicht glaubwürdig und wird dessen Kompetenz in Frage gestellt, ist die Beziehung zwischen beiden Personen sehr wahrscheinlich für den weiteren Coaching-Prozess ungeeignet, um die gesetzten Ziele zu erreichen.

Beim Beziehungsaufbau geht es außerdem um die Ziele und Wertvorstellungen des Klienten. Diese möchte man als Coach bzw. Behandler kennenlernen. Dabei kann man das Prinzip des aktiven Zuhörens nach Gordon (1970) anwenden. Die Haltung, die man als Coach dabei einnimmt, ist empathisch, wobei man versucht, die Botschaften des Gegenübers wahrzunehmen und diese zu spiegeln. Hierdurch lässt sich das Verständnis dem Klienten gegenüber ausdrücken. Dabei achtet man darauf, was gesagt wurde und inwiefern dabei Emotionen, Gesten und Mimik eine Rolle spielen. Zunächst achtet man nur darauf, die Aspekte des Gegenübers wahrzunehmen und einfühlsam wiederzugeben. Es werden noch keine tiefergehenden Fragen gestellt. Indem man aktiv zuhört, erlebt der Coachee, dass er verstanden wird. So wird er bestärkt, das Gesagte selbst zu reflektieren. Man erhofft sich dadurch, dass sich dieser traut, leichter problembehaftete Themen zu besprechen.

Coaches sollten auf ihre Haltung im Coaching achten und dem Coachee aktiv zuhören.

Um beurteilen zu können, wie gut die Arbeitsbeziehung ist, sollte man bestenfalls die Klientensicht einnehmen. Selbst wenn man als Coach bzw. Behandler das Gefühl hat, alles richtig zu machen, kann das aus Sicht des Klienten anders sein bzw. anders ankommen. Man kann den Klienten einerseits fragen, wie er das Ganze sieht und / oder sich selbst Gedanken darüber machen. Dabei kann man sich fragen, wie wohl sich das Gegenuber im Gespräch mit mir als Coach bzw. Behandler fühlt. Man kann sich selbst auch hinterfragen, inwiefern man der Meinung ist, die Situation, das Befinden sowie die Sichtweise des Klienten gut (genug) zu verstehen. Ebenso sollte man sich fragen, ob sich der Gesprächsverlauf gut anfühlt und man partnerschaftlich miteinander umgeht (Weigl & Mikutta, 2019).

Weigl und Mikutta (2019) arbeiten im klinischen Kontext mit der Motivierenden Gesprächsführung. Hier wird davon ausgegangen, dass Klienten einerseits ein Problemverhalten beibehalten möchten, andererseits aber auch bestrebt sind, sich zu verändern. Dabei sind die Personen nicht einfach unmotiviert, etwas zu verändern, sondern sie haben es womöglich schon mehrfach versucht und weisen daher ein bestimmtes

Der Umgang auf Augenhöhe sollte für Coaches und Klienten selbstverständlich sein.

7

Viele Elemente der Motivierenden Gesprächsführung können auch auf das (pferdegestützte) Coaching übertragen werden.

Neben der Akzeptanz, Empathie und Unterstützung der Autonomie des Klienten geht es in der Motivierenden Gesprächsführung auch um die Würdigung seiner Ressourcen.

Wissen über die positiven Änderungs-Aspekte auf. Beide Parteien gehen dabei partnerschaftlich und kooperativ auf Augenhöhe miteinander um.

Die Klienten werden in diesem Zusammenhang nach Argumenten gefragt, die dafür sprechen, sich für persönliche Werte sowie Ziele einzusetzen (z. B. weniger Süßigkeiten zu essen, mit dem Rauchen oder dem Trinken von Alkohol aufzuhören). Diesen Pro-Argumenten stehen wiederum andere Gründe gegenüber, die dagegen bzw. gegen Veränderungen sprechen (Miller & Rollnick, 2015). Man geht hier von Ambivalenzen aus, die mit kognitiven Dissonanzen zusammenhängen (Festinger, 1954; Kröger et al., 2016). Personen erleben hierbei einen unangenehmen Spannungszustand, wenn das eigene Verhalten nicht mit den persönlichen Einstellungen, Gedanken oder auch Wünschen sowie Absichten übereinstimmt. Neben diesem Unwohlsein haben Menschen das Bedürfnis, diese kognitive Dissonanz zu beseitigen oder zu verringern, was ganz typisch ist (Kröger et al., 2016). Im Rahmen der Motivierenden Gesprächsführung geht es darum, wie Klienten unterstützt werden können, wenn sie derartige Ambivalenzen erleben und wie sich die Ambivalenzen auflösen lassen, sodass eine Verringerung der Dissonanz erreicht wird.

Die klientenzentrierte Grundhaltung der Motivierenden Gesprächsführung kann auch auf den Coaching-Kontext übertragen werden. Dabei besteht die Annahme, dass sich Menschen grundsätzlich ändern können – ähnlich dem Menschenbild, das in der humanistisch orientierten Gesprächspsychotherapie zu finden ist. Diese geht auf Carl Rogers (1983) und seine Annahmen des authentischen Kommunizierens (Kongruenz), der Empathie und der bedingungslosen Wertschätzung zurück. Das wird zusammenfassend in der Motivierenden Gesprächsführung auch als Akzeptanz beschrieben. Es wird auf Augenhöhe kommuniziert und zusammengearbeitet. Der Klient wird als Experte der Veränderung angesehen. Es geht nicht darum, dass der Behandler weise Ratschläge hat, die dem Klienten übergestülpt werden. Vielmehr steht die bedingungslose Wertschätzung im Vordergrund, damit sich der Klient entfalten und weiterentwickeln kann. Die Empathie geht damit einher, dass man versucht, sein Gegenüber mit seinem inneren Erleben zu verstehen. Darüber hinaus geht es um die Unterstützung der Autonomie des Klienten. Je weniger selbstbestimmt jemand ist, umso eher wird derjenige darum kämpfen, die eigene Freiheit zu behalten (Deci & Ryan, 2000, 2008). Außerdem geht es um die Würdigung der Ressourcen und des Einsatzes der Person, die geachtet und respektiert werden. Im Sinne des Mitgefühls stellt man sich in den Dienst dieser Person, wobei es auch darum geht, die Erfüllung der Bedürfnisse zu begünstigen (Miller &

Rollnick, 2015). Im Rahmen der Evokation sollen die bereits vorhandenen Bewältigungsressourcen des Klienten bzw. Coachees enthüllt werden.

Es werden verschiedene Techniken der Gesprächsführung eingesetzt, wobei es sich um offene Fragen, Würdigungen, reflektierendes Zuhören und Zusammenfassungen handeln kann. Bei den offenen Fragen geht es darum, nur solche zu verwenden, die nicht mit „ja", „nein" oder mit bestimmten Fakten beantwortet werden können. Der Klient soll zum Reflektieren angeregt werden, es soll aber kein Kreuzverhör sein (Kröger et al., 2016; Miller & Rollnick, 2015; Weigl & Mikutta, 2019). Würdigungen gelten den Anstrengungen, Stärken und den Eigenschaften der Person (Kröger et al., 2016). Die Würdigung hat dabei nichts mit einem bloßen Lob zu tun. Sonst besteht die Gefahr, dass eine asymmetrische Kommunikationssituation erzeugt wird. Dabei würde sich der Lobende in eine überlegene Position begeben (Kröger et al., 2016; Miller & Rollnick, 2015). Es sollte daher nicht unspezifisch gelobt werden, sondern ein bestimmtes Verhalten gewürdigt werden. Beim reflektierenden Zuhören geht es nicht bloß darum, das Gesagte aufmerksam wahrzunehmen, sondern es werden interpretative Vermutungen geäußert, was und wie die Person etwas gemeint haben könnte. Dies wird in einer Aussage formuliert. Dabei werden meist keine Fragen gestellt, damit sich der Klient nicht unter Druck gesetzt fühlt oder in eine defensive Haltung gezwungen wird (Miller & Rollnick, 2015). Der Redefluss des Klienten und die Schilderung des Problems sollen allerdings nicht unterbrochen werden.

Man kann daher sagen, dass der reflektierende Zuhörer die Aufgabe hat zu erkennen, welche Bedeutung den Aussagen des Gegenübers zugewiesen werden kann. Zusammenfassungen können als eine größer angelegte Reflexion gesehen werden. Mehrere Dinge bzw. Aussagen, die der Klient geäußert hat, werden kombiniert, wobei unterschiedliche Schwerpunkte gesetzt werden (Weigl & Mikutta, 2019). Die Motivierende Gesprächsführung beinhaltet noch einige weitere Elemente sowie Details zur Vorgehensweise (vgl. Weigl & Mikutta, 2019). Auch wenn diese Arbeit insbesondere dem klinischen Kontext angehört, können einige Elemente ebenfalls im (pferdegestützten) Coaching von Bedeutung sein.

Verschiedene Techniken der Motivierenden Gesprächsführung können in den Coaching-Prozess integriert werden.

Weiterhin kann das Ausmaß der Aktivierung bei den Coachees von Bedeutung sein. In der Studie von Tometten und Schütz (2021) wurde im Rahmen pferdegestützter Coachings gezeigt, dass vor allem Personen, deren Aktivierung stetig abfiel, weniger zufrieden mit dem Coaching waren. Dieses Ergebnis kann zum Anlass genommen werden, das Aktivierungslevel der Coachees im Blick zu behalten und entsprechend zu regulieren. Auf lange Theorie-Einheiten, die ermüdend wir-

Im Pferdecoaching sollte auf das Aktivierungslevel der Klienten geachtet werden.

7

Coachees sollten durch den Coach angemessen begleitet werden, die reine Anwesenheit eines Pferdes reicht nicht aus.

Auch pferdegestützte Coaches geben im Umgang mit den Pferden etwas über sich selbst preis.

ken, sollten Coaches daher verzichten. Die Begegnung mit dem Pferd scheint Menschen grundsätzlich zu aktivieren, was ein Vorteil des Coachings ist.

Besonders die anschließende Reflexion und der Transfer des Gelernten sollten durch den Coach abwechslungsreich gestaltet werden. Dabei können verschiedene Methoden und die Anwesenheit des Pferdes hilfreich sein. Die Begleitung durch den Coach ist daher elementar, da er neben einem Gefühl der Sicherheit im Umgang mit dem Pferd auch die Verhaltensweisen der Pferde erklärt und das Erlebte für den Coachee so begreifbar macht. Auch weitere Gefühle werden durch ihn aufgefangen. Das pferdegestützte Coaching sollte dementsprechend angemessen begleitet werden. Eine reine Veränderung von Emotionen, indem ein Pferd anwesend ist, reicht nicht aus, um wirkliche Veränderungen beim Coachee zu erzielen. Es liegt also an der geleiteten Reflexion durch den Coach und beispielsweise an dem Einsatz von positiven Abschlusssätzen, um den Klienten zu begleiten.

Auch wenn es bei Heintz (2021) um den psychotherapeutischen Einsatz von Pferden geht, können viele Ansätze auf das pferdegestützte Coaching und die Triade (Coach, Coachee, Pferd) übertragen werden. Die Interaktion zwischen Therapeuten und Pferden wird von Patienten genau wahrgenommen. So zeigen Therapeuten – oder im Coaching die Coaches – auch etwas von sich. Es wird deutlich, wie Therapeut bzw. Coach und Pferd miteinander umgehen, und auch die Gefühle den Tieren gegenüber werden sichtbar. Im psychotherapeutischen Kontext spricht Hanneder (1997) davon, dass Klienten so erleben, welches Spektrum an Beziehungsformen es geben kann, einerseits sehr innig und körperlich nah und andererseits distanziert und Grenzen setzend oder beides in Kombination. Dabei kann es um Freiheit, Grenzen, Vertrauen, Respekt, Wertschätzung oder auch um Liebe sowie Dankbarkeit gehen, die für die therapeutische Beziehung mit und ohne Pferd wichtig sind (Heintz, 2021). Unsere Haltung ist im Coaching sehr wichtig und wir sollten diese als Coaches regelmäßig überprüfen – ob mit oder ohne Pferdebezug.

> **Zusammenfassung**
>
> Die Beziehung zwischen Coach und Coachee ist wichtig, damit beide Parteien im Prozess gut zusammenarbeiten können und die Persönlichkeit des Klienten weiterentwickelt werden kann. Dabei sollte auf Augenhöhe kommuniziert werden, was bereits im Beziehungsaufbau von Bedeutung ist. Der Coach nimmt dabei eine empathische Grundhaltung ein und hört aktiv zu. Während des Coachings kann der Coach immer wieder die Sicht des Klienten einnehmen und sich fragen, inwiefern sich der Coachee wohlfühlt. In diesem Zusammen-

hang bietet die Motivierende Gesprächsführung auch für das Coaching Impulse, die eigentlich aus dem psycho-therapeutischen Bereich kommen. Hier wird davon aus-gegangen, dass sich Menschen grundsätzlich ändern können und auch bereit sind, dies zu tun. Dabei wird der Klient in seiner Autonomie unterstützt und als Experte der Ver-änderung angesehen. Der Coach würdigt die Ressourcen des Coachees, er stellt offene Fragen, hört reflektierend zu und fasst die Äußerungen seines Gegenübers zusammen. Im pferdegestützten Coaching sollte außerdem auf das Aktivierungsniveau und die Emotionen der Coachees ge-achtet werden, damit diese zufrieden mit dem Coaching sind und es nicht ermüdend wird. Indem der Coach im Coaching mit den Pferden interagiert, gibt er auch etwas seine Be-ziehung zu den Tieren preis. Coaches sollten immer auch auf ihre Haltung, sowohl den Klienten als auch den Pferden gegenüber, achten.

Literatur

Deci, E. L., & Ryan, R. M. (2000). The "what" and "why" of goal pursuits: Human needs and the self-determination of behavior. *Psychological Inquiry, 11*(4), 227–268. https://doi.org/10.1207/S15327965PLI1104_01

Deci, E. L., & Ryan, R. M. (2008). Self-determination theory: A macro-theory of human motivation, development, and health. *Canadian Psychology/Psychologie canadienne, 49*(3), 182–185. https://doi.org/10.1037/a0012801

Festinger, L. (1954). A theory of social comparison processes. *Human Relations, 7*(2), 117–140. https://doi.org/10.1177/001872675400700202

Gordon, T. (1970). *Familienkonferenz*. Hoffmann und Campe.

Hanneder, S. (1997). Die Gestaltung des Beziehungsgefüges mit dem „Medium" Pferd. *Therapeutisches Reiten, 3*, 7–14.

Heintz, B. (2021). Empathie auf vier Hufen. Einblick in Erleben und Wirken pferdegestützter Psychotherapie. Vandenhoeck & Ruprecht.

Kinicki, A., Prussia, G., Wu, B., & McKee-Ryan, F. (2004). A covariance structure-analysis of employees' response to performance feedback. *Journal of Applied Psychology, 89*, 1057–1069.

Kröger, C., Velten-Schurian, K., & Batra, A. (2016). Motivierende Gesprächsführung zur Aktivierung von Verhaltensänderungen. *DNP – Der Neurologe und Psychiater, 17*(9), 50–58. https://doi.org/10.1007/s15202-016-1377-9

Migge, B. (2014). *Handbuch Coaching und Beratung* (3. Aufl.). Beltz.

Miller, W. R., & Rollnick, S. (2015). *Motivierende Gesprächsführung* (3. Aufl.). Lambertus.

Rogers, C. R. (1983). *Die klientenzentrierte Gesprächspsychotherapie*. Fischer-Taschenbuch.

Tometten, L., & Schütz, K. (2021). Emotionen als Prädiktoren für den Interventionserfolg in pferdegestützten Coachings. *Mensch und Pferd international, 2*, 52–61. https://doi.org/10.2378/mup2021.art08d

Weigl, T., & Mikutta, J. (2019). *Motivierende Gesprächsführung*. Springer.

Anforderungen an Coaches und Pferde

Inhaltsverzeichnis

8

Fundierte Fort- und Weiterbildungen sind neben den beruflichen Hintergründen im (pferdegestützten) Coaching elementar.

Sind Tiere anwesend, kommunizieren Menschen mehr. Mit dem, was Coachees in diesem Zusammenhang sagen, muss von Seiten der Coaches jedoch entsprechend umgegangen und darauf reagiert werden. Hier sind neben einem entsprechenden beruflichen Hintergrund (bestenfalls aus dem psychologischen oder pädagogischen Bereich) eine fachliche Basis rund um das Pferdeverhalten notwendig. Das bedeutet, dass zunächst die berufliche Qualifikation fundiert sein muss, um darauf aufbauend eine ebenso fundierte Aus- / Weiterbildung im pferdegestützten Bereich zu absolvieren. Das, was Pferde spiegeln, muss möglichst korrekt interpretiert werden, ansonsten bringt das Coaching wenig oder nichts. Dann wäre es ein schönes Event auf dem Ponyhof (Ponys im Kreis führen) oder im schlimmsten Fall würden tiefgreifende Themen aufgedeckt, diese jedoch nicht weiter bearbeitet, und der Coachee hätte nach dem Coaching ernsthafte Probleme. Der Übertrag auf den Alltag des Coachees muss daher durch einen qualifizierten pferdegestützten Coach erfolgen. Dabei sollte eine entsprechende Gesprächsführung sichergestellt werden, um Ziele, Hindernisse, Wünsche oder auch Bedürfnisse zu klären und den Coachee auf seinem Weg zu unterstützen. Der Coach sollte zudem über verschiedene Fragetechniken und Methoden verfügen, auf die er zurückgreifen kann.

8.1 Persönliche Voraussetzungen der Coaches

Jahrelange Pferdeerfahrung gilt im pferdegestützten Coaching neben fachlich fundierten psychologischen / pädagogischen Hintergründen als eine der wichtigsten Voraussetzungen eines Coachs. Wer die Sprache der Pferde nicht lesen und deuten kann, wird Schwierigkeiten haben, die Mensch-Pferd-Interaktionen richtig zu interpretieren und die Coachees letztlich nicht oder nur in geringem Ausmaß in ihrer Persönlichkeitsentwicklung unterstützen können. Es reicht nicht, lediglich zu reiten, sondern die Pferde müssen auch in ihrer Herde und in der Beziehung zu Menschen vom Boden aus verstanden werden, um die Rückmeldungen der Tiere sinnvoll in den Prozess zu integrieren.

Die Pferdekompetenz der Coaches ist nicht nur relevant, um den Klienten ein fundiertes, hochwertiges Coaching zu bieten, sondern auch, um Gefahren zu erkennen und Unfälle zu vermeiden. Es ist die Aufgabe des Coaches, kritische Situationen fachgerecht beurteilen zu können, um entsprechend einzugreifen und alle Beteiligten zu schützen. Viele Klienten haben keine oder nur wenig Pferdeerfahrung, sodass sie selbst nicht bemerken, wenn es gefährlich wird bzw. werden könnte, oder sie können das Pferdeverhalten nicht richtig einordnen.

> Fundiertes Pferdewissen ist neben psychologischen / pädagogischen Hintergründen grundlegend.

Es kann sein, dass ein unruhiges Pferd möglicherweise (noch) nicht hin und her tänzelt und auch (noch) nicht zur Seite springt, sondern mit erhobenem Kopf, starrem Blick und gespitzten Ohren in eine Richtung schaut. Für den Klienten mag es aufgrund mangelnder Pferdeerfahrung für unbedeutend gehalten werden oder er merkt es erst gar nicht, als Coach sollte man sein Pferd jedoch so gut kennen, dass man die Situation richtig einschätzen kann. Bei einigen Pferden mag es bei der innerlichen Aufregung bleiben, die schnell wieder abflacht, man darf jedoch nicht vergessen, dass es sich um Fluchttiere handelt. Ohne dass das Pferd absichtlich jemanden verletzen möchte, kann es dennoch sein, dass es losspringt – womöglich auf den Fuß des Klienten. Als Coach ist es elementar, die Pferde, mit denen man arbeitet, sehr gut zu kennen – typische Verhaltensmuster und die individuelle Persönlichkeit der Pferde sollten direkt erkannt werden.

Ebenso ist es im Sinne der Pferde wichtig zu merken, wann es zu viel für ein Pferd wird – im besten Fall noch, bevor die Arbeit im Coaching zu anstrengend für das Tier wird. Der Coach ist auch im Coaching für den physischen und psychischen Schutz des Pferdes verantwortlich.

> Zum Schutz der Klienten und der Pferde müssen Coaches über fundiertes Wissen und eine sehr gute Wahrnehmung verfügen.

Andersherum kann ein flehmendes Pferd für einen Klienten als gefährlich wahrgenommen werden („Es möchte mich auffressen!"), sodass der Strick losgelassen wird. Ein Reiter wird (innerlich) schmunzeln und die Situation viel harmloser einschätzen als die eine oder andere pferdeunerfahrene Person. In einer solchen Situation ist der Coach der Pferdeprofi und „Aufpasser", der dem Klienten erklärt, dass das Pferd vermutlich gerade etwas Interessantes gerochen hat und es sich nicht um eine Drohgebärde handelt. Ebenso muss er die Sorgen seines Gegenübers wahrnehmen und respektieren, sodass das Coaching gut fortgeführt werden kann. Im schlechtesten Fall hätte der Klient ein beklemmendes Gefühl, würde die weiteren pferdegestützten Übungen nur mit Angst absolvieren und wäre dem Coach (und sich selbst) gegenüber weniger offen. Absolut unpassend wäre es auch, wenn sich der Coach über den Klienten lustig macht, was die Beziehungsebene maßgeblich negativ beeinflussen kann.

Der Coach hat im pferdegestützten Coaching ebenso die Aufgabe, zwischen den Coachees und den Pferden zu vermitteln und das zugehörige Verhalten im Zusammenhang zu interpretieren. In diesem Kontext unterstützt er den Lernprozess sowie den zugehörigen und erforderlichen Transfer in den Alltag (Heckmair & Michl, 2008).

> Der Coach muss die Reaktionen des Pferdes für die Klienten übersetzen und sowohl auf die Pferde als auf die Klienten achten sowie den Prozess angemessen lenken.

Neben den genannten Aspekten, wie beispielsweise den beruflichen Qualifikationen (sowohl z. B. im Bereich traumatherapeutischer Konzepte als auch in der tier- bzw. pferdegestützten Therapie) gilt es darauf zu achten, ob und, wenn ja, welche Krankheiten, Allergien oder Einschränkungen der Beweglichkeit vorliegen. Heintz (2021) sieht beim Einsatz von Pferden im psychotherapeutischen Kontext die Notwendigkeit, dass die Therapeuten eine Dreifachqualifikation aufweisen, welche mit einem hohen Ausbildungsaufwand einhergeht. Neben einem psychologischen oder medizinischen Grundstudium (ggf. mit pädagogischem Grundstudium) sind hier eine Psychotherapieausbildung und pferdebezogenes Fachwissen notwendig.

> Die Ausbildungsinstitute für pferdegestützte Persönlichkeitsentwicklungs-Maßnahmen sollten von Interessenten kritisch geprüft werden.

Wer eine Ausbildung zum pferdegestützten Coach anstrebt, sollte sich daher selbst die Frage stellen, ob er die nötigen Voraussetzungen mitbringt und bereits Erfahrungen als Coach, Pädagoge, Psychologe oder psychologischer Psychotherapeut aufweist. Mit der Hilfe von Pferden lassen sich Themen schnell aufdecken, diese müssen jedoch entsprechend aufgefangen und bearbeitet werden. Es handelt sich um ein machtvolles Instrument, das nicht der Teilnehmerbespaßung dient. Häufig gibt es jedoch bei den Ausbildungsinstituten keine Voraussetzungen, teilweise noch nicht einmal, was den beruflichen Hintergrund oder die Pferdeerfahrung anbelangt. Das Angebot an pferdegestützten Ausbildungen ist mittlerweile groß und heterogen, ebenso wie die Angebote pferdegestützter Coaches. Wer sich für eine Ausbildung im Bereich Pferdecoaching interessiert, sollte sich die Anbieter und deren

Qualifikationen sowie die Inhalte der Ausbildungen genau anschauen und vergleichen. Auch die Kosten der Ausbildungen variieren stark – hier sollte man nicht der Heuristik (= vereinfachte Annahme) folgen, dass teurere Dinge automatisch qualitativ hochwertiger sind.

Die angehenden Coaches sollten sich überlegen, ob der jetzige Zeitpunkt der richtige ist, um eine Ausbildung im pferdegestützten Bereich anzuvisieren. Auch wenn in den meisten Ausbildungen zum pferdegestützten Coach hohe Praxisanteile enthalten sind und eigene Themen bearbeitet werden, sollte man mental und emotional ausgeglichen und stark sein. „Große" Themen sollten vor Ausbildungsbeginn anderweitig bearbeitet werden. Unsere mentale Stärke als Coach ist wichtig, damit wir konzentriert mit unseren Coachees arbeiten und diese weiterbringen können. Hierfür sollten außerdem Supervisionseinheiten in Betracht gezogen werden, egal wie lange man schon im Coaching tägig ist und wie viel Erfahrung man hat. Die Selbstfürsorge bzw. Psychohygiene sollte immer im Hinterkopf behalten werden.

> Selbstfürsorge und Psychohygiene sollten von angehenden und ausgebildeten Coaches stetig berücksichtigt werden.

Neben all diesen Aspekten sollten die Kosten, die für die Coaches anfallen, berücksichtigt werden. Zusätzlich zu den Teilnahmegebühren für eine entsprechende Aus- / Weiterbildung zum pferdegestützten Coach, die mit mehreren tausend Euro angesetzt werden können, kommen weitere Kosten hinzu. In der Psychotherapie wie auch im Coaching sollten zudem Gebühren für Supervisionseinheiten einkalkuliert werden. Weiterhin gilt es zu berücksichtigen, was die Nutzung von Reithalle oder -platz und Reiterstübchen kostet. Auch Equipment (Stangen, Pylonen, Plastikplane, Cavaletti-Blöcke etc.) muss möglicherweise noch angeschafft werden oder kann im besten Fall kostenlos oder gegen eine entsprechende Gebühr im Reitstall ausgeliehen werden. Eine Videokamera sowie ein Gerät zum Abspielen (Laptop, Beamer, Fernseher) sollten ebenfalls angeschafft werden. Bei Gruppen- und Teamcoachings, die ganztägig stattfinden oder sogar mehrere Tage in Anspruch nehmen, müssen zum einen ein zweiter Coach (Co-Coach) und je nach Kundenwunsch (hochpreisige) Speisen und Getränke berücksichtigt werden. Bei Einzelcoachings reichen meist Getränke und Snacks aus und es ist kein zweiter Coach notwendig.

Ein wichtiger Aspekt ist die Versicherung. Neben der Berufshaftpflichtversicherung für den Coach müssen auch die eingesetzten Pferde versichert werden. Die klassische Haftpflichtversicherung, die jeder Pferdehalter haben muss, reicht nicht aus! Hierfür müssen mehrere hundert Euro pro Jahr einkalkuliert werden. Sofern man Pferde für das Coaching anschaffen muss, kommen ebenfalls Kosten auf die (angehenden) pferdegestützten Coaches zu. Hat man bereits ein oder meh-

> Die mit den Coachings einhergehenden Kosten und versicherungsrelevanten Aspekte müssen zwangsläufig mit bedacht werden.

rere Pferd(e), hat man ohnehin Kosten für die gemietete Box inkl. Service, Futter, Anlagennutzung sowie Schmied- und Tierarztkosten etc.. Weiterhin müssen die geltenden Bestimmungen des jeweiligen Veterinäramts berücksichtigt werden.

Hält man sich diese Kosten vor Augen, die mit der Durchführung der Coachings einhergehen, wird schnell klar, dass Coachings für 40€ pro Stunde oder ein Gruppencoaching für 500€ pro Tag nicht tragbar sind, insbesondere wenn eine entsprechende berufliche Qualifikation vorhanden ist. Coaches mit einem entsprechenden Qualitätsstandard und den genannten Kosten, die gedeckt werden müssen, rufen einen entsprechenden Preis für ihre Arbeit auf. Dieser variiert je nach Gruppengröße, Dauer, Zielsetzung und Anzahl der Coaches und Assistenten. Insbesondere die Gruppen- und Teamcoachings erfordern mehrere Tage für die Konzeption des gesamten Coachings, einschließlich des Caterings, Gesprächen mit dem Auftraggeber, möglichen Einzelgesprächen mit den Teilnehmenden, Gespräche mit Reitstallbetreibern (evtl. kann das Coaching in Stall A nicht stattfinden, weil dort Reitstunden abgehalten werden, in Stall B findet ein Reitturnier statt und in Stall C geht es wegen eines anderen Lehrgangs nicht…) sowie die gesamte Logistik während des Coachings – von Pylonen bis Kaffee ist alles haargenau zu berücksichtigen, wofür man entsprechend viel Zeit einplanen sollte.

Der Umfang der pferdegestützten Coachings sollte zum weiteren beruflichen Kontext passen.

Es sollte den pferdegestützten Coaches und denen, die es noch werden möchten, klar sein, dass man nicht von heute auf morgen seine derzeitige Arbeit aufgeben sollte, um sich ausschließlich dem (pferdegestützten) Coaching zu widmen. Die Liebe zu Pferden, der Wunsch, sein Hobby zum Beruf zu machen – mit anschließender Ausbildung im pferdegestützten Bereich – sollten keine Gründe sein, seinen derzeitigen Beruf direkt aufzugeben, ohne entsprechende Rücklagen zu haben. Es sollte genau kalkuliert werden, welche Kosten auf einen zukommen und wie das Marktpotenzial vor Ort ist. Auch Kontakte zur Presse und Netzwerke gilt es zu berücksichtigen. Hier sollte man sich auch fragen, wie gut man in vertrieblichen Fragen ist – kann und möchte man den Vertrieb selbst übernehmen oder hier mit anderen kooperieren?

8.2 Auswahl und Ausbildung der Pferde

Bei der Auswahl der Pferde müssen verschiedene Dinge berücksichtigt werden.

Die Aussagen, dass grundsätzliche alle Pferde oder ausschließlich jahrelang trainierte und speziell ausgebildete Pferde im Coaching eingesetzt werden können, sind beide so nicht haltbar. Viele Pferde, die artgerecht gehalten werden und täglich

◧ **Abb. 8.1**   Die artgerechte Haltung der Pferde ist nicht nur im Coaching-Kontext elementar

die feine Art der nonverbalen Kommunikation praktizieren sowie die Übungen und den Umgang im Coaching mit Menschen kennen, können eingesetzt werden, jedoch nicht alle. In diesem Zusammenhang sollte man die Pferde, die man für das Coaching einsetzen möchte, auf ihre Eignung hin analysieren und mit ihnen in einem gewissen Maße auch trainieren. Wir arbeiten ausschließlich mit Pferden, die in einem Herdenverband mit ganztägigem Auslauf stehen. Damit die Tiere im Coaching Menschen spiegeln und mit diesen interagieren können, müssen sie mental ausgeglichen und im stetigen Sozialkontakt mit anderen Pferden stehen (◧ Abb. 8.1).

Nach Wohlfarth und Olbrich (2014) sind neben der artgerechten Haltung ein ausgeglichener Charakter der Tiere, Erfahrung im Coaching sowie eine positive Beziehung zum Besitzer bzw. Coach wichtige Voraussetzungen. Pferde benötigen neben hochwertigem Futter, Licht, Luft, ausreichend Platz und Auslauf natürlich auch Kontakt zu ihren Artgenossen. Im Coaching sollen sie ihr Gegenüber spiegeln und somit im Coaching-Prozess mitarbeiten. Dafür müssen sie physisch und psychisch gesund sein. Sie reagieren auch unmittelbar auf andere Pferde. Das, was wir uns im Coaching von ihnen wünschen, müssen sie auch im Pferdealltag ausleben können.

Man sollte sich immer bewusst machen, dass Pferde leidensfähig und intelligent sind – mit eigenen Gefühlen. Sie können Freude, Empathie, Angst, aber auch Leiden und Trauer zeigen. Außerdem zeigen sie, wen sie sympathisch finden (und wen nicht), und helfen ihren Artgenossen. Man ver-

Die artgerechte Haltung ist nur einer der Punkte, die im Hinblick auf das Wohlergehen der Pferde bedacht werden müssen.

8

steht sie nicht besser, wenn man sich gefühlsmäßig von ihnen abgrenzt oder sie andersherum vermenschlicht. Die Tierethik sollte daher immer berücksichtigt werden. Menschen sollten sich im Sinne der Pferde als fühlende Mitgeschöpfe um das Wohlbefinden bemühen und dafür sorgen, dass diese keine leid- und schmerzbringenden Umgangs- oder Haltungsformen erleben (Neugebauer & Neugebauer, 2020; Urmoneit, 2015).

Bei pferdegestützten Coachings ist das Pferd als Co-Trainer anzusehen, da (wie bei dem Ansatz des erlebnisorientierten Lernens nach Heckmair & Michl, 2008) eine notwendige Dreiecksbeziehung zwischen Klient, Pferd und Coach besteht (Wohlfarth & Olbrich, 2014). Coaches müssen darauf achten, dass die vierbeinigen Coaching-Partner gerne mit verschiedenen Menschen arbeiten, sie entsprechend ausgebildet sind (z. B. keine Angst vor dem Equipment haben und gerne hiermit arbeiten) und artgerecht gehalten werden. Weiterhin muss berücksichtigt werden, wie viele Pausen die Pferde zwischen den Coaching-Einheiten benötigen. In der Praxis lässt sich feststellen, dass verschiedene Pferde unterschiedlich häufig eingesetzt werden können und je nach Zielgruppe einige Pferde geeigneter sind als andere (z. B. bei Kindern oder Jugendlichen / Erwachsenen oder Einzel- vs. Gruppencoachings). Einige Pferde lassen sich besser alleine im Coaching einsetzen, andere fühlen sich in der Gruppe wohler. Insbesondere wenn mehrere Personen anwesend sind, die gecoacht werden, können sich die Tiere ausruhen, wenn mehrere Pferde anwesend sind (und die Teilnehmer zwischen den Pferden auswählen können).

Auch Pferde können depressive Symptome aufweisen.

Grundsätzlich gilt im Bereich des Lernens, dass dieses beispielsweise von Stress, Leistungsdruck, Ängstlichkeit, aber auch von gesundheitlichen Problemen, negativen Assoziationen in Bezug auf das Umfeld, Haltungsproblemen, Hunger, dem Fehlen von Empathie oder Einzeltierhaltung negativ beeinflusst werden kann. Auch Pferde können unter Depressionen leiden. Dabei kann man beobachten, dass sie regelrecht bewegungslos sind, weniger Ausdrucksverhalten und Interesse an der Umwelt zeigen und auch motorisch verlangsamt sind. Außerdem sind sie zurückgezogen und teilnahmslos apathisch. Die depressiven Reaktionen treten dabei sowohl episodisch (innerhalb weniger Wochen) als auch dauerhaft und hartnäckig auf. Die jeweiligen Pferde erscheinen nicht ansprechbar und leiden an der seelischen Erkrankung. Ursächlich hierfür können nicht artgerechte Lebensbedingungen sein, wobei es sich häufig um eine Kombination aus mehreren Defiziten handelt. Neben chronischem Stress zählen hierzu u. a. schlechte Haltungsbedingungen, Einsamkeit, Langeweile, Überforderung, schwierige Herdenkonstellationen, qualitativ minderwertiges oder zu wenig Futter, Gewalt, Schmerzen oder auch fehlende Freude (Neugebauer & Neugebauer, 2020). Auf die Pferde sollte daher nicht nur im Coaching-Kontext genau geachtet und entsprechend gehandelt werden, bereits bevor sich Schwierigkeiten ergeben. Als Pferdehalter und Reiter ist dies immer unsere Aufgabe.

Das Wohl der Pferde sollten die Coaches daher immer im Blick haben. Pferde können die Coachings ebenfalls als anstrengend wahrnehmen, weshalb auf einen Ausgleich geachtet werden sollte. Auch zeitliche Abstände zwischen den Coachings sollten Berücksichtigung finden. So können zwischen den Coaching-Einheiten mehrere Stunden oder Tage liegen, an denen das Pferd anderweitig beschäftigt wird (z. B. geritten wird oder mit den Herdenmitgliedern auf die Wiese geht), um einen eintönigen Ablauf zu vermeiden. Weiterhin sollten die Pferde entspannt sein, sodass vor den Coachings bzw. an den Tagen zuvor keine besonderen (negativen) Ereignisse stattgefunden haben (z. B. Behandlung der Zähne durch den Pferdezahnarzt, schlechtes und stürmisches Wetter), die einen Einfluss auf die Stimmung des Pferdes haben können. Hier sollte die individuelle Persönlichkeit des Pferdes berücksichtigt werden.

Auch Weckbecker (2020) betont, dass es zu der genauen Auswahl von Pferden im Coaching oder der Psychotherapie keine allgemeingültig zu treffenden Aussagen gibt. Sie achtet bei den eingesetzten Pferden auf eine gute Grundausbildung in der Bodenarbeit und darauf, dass sie im Herdenverband sozialisiert sind und artgerecht gehalten werden. Anders als beispielsweise in der Hippotherapie müssen die Pferde im Coaching keine Reiter tragen können. Umso wichtiger ist es demnach, dass sie sensibel auf die Signale ihres Gegenübers reagieren.

Die im Coaching eingesetzten Pferde sollten langsam an die Arbeit herangeführt werden. Auch Pferde müssen sich, genau wie Coaches und Therapeuten, an diese Form der Arbeit gewöhnen und das kann auch anstrengend sein. Sie sollten daher gerne mit Menschen arbeiten und keine traumatischen Erfahrungen aufweisen (mögliches Gefahrenpotenzial). Unarten wie Beißen oder Treten gelten selbstverständlich als Ausschlusskriterien. Auch sie können überfordert sein und bei einer dauerhaften Überforderung Burnout-Erscheinungen zeigen. Ebenso sollte darauf geachtet werden, welche Pferde für welchen Klienten bzw. für welches Thema ausgewählt werden. Aus tierethischer Sicht sollte man bedenken, dass Pferde auch ihre Emotionen und Grenzen aufzeigen dürfen. Sie sind kein Werkzeug in der Therapie oder im Coaching, sondern Beziehungspartner.

Je nach Klienten oder Themen können unterschiedliche Pferde zum Einsatz kommen.

Als Ausgleich haben unsere Pferde nicht nur mindestens 14 Stunden Auslauf (Weide / Paddock), sondern sie werden geritten und in der Bodenarbeit ausgebildet. Einige Pferde sind auch Turnierpferde. Das sehen wir nicht als Ausschlusskriterium, sofern sichergestellt ist, dass die Pferde nicht in einer reinen Boxenhaltung stehen, sondern artgerecht gehalten werden. Auf das Tierwohl ist unbedingt zu achten. Unsere Pferde haben einen hohen Stellenwert bei dieser Form des Coachings und müssen daher mental stark sein. Pausen zwischen den Coachings sind wichtig und es ist darauf zu achten, wie viele Coachees für das jeweilige Pferd pro Tag / pro Woche überhaupt „machbar" sind. Nimmt man die eigenen Pferde mit zu einer anderen Reitanlage, sollten diese darin geübt sein, damit sie auf dem anderen Hof nicht auf einmal sehr aufgeregt sind und das Coaching nur unter diesen erschwerten Bedingungen stattfinden kann. Die Pferde sollten sich hier natürlich auch bereitwillig verladen lassen. Ist das nicht der Fall, muss nach Lösungen gesucht werden bzw. es muss einfach mehr Zeit für das Üben oder Finden von Alternativen eingeplant werden.

Coaches sollten genau darauf achten, wie viele Coachings sie ihren Pferden pro Woche zumuten können.

Die für die Coachings ausgewählten Pferde sollten gerne mit Menschen arbeiten, gut ausgebildet sein, fein auf ihr Gegenüber reagieren und auf die Arbeit vorbereitet werden. Die artgerechte Haltung im Herdenverband ist wichtig, um so sensibel reagieren zu können. Nach Heintz (2021) sollte in diesem Zusammenhang auch der erhöhte Aufwand (finanziell, zeitlich und materiell) berücksichtigt werden, damit die in den Interventionen eingesetzten Pferde gesunde Haltungsbedingungen erleben. So ist eine Basis mit inneren und äußeren Bedingungen gegeben, aufgrund derer die Pferde den Menschen gegenüber vertrauensvoll offen sein können und ihrer Aufgabe als Therapiepferd (bzw. Coaching-Partner) ethisch vertretbar nachkommen können.

Pferdegestützte Coaches sollten ihre Pferde genau kennen und deren Besonderheiten (z. B. „mag keine Plastikplanen") und Charaktereigenschaften im Blick haben. Dabei geht es auch um die Beziehung zwischen Coach und Pferd, die gefestigt und untereinander verbunden sein sollte. Wir dürfen nicht vergessen, dass die Pferde für uns arbeiten und die Verbindung daher wichtig ist.

8.3 Infrastruktur

Bei Coachings mit Pferden handelt es sich um ein relativ aufwändiges Setting – neben einer Reitanlage braucht man mehrere verfügbare Pferde und einiges an Equipment. Auch die

Organisation muss mit ausreichend Zeit und personellen Ressourcen eingeplant werden.

Wer pferdegestützte Coachings anbieten möchte, hat daher nicht nur seine beruflichen Qualifikationen zu hinterfragen. Man muss überlegen, ob neben der Haltungsform des Pferdes auch der Veranstaltungsort, an dem die Coachings stattfinden sollen, geeignet ist. Es sollten zumindest ein Reitplatz oder ein Roundpen vorhanden sein und eine Toilette (diese sind nicht in allen Reitställen sauber und ordentlich). Ein beheiztes Reiterstübchen oder ein Raum, der bestuhlt ist (oder bestuhlt werden kann), ist ebenfalls eine der Voraussetzungen. Hier findet die Videoanalyse statt– vor allem in der kälteren Jahreszeit – und hier wird der weitere Transfer in den Alltag sichergestellt bzw. hier wird das Coaching nach dem Part mit dem Pferd fortgeführt. Sofern man keinen eigenen Stall und weitere Räumlichkeiten vor Ort hat, muss geklärt werden, inwiefern Reitplatz oder -halle bzw. Roundpen und Reiterstübchen genutzt werden dürfen. Hier werden außerdem verschiedene Moderationsmaterialien benötigt (Flip-Chart oder Pin-Wand, Moderationskoffer). Auch ausreichend Pausenverpflegung sollte es in Reichweite geben. Neben dem Equipment, das für die Übungen mit den Pferden benötigt wird (Stangen, Pylonen, Plane, Cavalettis etc.), sind eine Videokamera, ggf. eine Fotokamera und die Möglichkeit, die Videos zu analysieren (Beamer, Laptop, Fernseher), relevant.

Sollten nicht nur das oder die eigene(n) Pferd(e) beim Coaching eingesetzt werden, gilt es im Vorfeld zu klären, wer sein Pferd für die Coachings zur Verfügung stellen würde. Man sollte sich zudem überlegen, ob der Veranstaltungsort gut erreichbar ist und insbesondere, wie man dort hinkommt (Auto, Bus, Bahn). Häufig sind die Ställe nur mit einem Auto erreichbar, was wiederum relevant für die jeweilige Zielgruppe sein kann.

Über Assistenten, die den Coach beim Coaching unterstützen (Erstellen der Videos, Auf- und Abbauen, Holen und Wegbringen der Pferde etc.), oder einen Co-Coach sollte man sich auch Gedanken machen. Gerade bei Gruppen- und Teamcoachings sind die logistischen Begebenheiten rund um das Essen zu bedenken. Kommt ein Caterer zum Hof oder muss dies selbst organisiert werden? Gibt es ein Restaurant, das gut erreichbar ist und zu dem man mit den Teilnehmenden während der Mittagspause hinfährt? Falls man mit den eigenen Pferden auf einer anderen Reitanlage coacht, stellt sich die Frage, wo die Pferde vor und nach ihrem Part in der Halle oder auf dem Platz untergebracht werden können oder ob diese von einer anderen Person abgeholt werden können. Der organisatorische Aufwand sollte nicht unterschätzt werden.

In den zugehörigen Ställen der Coachings ist auf einige Dinge zu achten.

Assistenten oder Co-Coaches können bei umfangreicheren Coachings sehr gut unterstützen.

8.4 Qualitätsstandards

Auch im pferdegestützten Coaching gibt es einige schwarze Schafe.

Das pferdegestützte Coaching wird immer beliebter und die Anzahl pferdegestützter Coaches steigt stetig an. Doch nicht jede Person, die im Bereich des Pferdecoachings tätig ist, verfügt über einen entsprechenden beruflichen Hintergrund. Außerdem gibt es im pferdegestützten Coaching (leider) keine übergreifenden Qualitätsstandards. Jeder darf sich Coach oder auch pferdegestützter Coach nennen und derartige Coachings anbieten. Die Bezeichnungen „Coach", „Therapeut" oder „Berater" sind nicht geschützt, sodass jeder so arbeiten kann, aber nicht sollte. Genauso ist das auch beim „pferdegestützten Coach" oder „Pferdecoach". Da muss man sich wirklich fragen, ob man von jemandem gecoacht werden möchte, der gar keinen oder nur einen (Online-)Wochenendkurs belegt hat (aber mit viel Lebenserfahrung wirbt), von Psychologie keine oder nur wenig Ahnung hat, aber viel Geld für Werbung ausgibt. Teilweise wird hierdurch leider das Klischee bestätigt, dass es sich um teuren Unfug handelt, Heilversprechen abgegeben werden oder wie ein psychologischer Psychotherapeut agiert wird. Im schlimmsten Fall wird der Klient bei der tiefgreifenden Arbeit nicht gut betreut.

Da mit Hilfe der Pferde persönliche Themen und zugehörige Emotionen schnell „auf den Tisch" gebracht werden können, sollte man als Teilnehmer unbedingt auf einen fundierten beruflichen Hintergrund der Coaches achten. Andererseits kann es sich bei dem Coaching mit Pferden um einen Termin im Sinne des Entertainments mit Erlebnis- und Spaßfaktor handeln. Wohingehend bei sehr oder zu tiefgreifenden Coachings ohne fachlichen Hintergrund befürchtet werden muss, dass die Coachees nicht entsprechend betreut werden, muss beim Entertainment-Vorwurf angezweifelt werden, dass die Teilnehmer überhaupt etwas auf inhaltlicher Ebene mitnehmen (d. h. mehr als einen netten Tag auf dem Reiterhof).

Bei wirklich fundierten Coachings mit Pferden handelt es sich nicht um Ponys-im-Kreis-Führen oder eine Unterhaltungs-Veranstaltung auf dem Reiterhof. Einige Personen, die vermeintliche Coachings mit Pferden anbieten, agieren jedoch so. So kann leicht der Eindruck entstehen, dass es sich nicht um eine seriöse und nachhaltige Arbeit handelt. Man muss sich daher fragen, wer wirklich qualifiziert ist. Ein ähnliches Bild zeigt sich, wenn man bei Google „pferdegestütztes Coaching" eingibt – dort werden zahlreiche Ergebnisse mehr oder weniger seriöser und fundierter Anbieter angezeigt und es werden stetig mehr. Auch wenn es viele pferdegestützte Coaches gibt, ist die Nachfrage nach professionellen Coaches groß.

Wer sich coachen lassen möchte, sollte auf professionell arbeitende und fundiert ausgebildete pferdegestützte Coaches mit einem entsprechenden beruflichen Hintergrund achten. Der Berufsverband pferdegestützter Coaches e. V., dem pferdegestützte Coaches verschiedener Ausbildungsinstitute angehören, wurde für mehr Transparenz, Kompetenz und Forschung gegründet und setzt auf Qualität statt Quantität. Entsprechende Voraussetzungen müssen hier von Seiten der Mitglieder erfüllt sein, hohe Qualitätsstandards im pferdegestützten Coaching werden zudem gefördert und etabliert. Bei der Interventionsform handelt es sich um eine wissenschaftlich fundierte und psychologisch basierte Methode. Regelmäßige Fort- und Weiterbildungen sollten nicht nur für beispielsweise psychologische Psychotherapeuten selbstverständlich sein, sondern auch für (pferdegestützte) Coaches. Ebenso sollte das pferdegestützte Coaching durch die Coaches weiterentwickelt und weitererforscht werden. Das pferdegestützte Coaching ist eine wirkungsvolle Methode, wenn sie von fundiert ausgebildeten Personen durchgeführt wird.

> Berufsverbände achten auf fachliche Qualifikationen, wissenschaftliche Aspekte und Weiterbildungen.

Darüber hinaus sollte erfasst werden, wie erfolgreich ein (pferdegestütztes) Coaching ist. Hier spricht man auch von der Ergebnisqualität, die sich an der Zielerreichung vorher definierter Ziele oder auch an der generellen Zufriedenheit (Heß & Roth, 2001) sowie anhand des Wohlbefindens des Klienten (Greif, 2008) messen lässt. Ein Erfolgsfaktor kann die Beziehung zwischen den Klienten und dem Coach sein. Ob ein Coaching als erfolgreich angesehen wird, hängt beispielsweise davon ab, ob der Klient den Coach sympathisch findet und der Meinung ist, ihm vertrauen zu können (Schreyögg, 2003). Es muss jedoch betont werden, dass nicht nur die persönlichen und zwischenmenschlichen Faktoren einen Einfluss auf die Ergebnisse des Coachings haben. Zudem sind die Gestaltung des Prozesses und die gesamte Struktur relevant (Heß & Roth, 2001).

Hohe Qualitätsanforderungen, was die eigenen Fertigkeiten und Fähigkeiten sowie Qualifikationen anbelangt, dienen nicht nur als Aushängeschild auf der eigenen Homepage und weiteren Materialien, sondern sollten auch im Sinne eines verantwortungsvollen Umgangs mit den Coachees und den Tieren an oberster Stelle stehen. Es reicht nicht aus, seine Pferdeliebe zum Beruf zu machen und ein bisschen mit Menschen zu arbeiten, weil man auch von Freunden gerne um Rat gefragt wird.

> Die Liebe zu Pferden und das Interesse für Psychologie reichen niemals aus, um fundierte Coachings mit Pferden durchzuführen.

8

Zusammenfassung

Wenn Tiere anwesend sind, kommunizieren Klienten mehr und Themen werden auf eine neue Weise beleuchtet – Coaches müssen jedoch hierauf angemessen reagieren und damit entsprechend umgehen können. Die fachliche Fundierung des Coaches sollte daher immer im Fokus stehen, sowohl was den psychologischen / pädagogischen Hintergrund anbelangt als auch das Fachwissen rund um die Pferde. Die Reaktionen der Pferde müssen richtig gedeutet werden, um das Coaching fundiert aufzubauen. Das ist die Grundlage dafür, dass Klienten angemessen begleitet werden und den größtmöglichen Nutzen für den Alltag haben. Dies ist auch eine notwendige Voraussetzung für die Sicherheitsaspekte und somit den Schutz der anwesenden Personen und Pferde. Insofern sollte man eine fundierte Ausbildung zum pferdegestützten Coach auswählen und erst dann absolvieren, wenn man mental und körperlich stark ist, um im Anschluss hochwertige Coachings anzubieten. Auch die im Coaching eingesetzten Pferde müssen gründlich mit den Übungen und der Arbeit mit Coachees vertraut gemacht sowie artgerecht gehalten werden. Auf die physische und psychische Gesundheit der Tiere muss unbedingt geachtet werden. Neben der Infrastruktur vor Ort sollten zudem Qualitätsstandards gewahrt werden. Pferdegestützte Coachings fordern – wie weitere tiergestützte Interventionen – ein hohes Maß an Kompetenz, Qualifikationen und Verantwortung gegenüber den Coachees und den Pferden. Pferdeliebe und alltagspsychologische Kenntnisse alleine reichen nicht aus, um qualitativ hochwertige Coachings mit Pferden anbieten zu können.

Literatur

Greif, S. (2008). *Coaching und erlebnisorientierte Selbstreflexion*. Hogrefe.

Heckmair, B., & Michl, W. (2008). *Erleben und Lernen. Einführung in die Erlebnispädagogik*. Ernst Reinhardt.

Heintz, B. (2021). *Empathie auf vier Hufen. Einblick in Erleben und Wirken pferdegestützter Psychotherapie*. Vandenhoeck & Ruprecht.

Heß, T., & Roth, W. L. (2001). *Professionelles Coaching*. Asanger.

Neugebauer, G. M., & Neugebauer, J. K. (2020). *Lexikon der Pferdesprache. Neue Wege zur artgerechten Kommunikation*. Eugen Ulmer.

Schreyögg, A. (2003). *Coaching Campus*.

Urmoneit, I. (2015). *Pferdgestützte systemische Pädagogik* (2. Aufl.). Reinhardt.

Weckbecker, R. (2020). Von Elefanten, Pferden und Lösungen. Die Verbindung pferdegestützter Interventionen, Morenos Psychodrama und systemischer Arbeit – ein Praxisbeispiel. *Mensch & Pferd international, 2*, 78–81. https://doi.org/10.2378/mup2020.art11d

Wohlfarth, R., & Olbrich, E. (2014). *Qualitätsentwicklung und Qualitätssicherung in der Praxis tiergestützter Interventionen. Ein Leitfaden von Dr. Rainer Wohlfarth und Prof. (em.) Dr. Erhard Olbrich.* http://www.esaat.org/fileadmin/medien/downloads/Broschuere_zur_Qualit%C3%A4tssicherung_und_Qualit%C3%A4tsentwicklung.pdf. Zugegriffen am 07.07.2021.

Weitere Fallbeispiele

Inhaltsverzeichnis

In den mittlerweile mehr als zehn Jahren als pferdegestützter Coach durfte ich viele Coachees mit ihren Themen und Übungen, aber auch ganz unterschiedliche Reaktionen der Pferde in den Coachings erleben. Einige Beispiele dürfen nachfolgend dargestellt werden.

9.1 Einfach mal nachfragen

Auch Teilnehmer ohne Erwartungen können von den Coachings mit Pferden profitieren.

Ein Klient wollte das Coaching mit Pferden im Rahmen eines Schnuppercoachings kennenlernen und sagte in der Vorstellungs- und Kennenlernrunde, dass er keine großen Erwartungen habe. Er könne sich nicht vorstellen, was man von einem Pferde lernen sollte und was Pferde einem mitgeben könnten. Aber er wollte sich auf das Coaching einlassen und schauen, was passiert.

Die Übung mit den Pferden bestand darin, sich eines von zwei Pferden auszusuchen und einen Parcours zu absolvieren. Dieser enthielt drei Pylonen, die in einem Slalom umrundet werden sollten, eine Plastikplane zum Überqueren und als letzte Aufgabe sollte er an einem beliebigen Punkt anhalten und das Pferd rückwärts richten. Hier gab es keine genaue Angabe, wie viele Schritte das Pferd zurückgehen sollte, das durfte er selbst entscheiden.

Das Umrunden der Hütchen und das Überqueren der Plane liefen einwandfrei. Das Stehenbleiben funktionierte im zweiten Anlauf, nachdem der Coachee beim ersten Versuch zwar stehengeblieben war, das Pferd aber mangels klarer Kommunikation bzw. undeutlicher Signale einfach weitergelaufen war. Nun stand das Pferd, es ging aber nicht rückwärts. Flexibel versuchte der Coachee zunächst, neben dem Pferd stehend selbst rückwärts zu gehen – wie er später sagte, in der Hoffnung, das Pferd würde es ihm nachmachen. Das funktionierte jedoch nicht, das Pferd verstand nicht, was er wollte. Als Plan B versuchte er als nächstes, das Pferd an der Brust zu berühren und darüber zu animieren, rückwärts zu laufen. Auch das klappte nicht. Das Pferd verlagerte zwar das Gewicht ein wenig (das war später auf dem Video in der Videoanalyse gut sichtbar), bevor es aber losging, wich der Coachee wieder einen Schritt zurück. Schulterzuckend stand er nun vor dem Pferd und schien keine Idee mehr zu haben.

Einige Coachees fragen nicht nach Unterstützung, sondern wollen die Übungen alleine schaffen.

Wir waren mit zwei Coaches vor Ort, da es sich um einen Gruppenkontext handelte. Als wir ihn fragten, ob er einen Tipp haben wolle oder eine andere Form der Unterstützung, verneinte er dies. Er wollte es laut eigenen Aussagen alleine schaffen und sich nicht helfen lassen. Nach zwei weiteren Versuchen stand das Pferd immer noch an demselben Fleck und bewegte sich nach wie vor nicht. Ein erneutes Hilfsangebot lehnte er ab. Nachdem ein weiterer Versuch scheiterte, fragte er uns, was er denn machen könnte. Man konnte ihm ansehen, dass er nicht gerne fragte. Nach einem Tipp von unserer Seite, klar und freundlich dranzubleiben, bis das Pferd zurückging, funktionierte es und das Pferd ging rückwärts.

In der nachfolgenden Reflexion sagte der Coachee, er habe eigentlich überhaupt nicht nach einem Tipp fragen wollen – wie im Alltag – er wolle alles alleine schaffen. Er gab an (selbst nach dem Tipp), er habe aus Prinzip lieber einen anderen Weg wählen wollen, einfach nur, um es anders, als von uns vorgeschlagen, zu machen. Er wollte sein „eigenes Ding" machen, nur dann wäre es auch etwas Gutes.

Hier folgten Beispiele aus dem Alltag, dass er sich das Leben lieber selbst schwer mache, als andere zu fragen. In der Videoanalyse wurde ihm das auch noch einmal bewusst und er konnte sehen, dass das Pferd beinahe zurück gegangen wäre – er war jedoch in die andere Richtung wieder von dem Pferd weggegangen, sodass es stehen geblieben war. Durch den Tipp sah es auf einmal ganz leicht aus. In der Situation selbst war es ihm jedoch sehr schwergefallen, die Anregungen anzunehmen – das hätte sich ganz eigenartig und „neu" angefühlt. Er konnte es selbst kaum glauben, wie lange er herumprobiert hatte und es dann auf einmal so leicht ging.

> Coachees können lernen, Anregungen und Tipps von außen anzunehmen.

Der Klient transferierte auf den Alltag, dass es manchmal so viel leichter und auch schneller ginge, wenn man einfach mal über seinen eigenen Schatten springe und sich einen kleinen Tipp hole. Manchmal wüssten andere einfach mehr. Der Coachee hatte keine Pferdeerfahrung und schmunzelte während des Videos, während er meinte, dass er uns als „Pferde-Expertinnen" nicht einmal hätte fragen wollen, obwohl es ja klar gewesen wäre, dass er keine Ahnung von Pferden habe, ganz anders als wir. Einfach aus Prinzip.

Am Ende gab er die Rückmeldung, dass er erstaunt sei, wieviel er von den Pferden und der nachfolgenden Reflexion hätte mitnehmen können, obwohl er eigentlich ohne große Erwartungen in das Coaching gegangen war – und eigentlich auch dachte, er habe kein Thema. Er formulierte einen Abschlusssatz, welchem zufolge er sich künftig erlauben wollte, auch mal andere Personen um Rat zu fragen. Während er diesen Satz formulierte, fügte er noch hinzu, dass er auch schon einmal die Rückmeldung eines Kollegen auf der Arbeit erhalten habe, dass er nicht so lange und kompliziert an einem Projekt hätte arbeiten brauchen – man hätte sich doch einfach mal austauschen und das Ganze gemeinsam angehen können.

Einige Wochen später folgte das telefonische Nachcoaching, in dem er beschrieb, dass er seit dem pferdegestützten Coaching wesentlich mehr darauf achte, wo er sich „durchquäle". Er müsste erst einmal die Situationen bemerken, um sie verändern zu können. Und einen kleinen Erfolg gab es aus seiner Sicht auch schon. In einem Meeting stellte er ein Konzept vor und holte sich bei einem Teil weitere Rückmeldungen und Tipps von seinen Kollegen, wo er sich nicht sicher war, wie man dieses Teilziel erreichen könnte. Er war erstaunt, wie positiv die Mitarbeiter darauf reagierten und sich freuten, miteinbezogen zu werden.

9.2 Die anderen sind schuld

In einem Einzelcoaching erzählte eine Klientin, eine Führungskraft, sie erkläre ihrem achtköpfigen Arbeitsteam die Aufgaben immer sehr detailliert, aber irgendwie käme am Ende nie so richtig das heraus, was sie sich vorgestellt hatte. Sie meinte, sie müsste klarerer Grenzen setzen, um ihre Mitarbeiter zum richtigen Ziel zu führen – und wollte im Rahmen des Pferdecoachings herausfinden, ob sie mit ihrer Vermutung richtig lag.

9 Im Coaching kann es um die Übernahme von Verantwortung gehen.

In der Übung, die Pylonen, Stangen, einen Ball und mehrere Stangen enthielt, klappten einige Elemente auf Anhieb, doch an zwei Stellen funktionierte es nicht so wie geplant. Dabei ging das Pferd nicht über die Plane, sondern knapp an dieser vorbei und blieb an einer Stelle stehen (an der kein Stehenbleiben geplant war). Mit etwas Mühe und Überzeugungskraft schaffte es die Klientin, das Pferd wieder zum Losgehen zu bewegen. In der nachfolgenden Reflexion berichtete sie, das Pferd habe keine Lust gehabt, über die Plane zu gehen und sich dann beim unerwarteten Stehenbleiben gedacht, es wäre fertig. Es habe hier auch einfach keine Motivation mehr gehabt weiterzugehen.

In der späteren Videoanalyse wurde ersichtlich, dass das Stehenbleiben nicht am Pferd gelegen hatte, das angeblich „keine Lust" mehr gehabt hatte weiterzugehen, sondern vielmehr mit dem Verhalten des Klienten einhergegangen war. Dieser war immer langsamer gelaufen, stehen geblieben und hatte sich zu dem Pferd umgedreht. Das Pferd war daraufhin unmittelbar stehen geblieben. Das „Problem" an der Plane stand hier auch im Fokus der Analyse. Die Klientin war selbst nicht auf die Plane getreten, sondern auch an dieser vorbeigegangen – das Pferd war ihr gefolgt. Sie hatte keine Hinweise gegeben bzw. dem Pferd nicht klar gezeigt, dass es über die Plane hätte gehen sollen.

Bezogen auf das Thema der Klientin folgten im Rahmen des Gesprächs weitere Fragen, um die Reflexion anzuregen. Es wurde deutlich, dass die Mitarbeiter der Teilnehmerin häufig keine klaren Informationen von ihr bekämen, sondern sie diese „einfach laufen lasse" und hoffte, dass diese zum Ziel kämen – wie auch im Parcours mit dem Pferd. Sie hatte erwartet, dass das Pferd schon wüsste, dass es über die Plane gehen und nicht stehen bleiben sollte, aber es wäre ganz anders gekommen als gedacht. Das wurde ihr im Laufe des weiteren Gesprächs bewusst, darüber hatte sie so vorher noch nicht nachgedacht.

Ein weiterer Punkt lag darin, dass es an dem eigenen Verhalten und nicht einfach an dem Fehlverhalten der anderen gelegen hatte, dass bestimmte Dinge nicht funktioniert hatten. So wurde das Thema Selbstwirksamkeit deutlich – das eigene Handeln hatte zu Konsequenzen beim Gegenüber geführt – wie im Alltag. Außerdem kennen die Pferde die Übungen, „spulen" aber nicht einfach ein bestimmtes Verhalten ab, sondern reagieren individuell auf ihr Gegenüber, was sich auch hier wieder zeigte.

Im darauffolgenden Coaching berichtete die Klientin, sie achte jetzt viel mehr auf die Reaktionen ihres Gegenübers und vor allem auch auf ihr eigenes Verhalten. Klarer zu kommunizieren, war ihr Ziel und das klappte seit dem Coaching auch immer besser – wenn auch (noch) nicht in jeder Situation. Sie bemühe sich nun auch zu merken, wenn ihre Mitarbeiter und auch ihre Familienmitglieder etwas nicht verstanden hatten. Dann würde sie nachfragen, ob noch Unklarheiten vorhanden wären. So schulte sie auch ihre Achtsamkeit gegenüber sich und anderen.

Wichtig ist bei diesem Beispiel, dass man nicht als anderer Mensch aus einem (pferdegestützten) Coaching herausgeht, sondern Muster im Denken und Fühlen sowie im Verhalten nach und nach verändert werden (können). Hieran gilt es weiterzuarbeiten – auch mit weiterer Unterstützung im Rahmen von (pferdegestützten) Coachings.

Die Erkenntnisse aus dem Coaching können individuell schneller oder langsamer in den Alltag integriert werden.

9.3 · Der Wassergraben

In einem internationalen Gruppencoaching mit Führungskräften aus unterschiedlichen Ländern ging es um das Thema Kommunikation und Führungsverhalten. Hier hatten die Coachees im Vorfeld kein Vorcoaching erhalten, weshalb keine individuellen Übungen mit den Pferden konzipiert wurden. Alle absolvierten mit dem Pferd ihrer Wahl den identischen Parcours, gefolgt von weiteren Übungen. Eine der Aufgaben bestand darin, wie so oft, gemeinsam mit dem Pferd verschiedene Elemente eines Parcours zu absolvieren. Statt einer Plastikplane lagen u. a. zwei ca. 30 cm breite und ca. 2 m lange Streifen aus LKW-Plane auf dem Boden, die mit dem Pferd überquert werden sollten.

Coachees nehmen sich unterschiedlich viel Zeit für den Vertrauensaufbau zum Pferd.

Ein englischsprachiger Teilnehmer ging zunächst mehrere Runden mit dem Pferd und näherte sich den Hindernissen zunächst noch nicht. Wie er anschließend rückmeldete, wollte er das Pferd zunächst kennenlernen und dadurch die Basis für die nachfolgende Aufgabe legen. Hier fand er sich auch im Alltag wieder – im Führungskontext war es ihm wichtig, seine Mitarbeiter zunächst kennenzulernen und ein Vertrauensverhältnis aufzubauen. Er wollte niemandem direkt eine Aufgabe zumuten oder sich hier sofort mit dem Pferd in die Aufgabe „stürzen".

Bei den beiden LKW-Planen-Streifen stoppte das Pferd plötzlich, alle anderen Elemente des Parcours hatte das Mensch-Pferd-Duo souverän gemeistert. Als er das Pferd auch nach mehreren vorsichtigen und freundlichen Versuchen nicht davon überzeugen konnte, mit ihm über die Streifen zu gehen, bat er um einen Tipp. Mit dem Fokus auf das Ziel und das Vertrauen in sich und das Pferd klappte es in einem weiteren Anlauf.

In der nachfolgenden Reflexion wurde das Hindernis von diesem Teilnehmer als „großer Wassergraben, vor dem ein Pferd natürlich Angst hat" beschrieben. Die übrigen Teilnehmer des Coachings schauten sich verwundert an und auch wir als Coaches fragten nach, inwiefern dort ein Wassergraben gelegen habe. Der Coachee beschrieb, dass er nur etwas Blaues aus einem anderen Material gesehen und sofort an einen Wassergraben gedacht habe. Von außen betrachtet musste er nach dieser Aussage schmunzeln und fügte hinzu, dass es ja verrückt gewesen sei, die beiden Streifen gedanklich zu einem Wassergraben zusammenzufügen und etwas Unüberwindbares darin zu sehen.

Ihm wurde bewusst, dass es bei den vorherigen Coachees überhaupt kein Problem gewesen war, gemeinsam mit dem Pferd über diese Streifen, die eher wie Stangen aussahen, zu gehen und dass es wohl an ihm gelegen haben müsste. Auf die Frage hin, wie er es denn geschafft habe, das Hindernis doch noch zu meistern, überlegte er kurz. Er berichtete, er habe in der Übung seine Gedanken gegenüber dem Objekt und dem Pferd insofern geändert, als dass er sich vorgestellt habe, mit dem Pferd über eine blaue Stange zu gehen, die das Pferd seit jeher kennt. Er hatte dem Pferd zudem zugeflüstert, es brauche keine Angst zu haben und dass sie das zusammen schon schaffen würden. Schon hatte es geklappt.

Übertragen auf den Alltag sah er sich nicht nur darin wieder, wie wichtig eine Vertrauensbasis für eine gute Zusammenarbeit ist, sondern Schwierigkeiten auch mal aus einem anderen Blickwinkel zu sehen.

In der konkreten Situation mit den Pferden konnten hier unterschiedliche mentale Aspekte in Kombination mit Verhaltensweisen ausprobiert und auf ihre Wirkung hin geprüft werden.

Ein und demselben Gegenstand geben nicht alle Personen die gleiche Bedeutung.

9.4 Die imposante Chefin und die tollen Kollegen

In einem Gruppen-Coaching, an dem sechs Personen teilnahmen, die sich nicht kannten, absolvierten alle Coachees unterschiedliche Pferde-Übungen, die zu dem jeweiligen Thema passten (hier hatte es Vorcoachings gegeben und folglich individuelle Übungen). Eine der Teilnehmerinnen wollte wissen, wie sie wirkt bzw. wie sie von anderen Personen und dem Pferd wahrgenommen wird, bei den anderen standen teils ähnliche sowie ganz andere Themen im Fokus.

Bei der besagten Teilnehmerin verlief der Parcours stockend, sie hatte mehrfach die Aufgabe, die Stute Pasadena erneut zu motivieren. Nachdem alle Klienten die Übungen mit ihrem individuellen Parcours absolviert und die Erkenntnisse auf dem Reitplatz stehend reflektiert hatten, fragte ein Teilnehmer, ob er auch einmal mit der anderen Stute einen Parcours durchlaufen dürfte. Drei der weiteren anwesenden Personen fanden die Idee direkt gut, zwei Coachees äußerten sich nicht.

Da es zeitlich und thematisch passte, holten wir Coaches die Stute Bella hinzu. Sie war während des Coachings auf dem Paddock direkt am Stall und auf der angrenzenden Wiese gewesen und hatte das Geschehen auf dem Reitplatz (Gras und Heu fressend) beobachtet. Bei einigen Coachings zieht sie sich in den Stall oder auf eine weiter entfernte Wiese zurück und interessiert sich überhaupt nicht für das, was im Coaching bzw. auf dem Reitplatz passiert. Sie zeigt sehr deutlich, wann sie Interesse hat und wann nicht. Da sie an diesem Tag immer in der Nähe war und sofort auf uns zulief, als wir sie holen wollten, wurde sie in das Coaching-Setting miteinbezogen.

Der Einsatz eines weiteren Pferdes in den identischen Übungen kann weitere Erkenntnisse liefern.

Die vier Klienten, die Interesse an einer weiteren Runde mit „dem anderen Pferd" gezeigt hatten, teilten sich direkt auf und gingen nacheinander durch den Parcours, der von dem sechsten Teilnehmer noch auf dem Platz stand. Auch hier berichteten sie, wie die Übungen geklappt hatten und welche Unterschiede sie zwischen den beiden Pferden wahrgenommen hatten, einschließlich des Transfers auf den Alltag.

Nachdem die vier Personen die Runden abgeschlossen hatten, fragten wir die anderen beiden Coachees, ob sie auch noch Lust hätten, eine Runde mit Bella zu gehen. Eine der beiden weiteren Personen meinte lachend, es habe „ja jetzt schon etwas Gruppendruck-Artiges" und nahm den Führstrick, um in die weitere Aufgabe zu starten. Etwas zögerlich sagte die andere der beiden noch übrig gebliebenen Teilnehmerinnen (die bereits erwähnte Klientin, bei der es etwas holprig mit der anderen Stute gewesen war) danach, dass sie jetzt schon neugierig sei und es probieren wollte. Nach dem letzten Parcours-Element (Rückwärtsrichten zwischen zwei LKW-Planen-Streifen) kam sie strahlend zurück und berichtete begeistert, wie „easy" alles gewesen wäre, ganz anders als in der Runde zuvor. Sie habe sich gar nicht vorstellen können, dass es auch so einfach sein könnte, ein Pferd zu führen, das motiviert sei und scheinbar richtig großen Spaß an der Aufgabe gehabt habe.

Pferde geben im Coaching je nach eigener Persönlichkeit teilweise unterschiedliche Rückmeldungen.

Beim Übertrag auf den Alltag zog sie den Vergleich, die erste Stute (Pasadena) sei „irgendwie wie ihre Chefin – so Respekt einflößend, weil man ihr nicht in die Karten gucken kann und man nicht weiß, wann man etwas gut macht und ihr das gefällt". Die zweite Runde mit Bella wäre ganz anders gewesen – „leicht, lustig, kumpelhaft – wie mit meinen Kollegen, da läuft's einfach". Wie gut, dass im Anschluss die Videoanalyse erfolgte, in der ersichtlich wurde, welches Feedback Pasadena gegeben hatte und dass man ihr auch ziemlich gut „in die Karten gucken" kann, wenn man auf die Details achtet. Dann sieht man nämlich auch, wann etwas gut klappt und dass das Feedback nicht streng, sondern ganz klar und wertneutral ist. So lassen sich positive Dinge erkennen – „genau wie bei meiner Chefin", stellte die Teilnehmerin fest. Vielmehr ergab sich am Schluss, wie unterschiedlich die beiden Pferde sind und dass sie unterschiedlich, aber dennoch wertneutral reagierten.

9.5 Immer die falschen Entscheidungen

In einem kleineren Gruppencoaching mit vier Personen (2 weibliche und 2 männliche Teilnehmer) ging es ebenfalls um die individuellen Themen, auf denen die Pferde-Übungen basierten. Die beiden Teilnehmerinnen kannten sich aus dem Universitätskontext – sie waren Kommilitoninnen. Eine der beiden hatte das Thema „bei Präsentationen im Mittelpunkt stehen". Sie hatte ihre Freundin dazu überredet, auch an dem Coaching teilzunehmen.

Bei ihr ging es um Entscheidungen – allerdings bezog sich das Thema nicht auf eine konkrete Entscheidungssituation, sondern auf die kognitiven Dissonanzen während des Entscheidens und danach – und zwar bei sämtlichen Entscheidungen. Sie hatte das Gefühl, immer die falsche Alternative auszuwählen. Und hier ging es auch schon los, wenn sie mit ihren Kommilitonen überlegte, was sie in der Uni mittags essen wollten – solange die anderen die Entscheidung trafen, war alles gut. Wenn sie jedoch an der Reihe war, fing das „Gedanken-Karussell" an. Sie hatte dann beispielsweise Lust auf Pizza, allerdings kam direkt ihr erster gedanklicher Einwand, dass Kommilitone A eigentlich lieber asiatisch essen würde, Kommilitonin B grundsätzlich Burger präferierte und Kommilitonin C eigentlich schon gerne Pizza mochte, aber häufiger auch mal zu Currywurst mit Pommes tendierte. Sie empfand dann jedes Mal einen großen Druck, wenn die anderen auf ihre Antwort warteten. Einige Male hatte sie die Entscheidung mit der Aussage „Das ist mir ganz egal, ihr könnt es euch aussuchen!" erfolgreich übertragen können. Vermehrt kam es jetzt jedoch dazu, dass die anderen ihr aus Fairnessgründen die Entscheidung überlassen wollten. Auch wenn sie sich ein T-Shirt kaufe, erzählte sie, habe sie später zuhause Gewissensbisse, weil das andere schöne T-Shirt vielleicht doch die bessere Wahl gewesen wäre.

Für diese Teilnehmerin bestand die Aufgabe darin, sich von den anderen Teilnehmern einen Parcours aufbauen zu lassen, komplett nach ihren Wünschen. Sie fragte dabei direkt, ob sie denn mit aufbauen dürfte, aber die Aufgabe beinhaltete, dass sie nur von außen Anweisungen geben durfte. Das fiel ihr offensichtlich schwer – sie sagte, es habe sich ganz furchtbar angefühlt, die anderen für sie etwas machen zu lassen, ohne selbst etwas tun zu dürfen. Als nächstes folgte die Entscheidung, mit welchem von zwei Pferden sie den Parcours durchlaufen wollte. Auch diese Entscheidung fiel ihr schwer, denn dann müsste man sich „ja für ein Pferd und gegen ein anderes Pferd entscheiden, das wäre ja wirklich gemein dem anderen Pferd gegenüber". Weiterhin durfte sie entscheiden, ob sie uns Anwesenden die Reihenfolge des Parcours, wie sie ihn durchlaufen wollte, vorher beschreiben wollte oder lieber nicht. Auch hier war sie (den eigenen Aussagen zufolge) hin- und hergerissen – sie wollte uns nicht im Unklaren lassen, aber trotzdem die Freiheit behalten, im Parcours noch Veränderungen vorzunehmen. Nach einem kurzen Abwägen entschied sie sich für die zweite Option.

Ein Oberthema des Klienten kann vor Ort sehr unterschiedliche Facetten aufweisen.

9

Rückmeldungen zur Integration der Erlebnisse in den Alltag sind für die Nachhaltigkeit des Coachings wichtig.

Der Parcours klappte gut und flüssig, in der nachfolgenden Reflexion sprudelten die Gedanken nur so aus ihr heraus. Auf die Frage, wie sich das „zurückgelassene" Pferd denn verhalten und womöglich mit dieser Entscheidung gefühlt habe, stellte sie fest, dass es gerne in Ruhe an Ort und Stelle geblieben war – mit geschlossenen Augen und einer entspannten Körperhaltung. Es sei wohl gar nicht so schlimm gewesen und das „auserwählte" Pferd sei gerne mitgegangen – „eine gute Entscheidung"! Die drei anderen Coachees hatten ihren Anweisungen zufolge den Parcours aufgebaut und berichteten, sie hätten das gerne gemacht, die Anweisungen wären klar und freundlich gewesen. Das war laut Aussage der Klientin eine interessante Rückmeldung – bislang habe sie das gar nicht einschätzen können, wie andere ihre Entscheidungen fänden. Bei der Videoanalyse wurden noch weitere Dinge ersichtlich – die Entscheidungen, welche Gegenstände der Parcours enthalten sollte und wo diese genau aufgebaut werden sollten, hatte sie schnell getroffen. Sie war mit ihrem Parcours auch „richtig zufrieden" gewesen. Die Reflexion ging noch weiter. Sie nahm als Hausaufgabe mit, täglich aufzuschreiben, welche (noch so kleinen) Entscheidungen sie gut getroffen hatte.

Einige Wochen später meldete sie sich und erzählte, dass sie den Fokus ihrer Gedanken verändert und sogar beim Mittagessen die Entscheidung zugunsten der Pizzeria getroffen hatte. Sie hatte ihren Freunden auch gesagt, dass das mit den Schwierigkeiten, Entscheidungen zu treffen, zusammenhing und sie deshalb an einem Coaching teilgenommen hatte. Ihre Freunde hatten ihr daraufhin freudig gesagt: „Mensch, wir dachten schon, du sagst nie, was du essen möchtest, und haben uns gefragt, ob du uns nicht so richtig magst – dabei ist die Pizzeria echt gut, da ist für alle etwas dabei!"

> **Zusammenfassung**
>
> Coachings mit Pferden sind vielfältig und als Coach kann man die Reaktionen der Tiere nicht vorhersagen, selbst wenn die Übungen bereits zigmal aufgebaut und absolviert wurden. Hier zeigt sich auch in der Praxis, dass die Tiere individuell auf ihr Gegenüber reagieren und die Übungen nicht auswendig gelernt haben. Selbst wenn ein Pferd schon viele Male über eine Plastikplane gegangen ist oder das Rückwärtsrichten „kennt", macht es dies nicht einfach bei jedem Coachee, der das Pferd führt. Ist sich die Person nicht sicher oder regelrecht zu stur, um nach einem Tipp zu fragen, können solche „einfachen" Aufgaben kaum oder teilweise erst einmal gar nicht bewältigt werden. In den jeweiligen Situationen zeigt sich, wie flexibel die Klienten sind, wie klar sie kommunizieren oder inwiefern sie sich Unterstützung von außen holen. Diese Erlebnisse und nachfolgenden Reflexionen bie-

ten die Möglichkeit des Übertrags auf den Alltag. Es kann analysiert werden, in welchen Situationen der Klient Ähnlichkeiten zum Alltag sieht und welche neuen Erkenntnisse er gewinnen konnte. In diesem Zusammenhang geht es auch um die Selbstwirksamkeit der Klienten, wenn geschlussfolgert wird, warum die Übung gut geklappt hat oder warum etwas nicht funktioniert hat. Dabei kann es unterschiedliche Ursache-Wirkungs-Zuschreibungen geben, je nachdem, ob die Erklärungen aus der Sicht des Klienten oder außenstehender Personen erfolgen. Manchmal sind es Kleinigkeiten in der Pferd-Mensch-Interaktion, die neue Impulse bieten und einen neuen Blickwinkel ergeben.

Fazit

Pferde weisen vielfältige Eigenschaften auf, die sie zu wertvollen Coaching-Partnern machen.

Das Coaching mit Pferden ist eine machtvolle Methode, mit deren Hilfe (und natürlich durch geschulte Coaches) Menschen bei der Persönlichkeitsentwicklung begleitet werden können. Die Tiere reagieren situativ im Hier und Jetzt auf ihr Gegenüber, wodurch sich die Klienten (auch Pferdemenschen) nicht verstellen können. So lässt sich spüren, achtsam in der Gegenwart zu sein. Die Übungen mit den Pferden sind keine Rollenspiele, sodass die Coachees kein Verhalten einüben können. Die Tiere reagieren kongruent auf ihr Gegenüber, wobei es ihnen egal ist, welche Hautfarbe oder Nationalität die Klienten beispielsweise haben. Hierdurch haben die Teilnehmer die Möglichkeit, neue Erkenntnisse über sich zu gewinnen und Ähnlichkeiten (und neue Erkenntnisse) zwischen dem Erlebten mit dem Pferd und dem Alltag zu finden. Das wertfreie, unvoreingenommene und häufig als „ehrlich" bezeichnete Feedback der Tiere kann von den Klienten dabei besser angenommen werden als Rückmeldungen von anderen Menschen.

Über die Pferde kann im Coaching im Sinne der Eisbrecherfunktion der Kontakt zunächst zum Pferd hergestellt werden und danach zum Coach, wie auch bei anderen pferdegestützten Interventionen. So können sich die Personen den Tieren gegenüber schneller (emotional) öffnen, was in der Reflexion und den weiteren Gesprächen mit dem Coach aufgenommen werden kann. Dabei hilft auch der Aufforderungscharakter der Tiere, die nicht einfach durch einen Parcours gehen, sondern durch die der Klient gefordert ist, sich mit dem Pferd zu beschäftigen und dieses beispielsweise zum Losgehen zu bewegen.

In Coachings mit Pferden kommen einige Themen „schneller auf den Tisch".

Mit Pferden lassen sich bestimmte Themen des Coachees schneller aufdecken und diskutieren. Dabei ist die Ressourcenorientierung relevant, um die Fähigkeiten des Klienten aufzudecken oder zu bestärken, was sich positiv auf die Selbstwirksamkeitserwartung auswirken kann.

Der Coach ist dafür verantwortlich, dass die Coachees mehr als nur Sand unter den Schuhen mit nach Hause nehmen.

Im Sinne der Nachhaltigkeit wirken die Erlebnisse und Eindrücke aus den Coachings auch noch Jahre nach dem Coaching, wobei sichergestellt werden muss, dass die Mensch-Pferd-Interaktionen im weiteren Gespräch auf den Alltag übertragen werden. Es geht nicht darum, den Klienten das Pferde-Handling beizubringen, sondern den Transfer in der weiteren Reflexion zu fokussieren. In diesem Zusammenhang ist der fachliche Hintergrund des Coaches von Bedeutung, um die Impulse durch die Mensch-Pferd-Interaktionen richtig zu interpretieren und sinnvoll in den Prozess zu integrieren. Das pferdegestützte Coaching muss zweckgebunden sein und unbedingt angemessen begleitet werden. Die alleinige Anwesenheit eines Pferdes reicht nicht aus, um wirkliche Veränderungen zu erzielen. Der Coach ist ein wichtiger Faktor im gesamten

10

Coaching-Prozess, das Pferd bzw. die Übungen mit dem Tier bieten zusätzliche Impulse, das Pferd ist jedoch nicht in der Funktion eines (Co-)Coaches. Es spiegelt menschliche Emotionen und zugehöriges Verhalten und hat zudem eine Katalysatorfunktion inne.

Bei all den nachweislich positiven Effekten des pferdegestützten Coachings sowie vieler weiterer Forschungserkenntnisse zur positiven Wirkung von Pferden auf Menschen liegt es natürlich an den Klienten, inwieweit diese an sich arbeiten möchten. Nur dann gehen sie aus dem Coaching und nehmen mehr als nur Sand unter den Schuhen mit nach Hause in den Alltag.